この本の特長と使い方

※音読みはカタカナ、訓読みはひらがなになっています。
※色になっている文字は送りがなです。
※（　）は、小学校で習わない読みです。

問題回数ギガ増しドリル！

1年間で学習する内容が、この1冊でたっぷり学べます。

1枚ずつはがして使うこともできます。

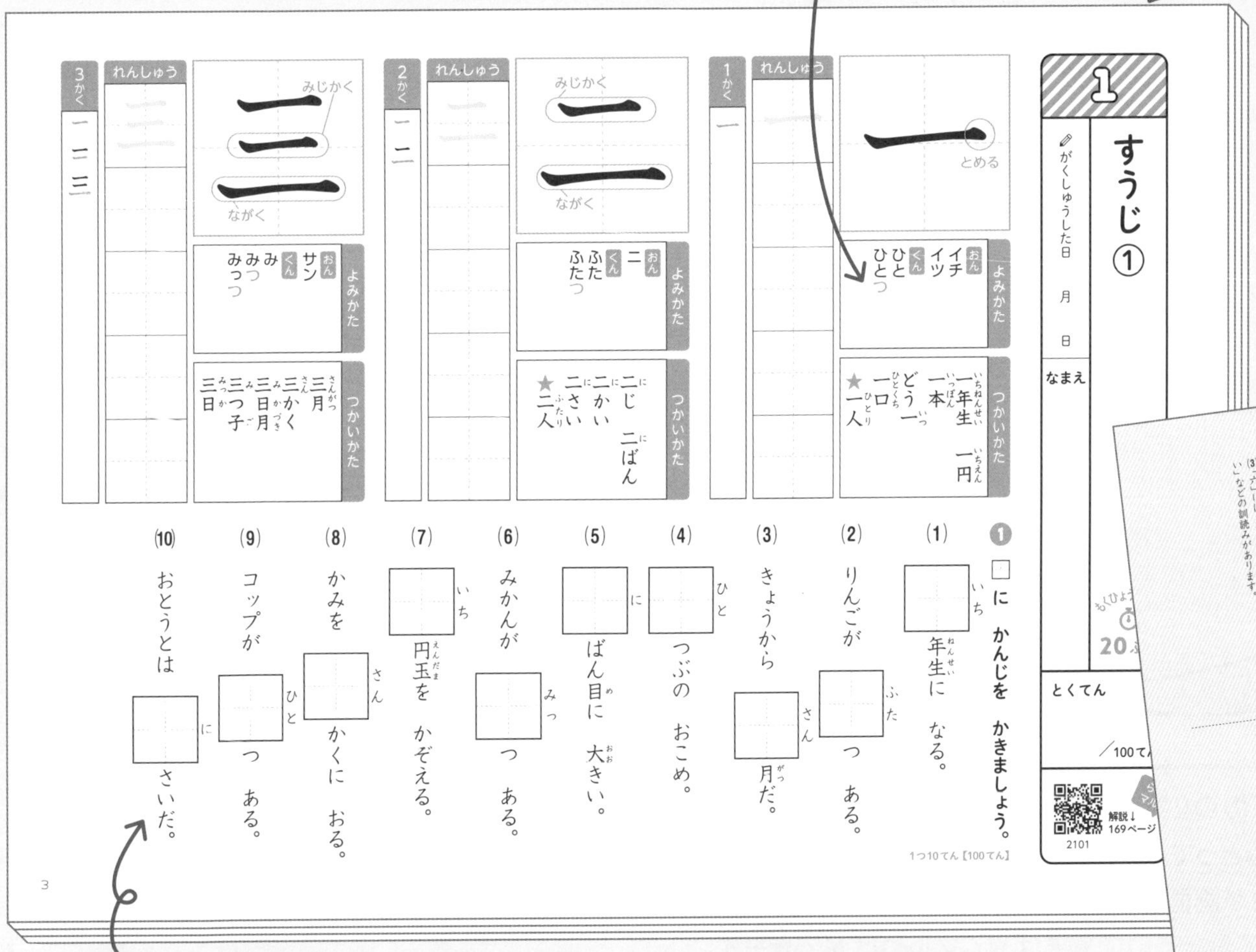

もう1回チャレンジできる！

裏面には、表面と同じ問題を掲載。
解きなおしや復習がしっかりできます。

裏面

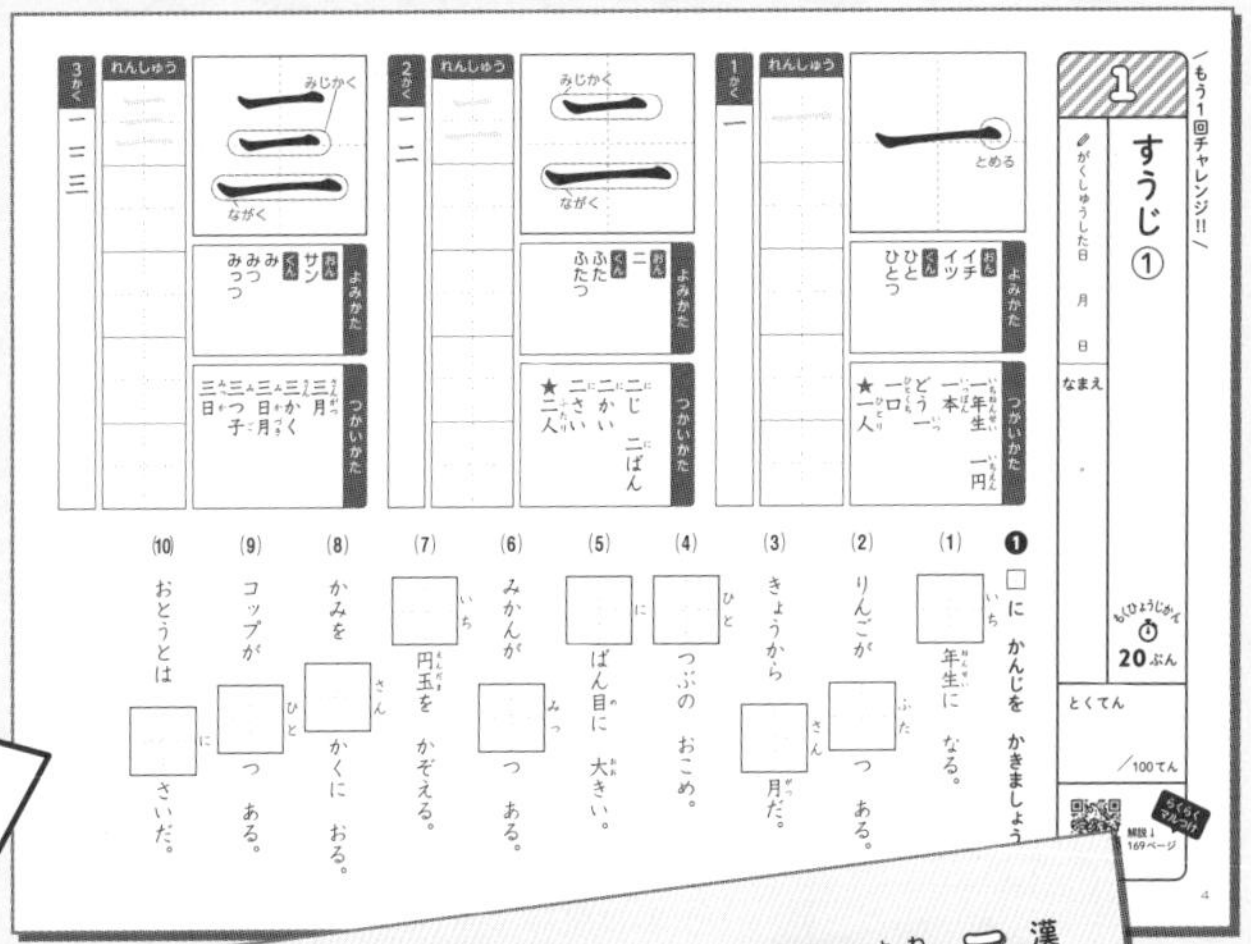

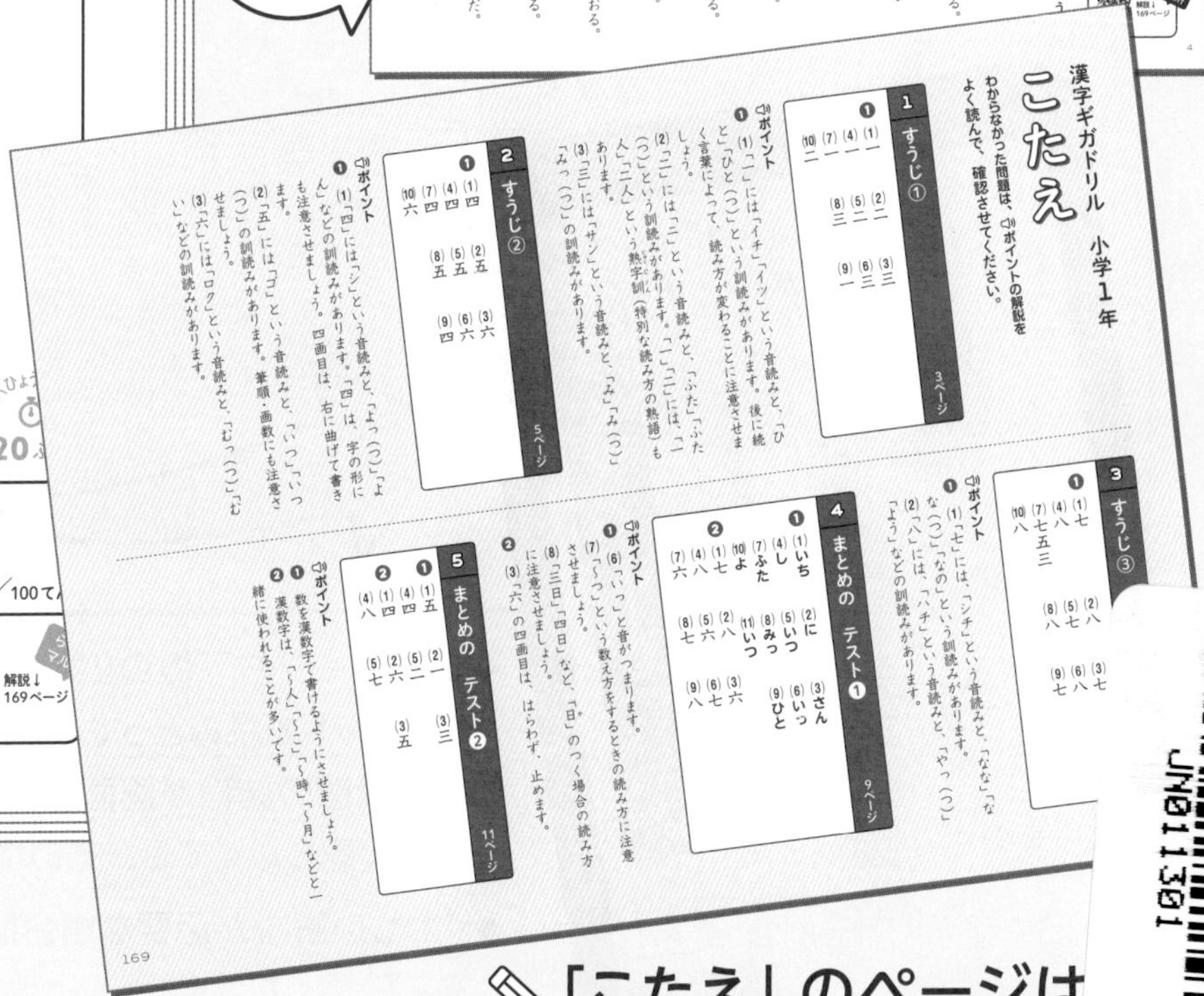

スパイラルコーナー！

何回か前に学習した内容が登場。
くり返し学習で定着させます。

※「使い方」の部分に★が付いている語は特別な読みをするもの（熟字訓）です。
※1年生の初期の学習では「スパイラルコーナー」はありません。

マルつけはスマホでサクッと！

その場でサクッと、赤字解答入り誌面が見られます。

くわしくはp.2へ

「こたえ」のページはていねいな解説

解き方がわかるポイントがついています。

スマホでサクッと! らくらくマルつけシステム

「こたえ」のページを見なくても! その場でスピーディーに!

●問題ページ右下のQRコードを、お手持ちのスマートフォンやタブレットで読みとってください。そのページの解答が印字された状態の誌面が画面上に表示されるので、「こたえ」のページを確認しなくても、その場ですばやくマルつけができます。

●くわしい解説が必要な場合は、「こたえ」のページのポイントをご確認ください。

●「らくらくマルつけシステム」は無料でご利用いただけますが、通信料金はお客様のご負担となります。●すべての機器での動作を保証するものではありません。●やむを得ずサービス内容に予告なく変更が生じる場合があります。●QRコードは㈱デンソーウェーブの登録商標です。

プラスαの学習効果で成績ぐんのび!

パズル問題で考える力を育みます。

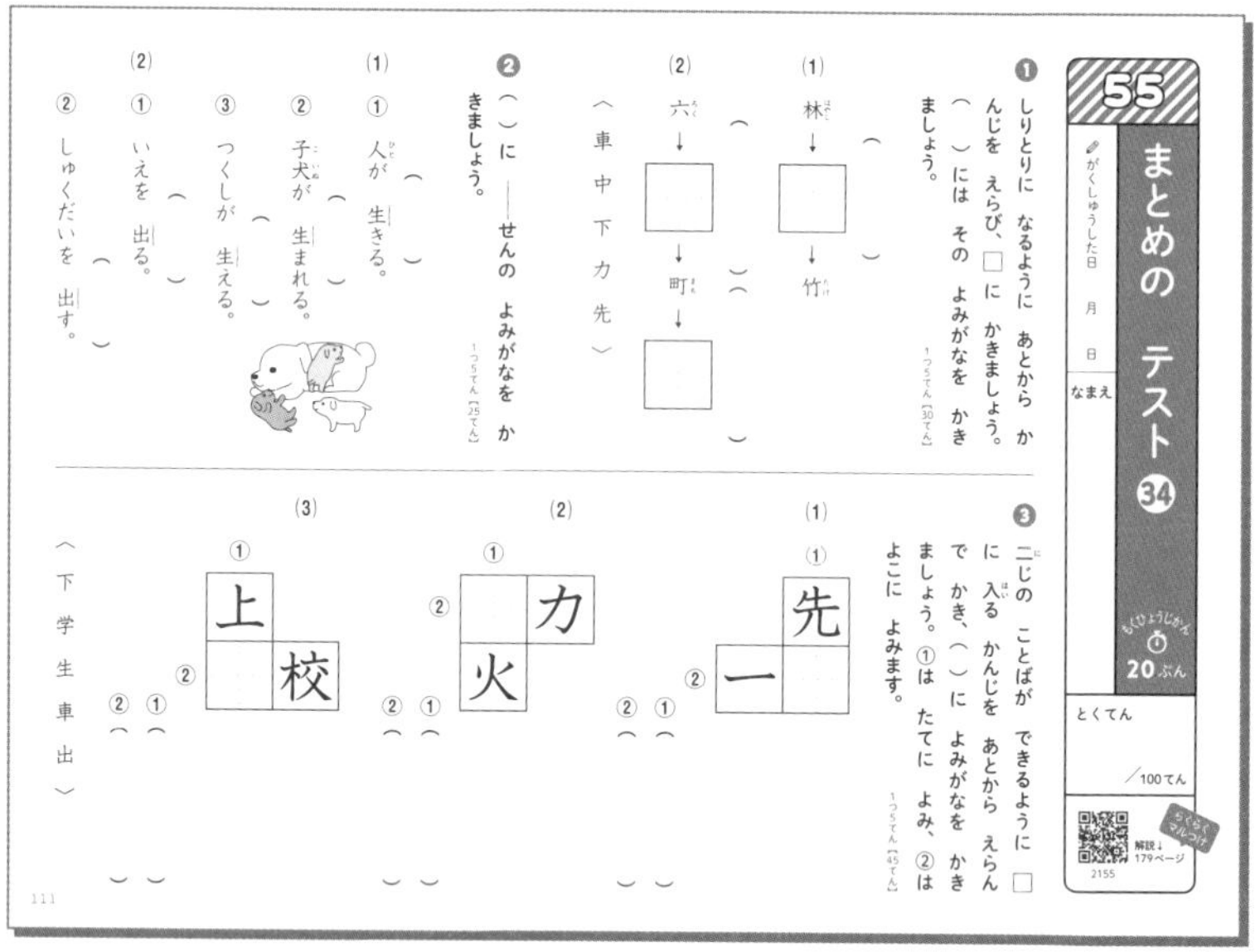

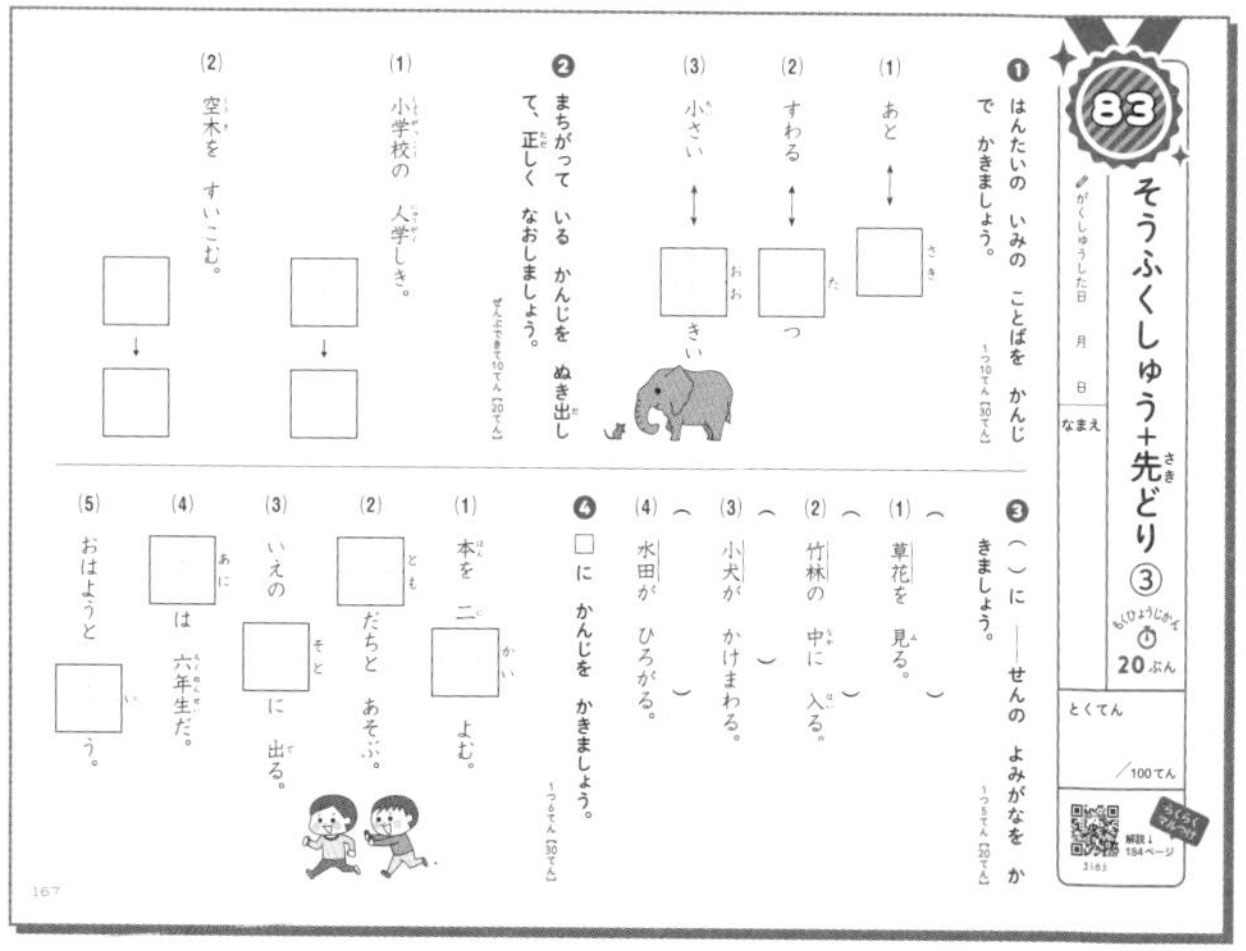

巻末のそうふくしゅう+先どり問題で、今より一歩先までがんばれます。

1 すうじ ①

がくしゅうした日　月　日

なまえ

もくひょうじかん 20ぷん

とくてん

／100てん

解説↓ 169ページ

2101

らくらくマルつけ

一

1かく

一

れんしゅう

とめる

よみかた
- おん　イチ　イツ
- くん　ひと　ひと(つ)

つかいかた
- 一年生《いちねんせい》　一円《いちえん》
- 一本《いっぽん》
- どう一《いつ》
- 一口《ひとくち》
- ★一人《ひとり》

二

2かく

一　二

れんしゅう

みじかく

ながく

よみかた
- おん　ニ
- くん　ふた　ふた(つ)

つかいかた
- 二《に》じ　二《に》ばん
- 二《に》かい
- 二《に》さい
- ★二人《ふたり》

三

3かく

一　二　三

れんしゅう

みじかく

ながく

よみかた
- おん　サン
- くん　み　み(つ)　みっ(つ)

つかいかた
- 三月《さんがつ》
- 三《さん》かく
- 三日月《みかづき》
- 三《み》つ子《ご》
- 三日《みっか》

1 □に かんじを かきましょう。

(1) □《いち》年生《ねんせい》に なる。

(2) りんごが □《ふた》つ ある。

(3) きょうから □《さん》月《がつ》だ。

(4) □《ひと》つぶの おこめ。

(5) □《に》ばん目《め》に 大《おお》きい。

(6) みかんが □《みっ》つ ある。

(7) □《いち》円玉《えんだま》を かぞえる。

(8) かみを □《さん》かくに おる。

(9) コップが □《ひと》つ ある。

(10) おとうとは □《に》さいだ。

1つ10てん【100てん】

もう1回チャレンジ!!

1 すうじ①

✎がくしゅうした日　月　日

なまえ

もくひょうじかん 20ぷん

とくてん　／100てん

解説↓169ページ

らくらくマルつけ

2101

一

1かく

一

とめる

よみかた

おん イチ　イッ

くん ひと　ひとつ

つかいかた

一年生《いちねんせい》　一円《いちえん》

一本《いっぽん》

どう一《いつ》

一口《ひとくち》

★一人《ひとり》

二

2かく

一　二

みじかく

ながく

よみかた

おん ニ

くん ふた　ふたつ

つかいかた

二《に》じ　二《に》ばん

二《に》かい

二《に》さい

★二人《ふたり》

三

3かく

一　二　三

みじかく

ながく

よみかた

おん サン

くん み　みつ　みっつ

つかいかた

三月《さんがつ》

三《さん》かく

三日月《みかづき》

三つ子《みつご》

三日《みっか》

1 □に かんじを かきましょう。

(1) □《いち》年生《ねんせい》に なる。

(2) りんごが □《ふた》つ ある。

(3) きょうから □《さん》月《がつ》だ。

(4) □《ひと》つぶの おこめ。

(5) □《に》ばん目《め》に 大《おお》きい。

(6) みかんが □《みっ》つ ある。

(7) □《いち》円玉《えんだま》を かぞえる。

(8) かみを □《さん》かくに おる。

(9) コップが □《ひと》つ ある。

(10) おとうとは □《に》さいだ。

1つ10てん【100てん】

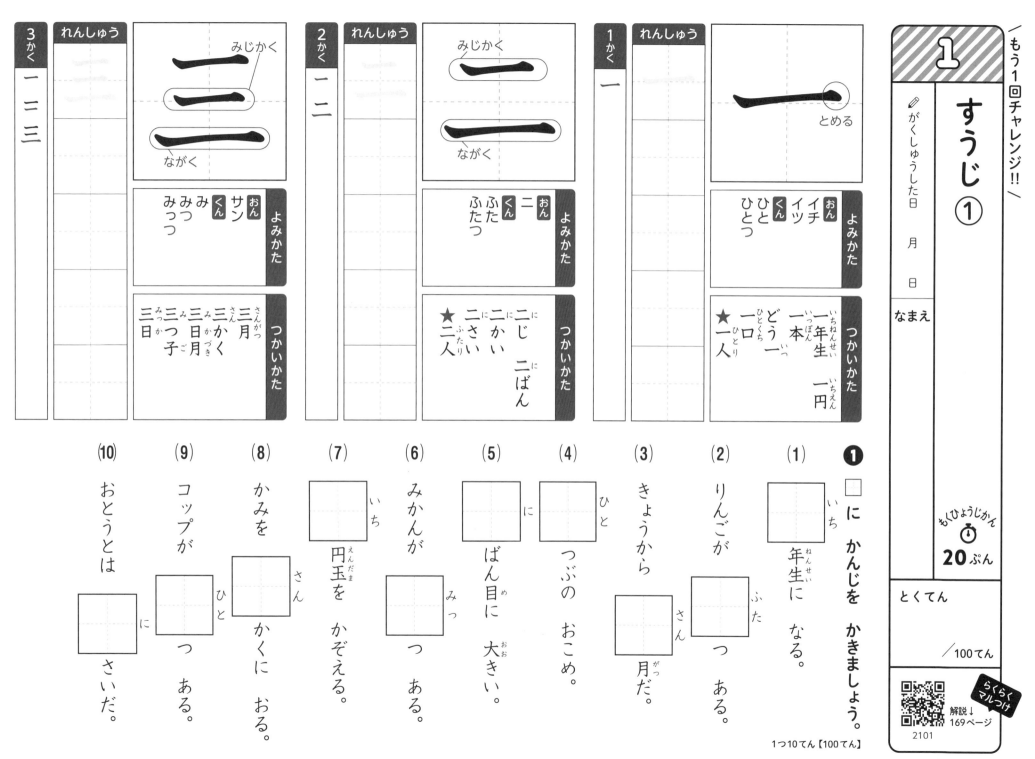

2 すうじ②

がくしゅうした日　月　日

なまえ

もくひょうじかん 20ぷん

とくてん
／100てん

らくらくマルつけ
解説↓169ページ
2102

四

5かく

はらう　まげる

れんしゅう

よみかた
おん　シ
くん　よ　よつ　よっつ　よん

つかいかた
四月《しがつ》　四《し》かく　四人《よにん》　四日《よっか》　四《よん》さい

五

4かく

ななめしたに

れんしゅう

よみかた
おん　ゴ
くん　いつ　いつつ

つかいかた
五月《ごがつ》　五円《ごえん》　五《ご》さつ　五足《ごそく》　五日《いつか》

六

4かく

はらう　とめる

れんしゅう

よみかた
おん　ロク
くん　む　むつ　むっつ　むい

つかいかた
六月《ろくがつ》　六年生《ろくねんせい》　六《ろく》まい　六《ろく》だい　六日《むいか》

1 □に かんじを かきましょう。

(1) □《よん》さいの おとうと。

(2) 本《ほん》が □《ご》さつ ある。

(3) カードが □《ろく》まい ある。

(4) □《し》かくい かみを おる。

(5) □《いっ》つの みかん。

(6) たまごが □《むっ》つ ある。

(7) あしたから □《し》月《がつ》だ。

(8) きょうは 八月《はちがつ》 □《いつ》日《か》だ。

(9) □《よ》人《にん》の きょうだい。

(10) □《ろく》年生《ねんせい》の きょうしつ。

1つ10てん【100てん】

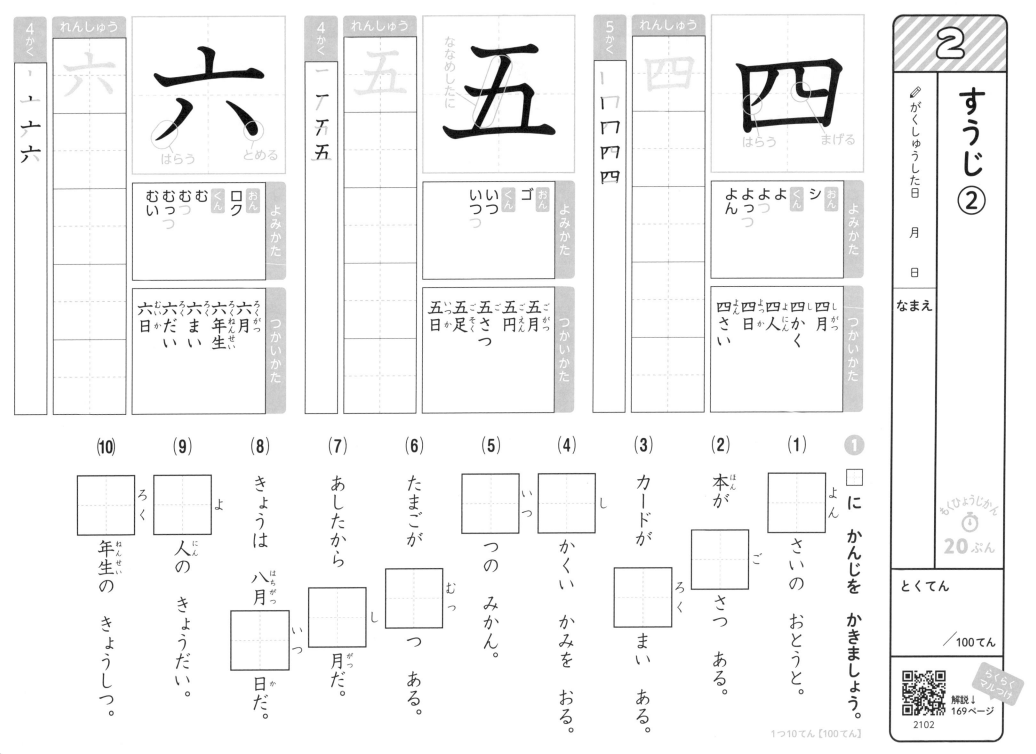

もう1回チャレンジ!!

2 すうじ②

がくしゅうした日　月　日

なまえ

もくひょうじかん 20ぷん

とくてん　／100てん

四

5かく

丨 冂 罒 四 四

はらう　まげる

よみかた
おん　シ
くん　よ　よつ　よっつ　よん

つかいかた
四月《しがつ》
四《し》かく
四人《よにん》
四日《よっか》
四《よん》さい

れんしゅう

五

4かく

一 丆 五 五

ななめしたに

よみかた
おん　ゴ
くん　いつ　いつつ

つかいかた
五月《ごがつ》
五円《ごえん》
五《ご》さつ
五足《ごそく》
五日《いつか》

れんしゅう

六

4かく

丶 亠 六 六

はらう　とめる

よみかた
おん　ロク
くん　む　むつ　むっつ　むい

つかいかた
六月《ろくがつ》
六年生《ろくねんせい》
六《ろく》まい
六《ろく》だい
六日《むいか》

れんしゅう

1 □に かんじを かきましょう。　1つ10てん【100てん】

(1) □《よん》さいの おとうと。

(2) 本《ほん》が □《ご》さつ ある。

(3) カードが □《ろく》まい ある。

(4) □《し》かくい かみを おる。

(5) □《いつ》つの みかん。

(6) たまごが □《むっ》つ ある。

(7) あしたから □《し》月《がつ》だ。

(8) きょうは 八月《はちがつ》 □《いつ》日《か》だ。

(9) □《よ》人《にん》の きょうだい。

(10) □《ろく》年生《ねんせい》の きょうしつ。

らくらくマルつけ

解説↓ 169ページ

2102

すうじ③

3

がくしゅうした日　月　日

なまえ

もくひょうじかん 20ぷん

とくてん　／100てん

解説↓169ページ

2103

らくらくマルつけ

七

2かく

一 七

れんしゅう

まげて　とめる

よみかた

おん　シチ

くん　なな　なな(つ)　なの

つかいかた

七月《しちがつ》　七《しち》じ

七五三《しちごさん》

七《なな》いろ

七日《なのか》

★七夕《たなばた》

八

2かく

ノ 八

れんしゅう

ひだりより たかく

はらう

よみかた

おん　ハチ

くん　や　や(つ)　や(っつ)　よう

つかいかた

八《はち》じ

八本《はちほん》

八《はち》ばん

八《はち》だい

八日《ようか》

1 □に かんじを かきましょう。

(1) あさ □《しち》 じに おきる。

(2) □《はち》 ばん目《め》に ならぶ。

(3) □《なな》 いろの クレヨン。

(4) ケーキを □《やっ》 つに きる。

(5) きょうは 一月《いちがつ》 □《なの》 日《か》だ。

(6) よるの □《はち》 じに ねる。

(7) □□□《しちごさん》。

(8) □《はち》 本《ほん》の ろうそく。

(9) □《しち》 月《がつ》三《みっ》日《か》に なる。

(10) 車《くるま》が □《はち》 だい ならぶ。

1つ10てん【100てん】

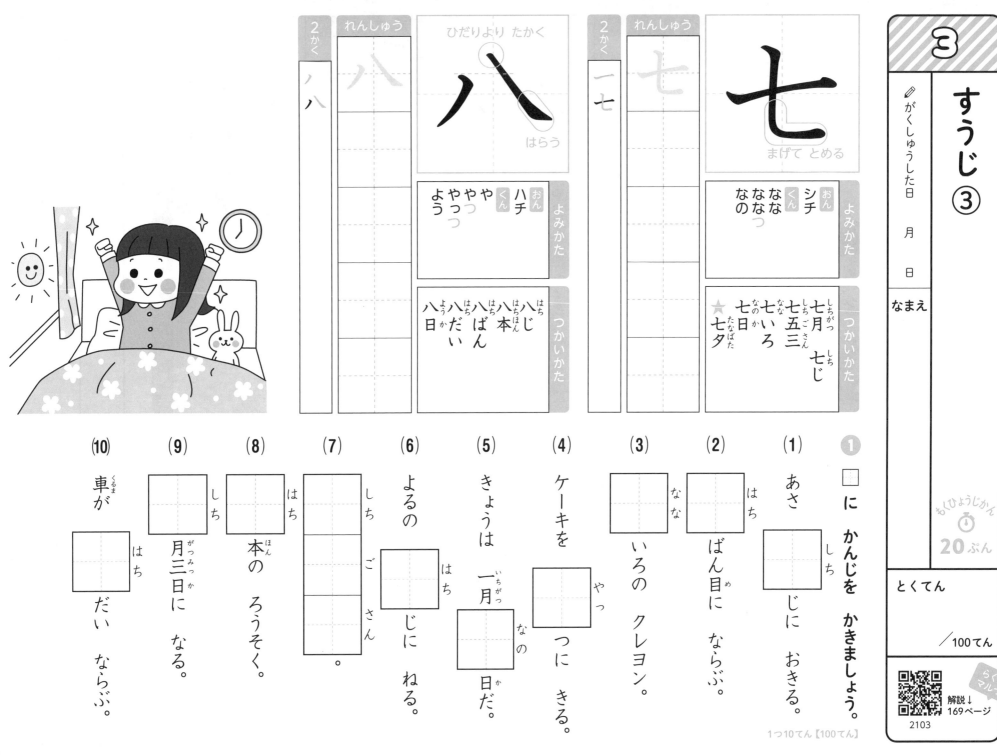

もう1回チャレンジ!!

3 すうじ③

がくしゅうした日　月　日

なまえ

もくひょうじかん 20ぷん

とくてん　／100てん

らくらくマルつけ　解説↓169ページ

2103

七

2かく　一七

れんしゅう

まげて　とめる

よみかた
おん　シチ
くん　なな　ななつ　なの

つかいかた
七月《しちがつ》　七《しち》じ
七五三《しちごさん》
七《なな》いろ
七日《なのか》
★七夕《たなばた》

八

2かく　ノ八

れんしゅう

ひだりより　たかく
はらう

よみかた
おん　ハチ
くん　や　やっつ　やつ　よう

つかいかた
八《はち》じ
八本《はちほん》
八《はち》ばん
八《はち》だい
八日《ようか》

1 □に　かんじを　かきましょう。

1つ10てん【100てん】

(1) あさ　□《しち》じに　おきる。

(2) □《はち》ばん目《め》に　ならぶ。

(3) □《なな》いろの　クレヨン。

(4) ケーキを　□《やっ》つに　きる。

(5) きょうは　一月《いちがつ》□《なの》日《か》だ。

(6) よるの　□《はち》じに　ねる。

(7) □□□《しちごさん》。

(8) □《はち》本《ほん》の　ろうそく。

(9) □《しち》月《がつ》三日《みっか》に　なる。

(10) 車《くるま》が　□《はち》だい　ならぶ。

4 まとめの テスト 1

がくしゅうした日　月　日

なまえ

もくひょうじかん 20ぷん

とくてん

／100てん

解説↓ 169ページ

2104

らくらくマルつけ

1 （　）に ――せんの よみがなを かきましょう。

1つ5てん【55てん】

(1) きょうから 一月《がつ》だ。（　　）

(2) いもうとは 二さいだ。（　　）

(3) たまごが 三こ ある。（　　）

(4) ぼくは 四月生《う》まれだ。（　　）

(5) 五《ご》月《がつ》五日《か》は こどもの日《ひ》だ。（　　）

(6) 一本《ぽん》の 大《おお》きな 木《き》。（　　）

(7) いちごを 二つ たべる。（　　）

(8) 三日《か》まえの できごと。（　　）

(9) ケーキが 一つ ある。（　　）

(10) 子《こ》どもが 四人《にん》 いる。（　　）

(11) あめを 五つ もらう。（　　）

2 □に かんじを かきましょう。

1つ5てん【45てん】

(1) □《なな》つの ほし。

(2) 九《く》月《がつ》 □《よう》 日《か》に なる。

(3) みかんが □《むっ》 つ ある。

(4) □《はち》 本《ほん》の えんぴつ。

(5) おさらが □《ろく》 まい ある。

(6) よるの □《しち》 じに なった。

(7) □《ろく》 だいの じどう車《しゃ》。

(8) □《しち》 月《がつ》の ぎょうじ。

(9) □《はっ》 さいの たんじょう日《び》。

＼もう1回チャレンジ!!／

4 まとめの テスト 1

がくしゅうした日　月　日

なまえ

もくひょうじかん 20ぷん

とくてん　／100てん

解説↓169ページ

2104

らくらくマルつけ

1 （　）に ――せんの よみがなを かきましょう。

1つ5てん【55てん】

(1) きょうから 一月《がつ》だ。（　　）

(2) いもうとは 二さいだ。（　　）

(3) たまごが 三こ ある。（　　）

(4) ぼくは 四月生《う》まれだ。（　　）

(5) 五月《がつ》五日《か》は こどもの日《ひ》だ。（　　）

(6) 一本《ぽん》の 大《おお》きな 木《き》。（　　）

(7) いちごを 二つ たべる。（　　）

(8) 三日《か》まえの できごと。（　　）

(9) ケーキが 一つ ある。（　　）

(10) 子《こ》どもが 四人《にん》 いる。（　　）

(11) あめを 五つ もらう。（　　）

2 □に かんじを かきましょう。

1つ5てん【45てん】

(1) □《なな》つの ほし。

(2) 九《く》月《がつ》 □《よう》日《か》に なる。

(3) みかんが □《むっ》つ ある。

(4) □《はち》本《ほん》の えんぴつ。

(5) おさらが □《ろく》まい ある。

(6) よるの □《しち》じに なった。

(7) □《ろく》だいの じどう車《しゃ》。

(8) □《しち》月《がつ》の ぎょうじ。

(9) □《はっ》さいの たんじょう日《び》。

5 まとめの テスト ②

もくひょうじかん 20ぷん

がくしゅうした日　月　日

なまえ

とくてん

／100てん

解説↓
169ページ

2105

らくらくマルつけ

❶ つぎの かずを かんじで かきましょう。 1つ10てん【50てん】

(1) ご

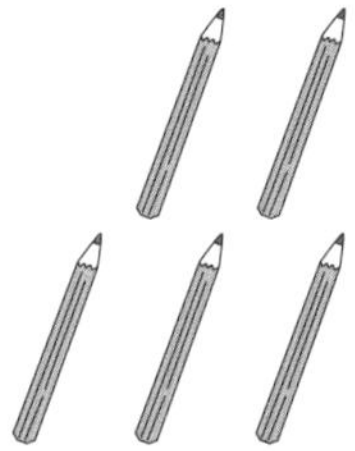

(2) いち

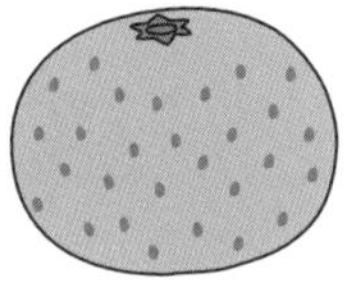

(3) さん

(4) よん

(5) に

❷ つぎの かずを かんじで かきましょう。 1つ10てん【50てん】

(1)

□よ 人《にん》

(2)

□ろっ こ

(3)

□ご 円《えん》

(4)

□はち じ

(5)

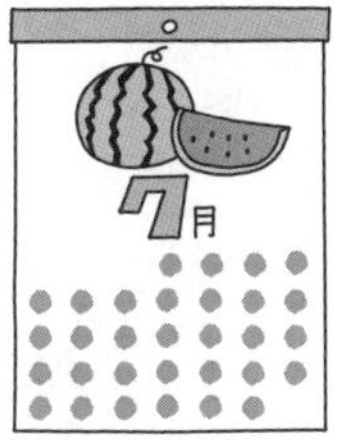

□しち 月《がつ》

もう1回チャレンジ!!

5 まとめの テスト 2

がくしゅうした日　月　日

なまえ

もくひょうじかん 20ぷん

とくてん
／100てん

解説↓169ページ
2105
らくらくマルつけ

❶ つぎの かずを かんじで かきましょう。 1つ10てん【50てん】

(1) ご

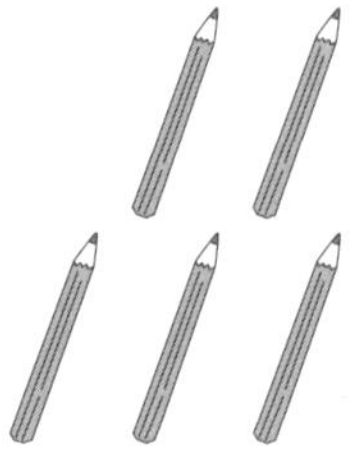

□

(2) いち

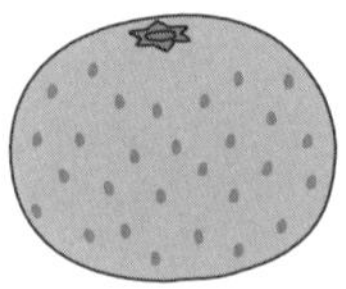

□

(3) さん

□

(4) よん

□

(5) に

□

❷ つぎの かずを かんじで かきましょう。 1つ10てん【50てん】

(1)

□《よ》人《にん》

(2)

□《ろっ》こ

(3)

□《ご》円《えん》

(4)

□《はち》じ

(5)

□《しち》月《がつ》

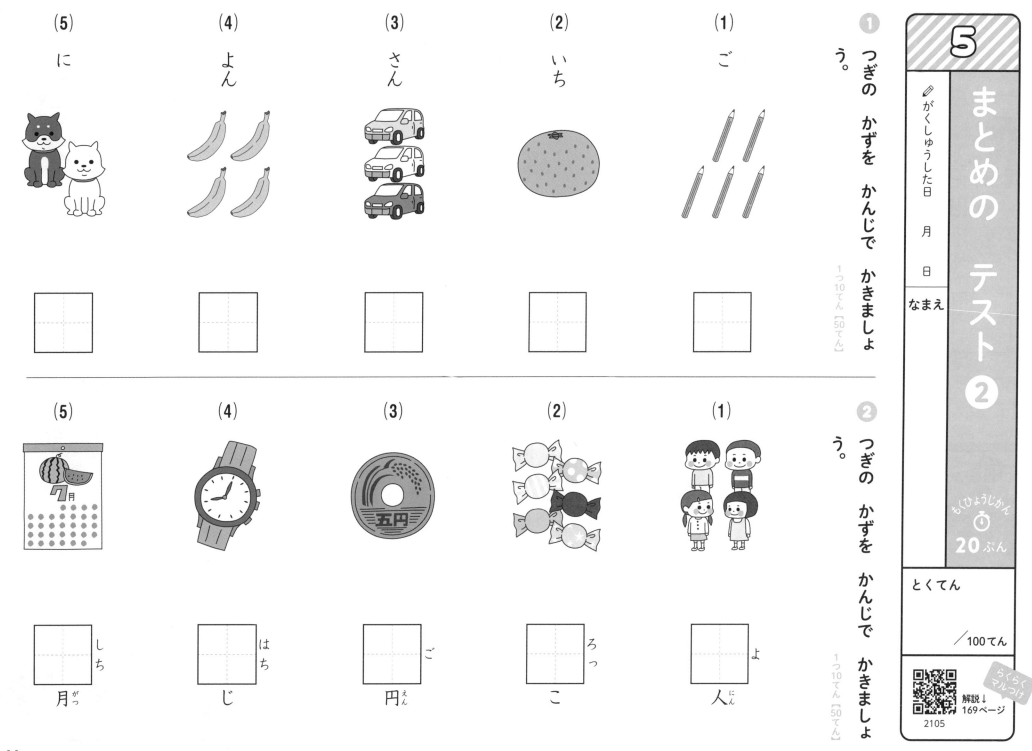

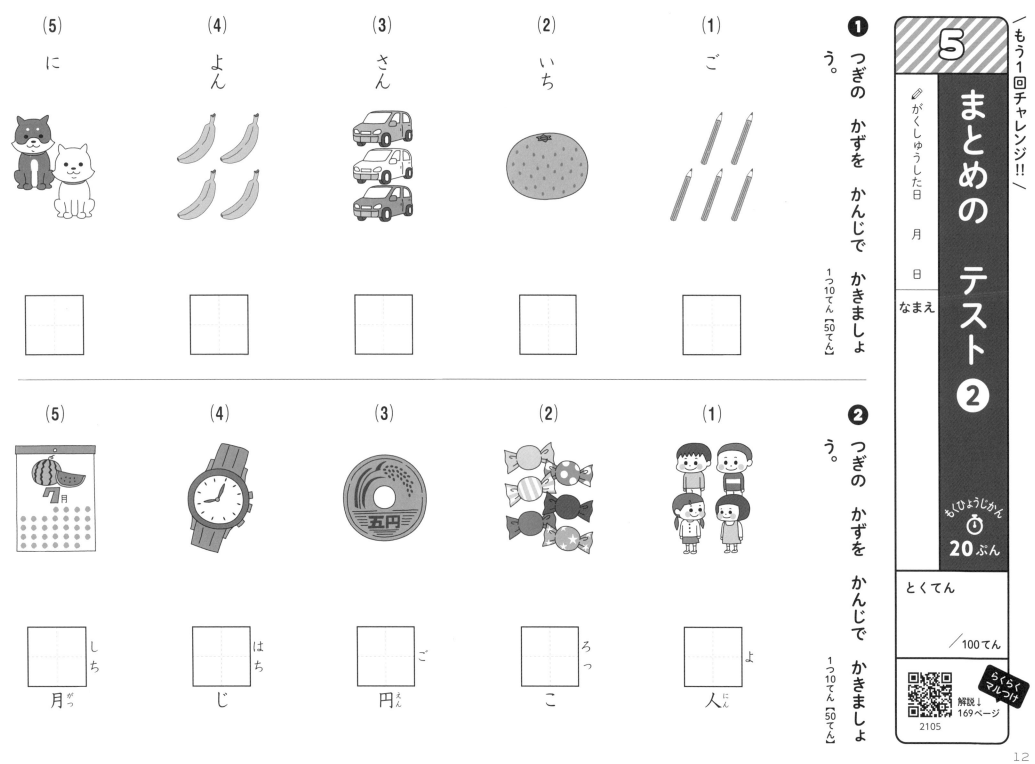

6 まとめの テスト ③

✎がくしゅうした日　　月　　日

なまえ

もくひょうじかん 20ぷん

とくてん　　／100てん

解説↓ 170ページ

らくらくマルつけ

2106

1 （　）に ——せんの よみがなを かきましょう。

1つ5てん【55てん】

(1) 五足《そく》の くつ。（　　　）

(2) 七日《か》目《め》の あさ。（　　　）

(3) 九《く》月《がつ》六日《か》の よてい。（　　　）（　　　）

(4) まえから 八ばん目。（　　　）

(5) 七いろの にじが 出《で》る。（　　　）

(6) 五つ かぞえる。（　　　）

(7) 八つに わける。（　　　）

(8) あさの 六じに おきる。（　　　）

(9) ビルの 五かいの へや。（　　　）

(10) 七五三の おいわいを する。（　　　）

(11) ノートが 六さつ ある。（　　　）

2 □に かんじを かきましょう。

1つ5てん【45てん】

(1) □《さん》年《ねん》まえの できごと。

(2) きれいな □《み》日《か》月《づき》。

(3) □《いち》メートルの ながさ。

(4) ぜんぶで □《よっ》つ ある。

(5) □《さん》ばいの 大《おお》きさ。

(6) おもちゃが □《よん》こ ある。

(7) 本《ほん》が □《に》さつ ある。

(8) リレーで □《いち》ばんに なる。

(9) たまごが □《ふた》つ ある。

もう1回チャレンジ!!

6 まとめの テスト ③

がくしゅうした日　月　日

なまえ

もくひょうじかん 20ぷん

とくてん　／100てん

らくらくマルつけ　解説↓170ページ

2106

1 （　）に ——せんの よみがなを かきましょう。　1つ5てん【55てん】

(1) 五足《そく》の くつ。（　　）

(2) 七日《か》目《め》の あさ。（　　）

(3) 九《く》月《がつ》六日《か》の よてい。（　　）（　　）

(4) まえから 八ばん目。（　　）

(5) 七いろの にじが 出《で》る。（　　）

(6) 五つ かぞえる。（　　）

(7) 八つに わける。（　　）

(8) あさの 六じに おきる。（　　）

(9) ビルの 五かいの へや。（　　）

(10) 七五三の おいわいを する。（　　）

(11) ノートが 六さつ ある。（　　）

2 □に かんじを かきましょう。　1つ5てん【45てん】

(1) □《さん》年《ねん》まえの できごと。

(2) きれいな □《み》日《か》月《づき》。

(3) □《いち》メートルの ながさ。

(4) ぜんぶで □《よっ》つ ある。

(5) □《さん》ばいの 大《おお》きさ。

(6) おもちゃが □《よん》こ ある。

(7) 本《ほん》が □《に》さつ ある。

(8) リレーで □《いち》ばんに なる。

(9) たまごが □《ふた》つ ある。

7

まとめの テスト ④

がくしゅうした日　月　日

なまえ

もくひょうじかん 20ぷん

とくてん　／100てん

らくらくマルつけ

解説↓ 170ページ

2107

❶ つぎの かずを かんじで かきましょう。

1つ10てん【50てん】

(1)

りんご □ つ

(2)

ねこ □ びき

(3)

じてん車《しゃ》 □ だい

(4)

木《き》 □ 本《ほん》

(5)
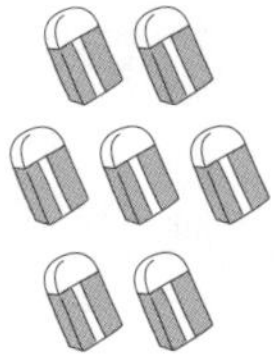
けしゴム □ こ

❷ （　）に ――せんの よみがなを かきましょう。

1つ5てん【50てん】

(1)
① 四月《がつ》に なる。（　）
② 四人《にん》で あそぶ。（　）
③ 四さいの いとこ。（　）

(2)
① ビルの 二かい。（　）
② りんご 二つ。（　）

(3)
① あには 六年生《ねんせい》だ。（　）
② 六つの けしゴム。（　）

(4)
① あさの 八じ。（　）
② 八つの りんご。（　）
③ 八日目《かめ》の あさ。（　）

もう1回チャレンジ!!

7 まとめの テスト④

がくしゅうした日　月　日

なまえ

もくひょうじかん 20ぷん

とくてん　／100てん

解説↓ 170ページ

2107

らくらくマルつけ

1 つぎの かずを かんじで かきましょう。

1つ10てん【50てん】

(1)

りんご □ つ

(2)

ねこ □ びき

(3)

じてん車《しゃ》 □ だい

(4)

木《き》 □ 本《ほん》

(5)
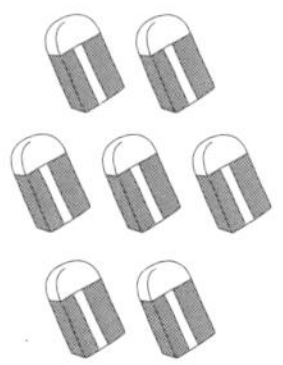
けしゴム □ こ

2 （　）に ――せんの よみがなを かきましょう。

1つ5てん【50てん】

(1)
① 四月《がつ》に なる。（　）
② 四人《にん》で あそぶ。（　）
③ 四さいの いとこ。（　）

(2)
① ビルの 二かい。（　）
② りんご 二つ。（　）

(3)
① あには 六年生《ねんせい》だ。（　）
② 六つの けしゴム。（　）

(4)
① あさの 八じ。（　）
② 八つの りんご。（　）
③ 八日《か》目《め》の あさ。（　）

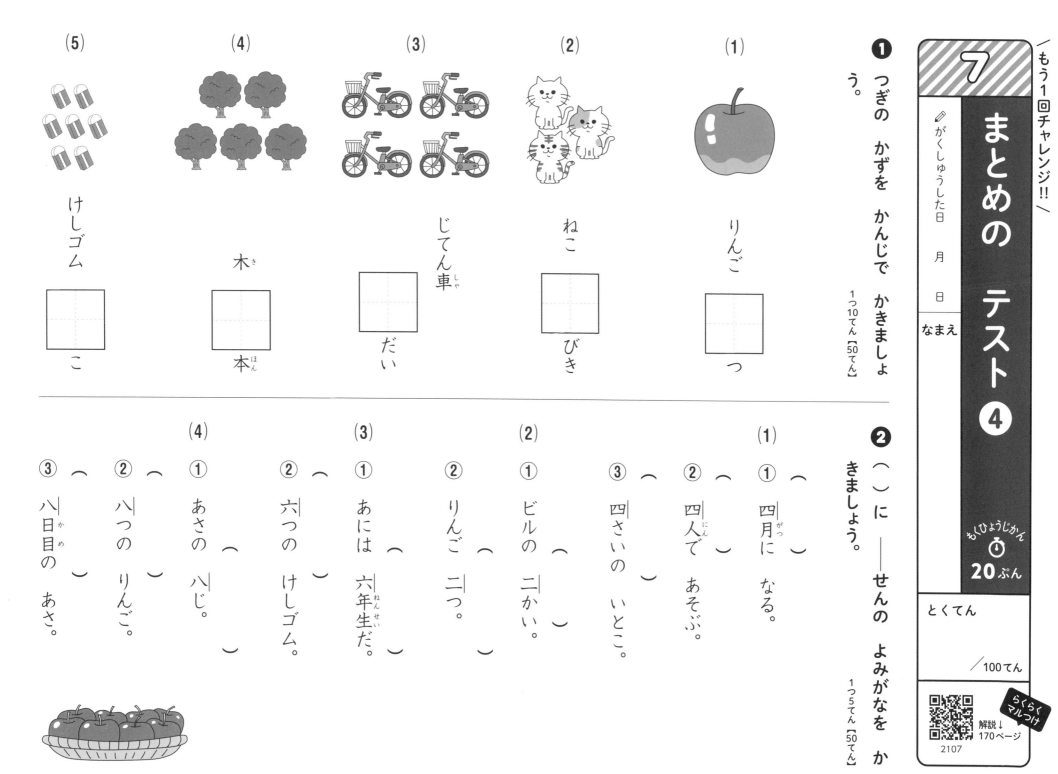

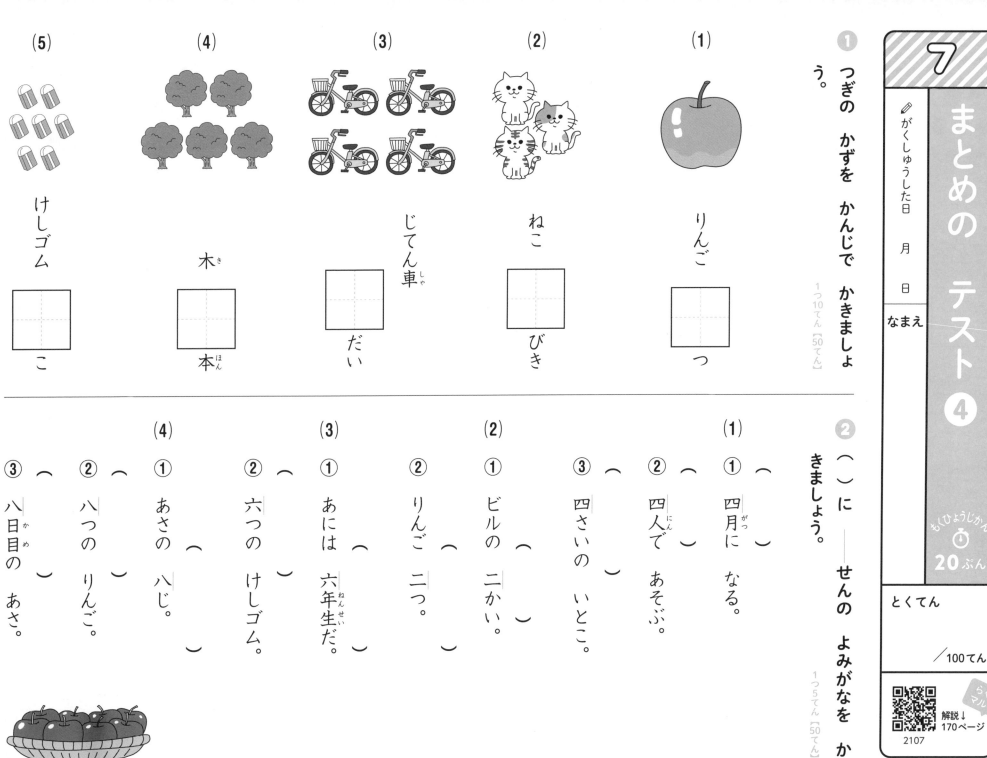

8 まとめの テスト 5

がくしゅうした日　月　日

なまえ

もくひょうじかん 20ぷん

とくてん　／100てん

解説↓170ページ

2108

らくらくマルつけ

1 （　）に ——せんの よみがなを かき、あう かずの えを せんで つなぎましょう。

1つ5てん【50てん】

(1)（　　）一つ　・　・

(2)（　　）二つ　・　・

(3)（　　）三つ　・　・

(4)（　　）四つ　・　・

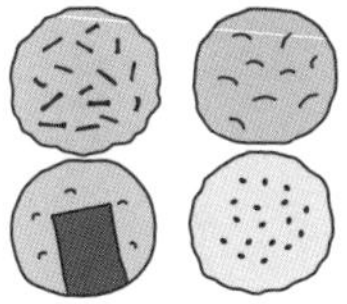

(5)（　　）五つ　・　・

2 （　）に ——せんの よみがなを かきましょう。

1つ10てん【50てん】

ぼくの いえは、おとうさん、おかあさん、ぼく、いもうとの ①四人《にん》かぞくだ。

②八月《がつ》③七日《か》は いもうとの たんじょう日《び》だった。いもうとは ④三さいに なった。いもうとは プレゼントに えほんを ⑤五さつ もらって よろこんだ。

①（　　）

②（　　）

③（　　）

④（　　）

⑤（　　）

＼もう1回チャレンジ!!／

8

まとめの テスト ５

がくしゅうした日　　月　　日

なまえ

もくひょうじかん 20ぷん

とくてん

／100てん

らくらくマルつけ

解説↓ 170ページ

2108

❶ （　）に ――せんの よみがなを かき、あう かずの えを せんで つなぎましょう。

1つ5てん【50てん】

(1)（　　）一つ　・　・

(2)（　　）二つ　・　・

(3)（　　）三つ　・　・

(4)（　　）四つ　・　・

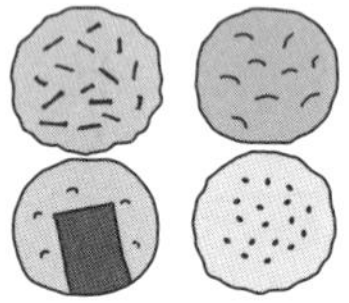

(5)（　　）五つ　・　・

❷ （　）に ――せんの よみがなを かきましょう。

1つ10てん【50てん】

ぼくの いえは、おとうさん、おかあさん、ぼく、いもうとの ①四人《にん》かぞくだ。

②八月《がつ》③七日《か》は いもうとの たんじょう日《び》だった。いもうとは ④三さいに なった。いもうとは プレゼントに えほんを ⑤五さつ もらって よろこんだ。

①（　　）

②（　　）

③（　　）

④（　　）

⑤（　　）

9 すうじ④

がくしゅうした日　月　日

なまえ

もくひょうじかん 20ぷん

とくてん

／100てん

解説↓170ページ

2109

らくらくマルつけ

九

2かく

ノ 九

れんしゅう

まげて　はねる

よみかた

おん キュウ ク

くん ここの ここのつ

つかいかた

九人《きゅうにん》
九《きゅう》ふん
九月《くがつ》
九《く》じ
九日《ここのか》

十

2かく

一 十

れんしゅう

おなじ　ながさ

よみかた

おん ジュウ ジッ

くん とお と

つかいかた

十人《じゅうにん》
十円玉《じゅうえんだま》
十本《じっぽん》
十《じっ》ぷん
十日《とおか》

百

6かく

一 丆 丆 百 百 百

れんしゅう

ながく

よみかた

おん ヒャク

くん ―

つかいかた

百人《ひゃくにん》
百年《ひゃくねん》
百円玉《ひゃくえんだま》
百《ひゃく》てん
百《ひゃっ》かじてん

1 □に　かんじを　かきましょう。

(1) よるの　□《く》じに　なる。

(2) □《じゅう》円玉《えんだま》を　ひろう。

(3) □《ひゃく》てんを　とる。

(4) □《ここの》つの　ビー玉。

(5) 四《よ》じ□《じっ》ぷんに　なる。

(6) □《ひゃく》年《ねん》まえの　できごと。

(7) きょうは　一月《いちがつ》□《ここの》日《か》だ。

(8) □《とお》日《か》かん　休《やす》む。

(9) □《ひゃっ》この　みかん。

(10) あすから　□《く》月《がつ》だ。

1つ10てん【100てん】

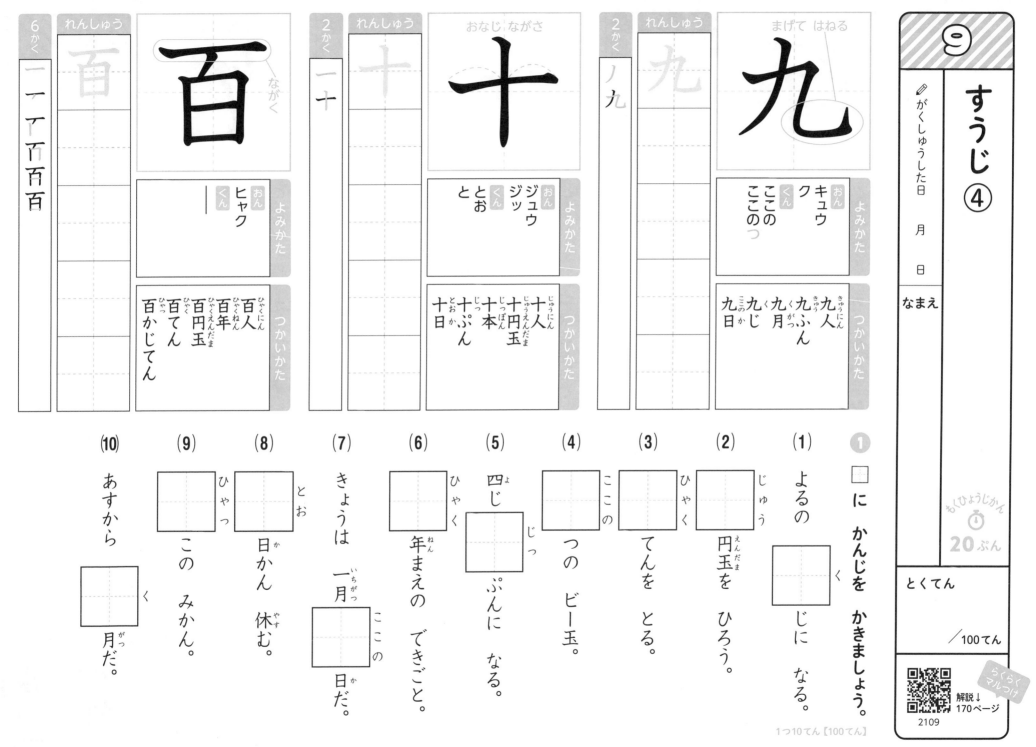

9 すうじ④

✎がくしゅうした日　月　日

なまえ

もくひょうじかん 20ぷん

とくてん
／100てん

らくらくマルつけ

解説↓ 170ページ

2109

九

2かく

れんしゅう

まげて　はねる

よみかた
おん　キュウ　ク
くん　ここの　ここのつ

つかいかた
九人《きゅうにん》
九《きゅう》ふん
九月《くがつ》
九《く》じ
九日《ここのか》

ノ　九

十

2かく

れんしゅう

おなじ　ながさ

よみかた
おん　ジュウ　ジッ
くん　と　とお

つかいかた
十人《じゅうにん》
十円玉《じゅうえんだま》
十本《じっぽん》
十《じっ》ぷん
十日《とおか》

一　十

百

6かく

れんしゅう

ながく

よみかた
おん　ヒャク
くん　—

つかいかた
百人《ひゃくにん》
百年《ひゃくねん》
百円玉《ひゃくえんだま》
百《ひゃく》てん
百《ひゃっ》かじてん

一　丆　丆　百　百　百

1 □に　かんじを　かきましょう。

(1) よるの　□《く》じに　なる。

(2) □《じゅう》円玉《えんだま》を　ひろう。

(3) □《ひゃく》てんを　とる。

(4) □《ここの》つの　ビー玉。

(5) 四《よ》じ　□《じっ》ぷんに　なる。

(6) □《ひゃく》年《ねん》まえの　できごと。

(7) きょうは　一月《いちがつ》□《ここの》日《か》だ。

(8) □《とお》日《か》かん　休《やす》む。

(9) □《ひゃっ》この　みかん。

(10) あすから　□《く》月《がつ》だ。

1つ10てん【100てん】

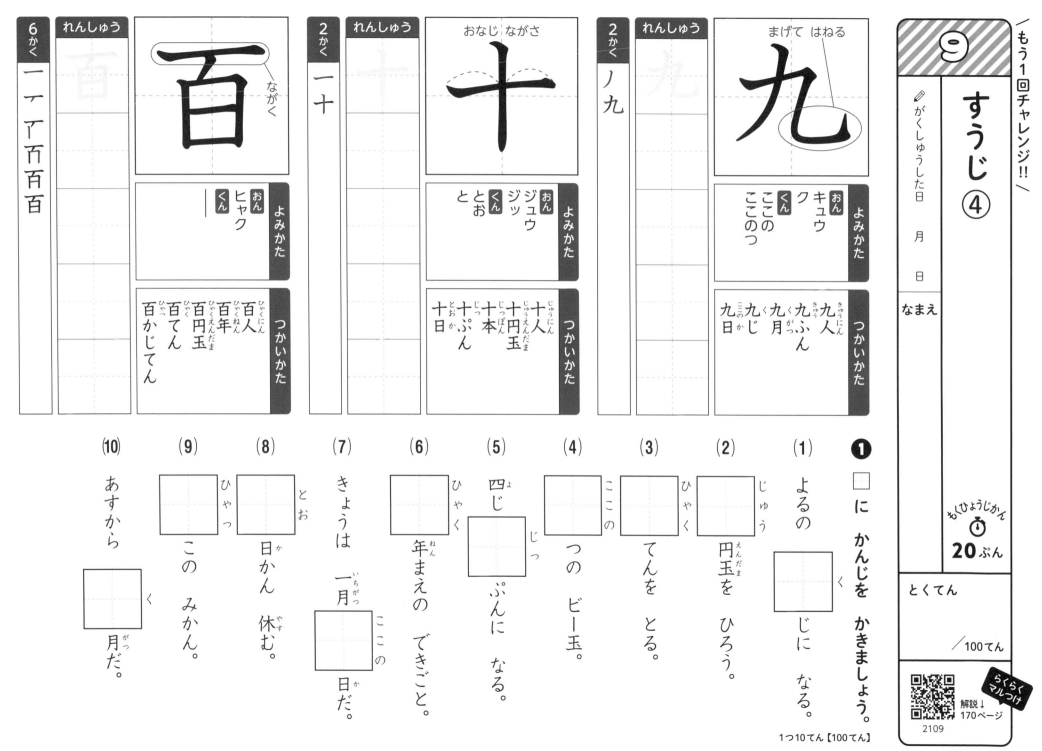

10 お金《かね》を かぞえよう

がくしゅうした日　月　日

なまえ

もくひょうじかん 20ぷん

とくてん　／100てん

解説↓ 171ページ

らくらくマルつけ

2110

千（3かく）

ななめに はらう　とめる

よみかた
おん　セン
くん　ち

つかいかた
千人《せんにん》
千円《せんえん》
千《せん》まい
千《せん》ばづる
千《ち》よがみ

円（4かく）

つきださない

よみかた
おん　エン
くん　まる（い）

つかいかた
一円《いちえん》
百円《ひゃくえん》
円《えん》けい
はん円《えん》
円《えん》ばん

金（8かく）

みじかく　いちばん ながく

よみかた
おん　キン　コン
くん　かね　かな

つかいかた
大金《たいきん》
ちょ金《きん》
おう金《ごん》
金《かね》もち
金《かな》づち

1 □に かんじを かきましょう。

1つ10てん【100てん】

(1) □□《せんえん》 さつが 二《に》まい。

(2) さいふに お□《かね》を 入《い》れる。

(3) □□《ひゃくえん》玉《だま》を かぞえる。

(4) 大《たい》□《きん》を 手《て》に する。

(5) □《せん》人《にん》もの かんきゃく。

(6) おつりは 二十《にじゅう》□《えん》だ。

(7) まい月《つき》 ちょ□《きん》 する。

(8) □《ち》よがみを おる。

(9) おう□《ごん》の おきもの。

(10) □《せん》ばづるを おる。

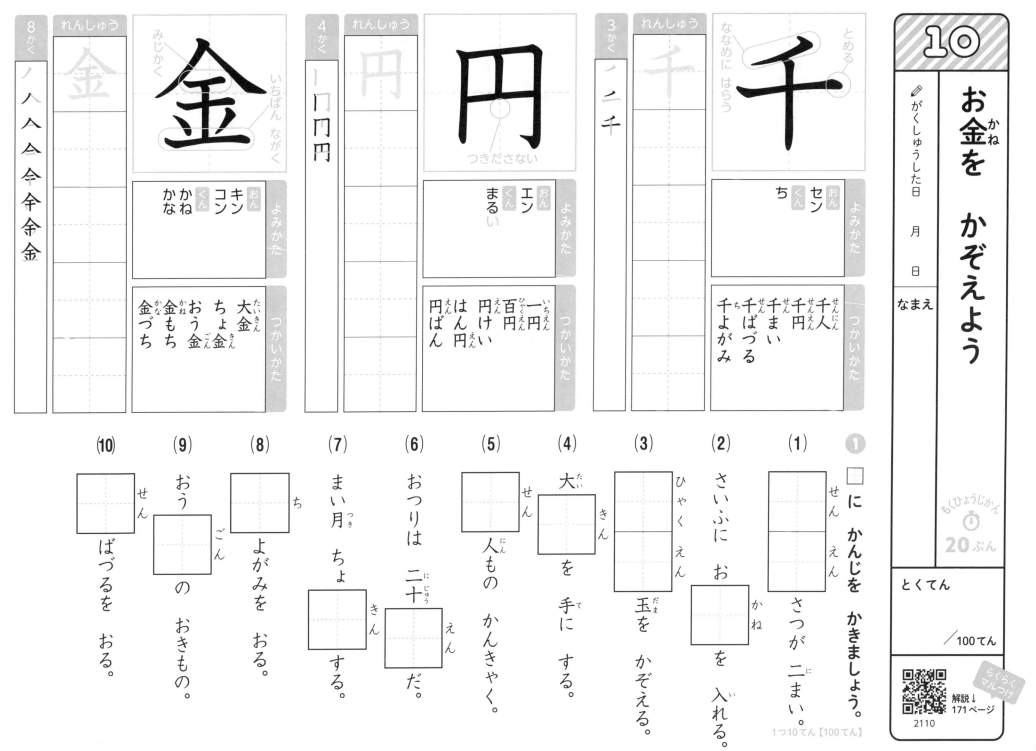

10 お金《かね》を かぞえよう

がくしゅうした日　月　日

なまえ

もくひょうじかん 20ぷん

とくてん　/100てん

解説↓ 171ページ

らくらくマルつけ

2110

よみかた
おん セン
くん ち

つかいかた
千人《せんにん》
千円《せんえん》
千《せん》まい
千《せん》ばづる
千《ち》よがみ

3かく

れんしゅう

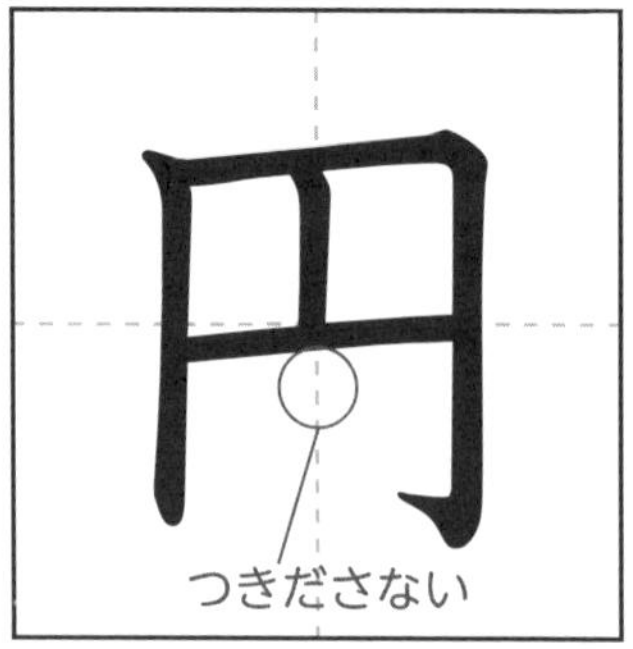

よみかた
おん エン
くん まるい

つかいかた
一円《いちえん》
百円《ひゃくえん》
円《えん》けい
はん円《えん》
円《えん》ばん

4かく

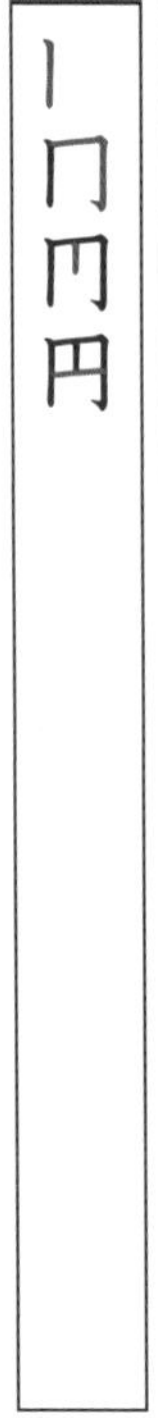

れんしゅう

よみかた
おん キン コン
くん かね かな

つかいかた
大金《たいきん》
ちょ金《きん》
おう金《ごん》
金《かね》もち
金《かな》づち

8かく

れんしゅう

1 □に かんじを かきましょう。 1つ10てん【100てん】

(1) □□《せんえん》 さつが 二《に》まい。

(2) さいふに お□《かね》を 入《い》れる。

(3) □□《ひゃくえん》玉《だま》を かぞえる。

(4) 大《たい》□《きん》を 手《て》に する。

(5) □《せん》人《にん》もの かんきゃく。

(6) おつりは 二十《にじゅう》□《えん》だ。

(7) まい月《つき》 ちょ□《きん》する。

(8) □《ち》よがみを おる。

(9) おう□《ごん》の おきもの。

(10) □《せん》ばづるを おる。

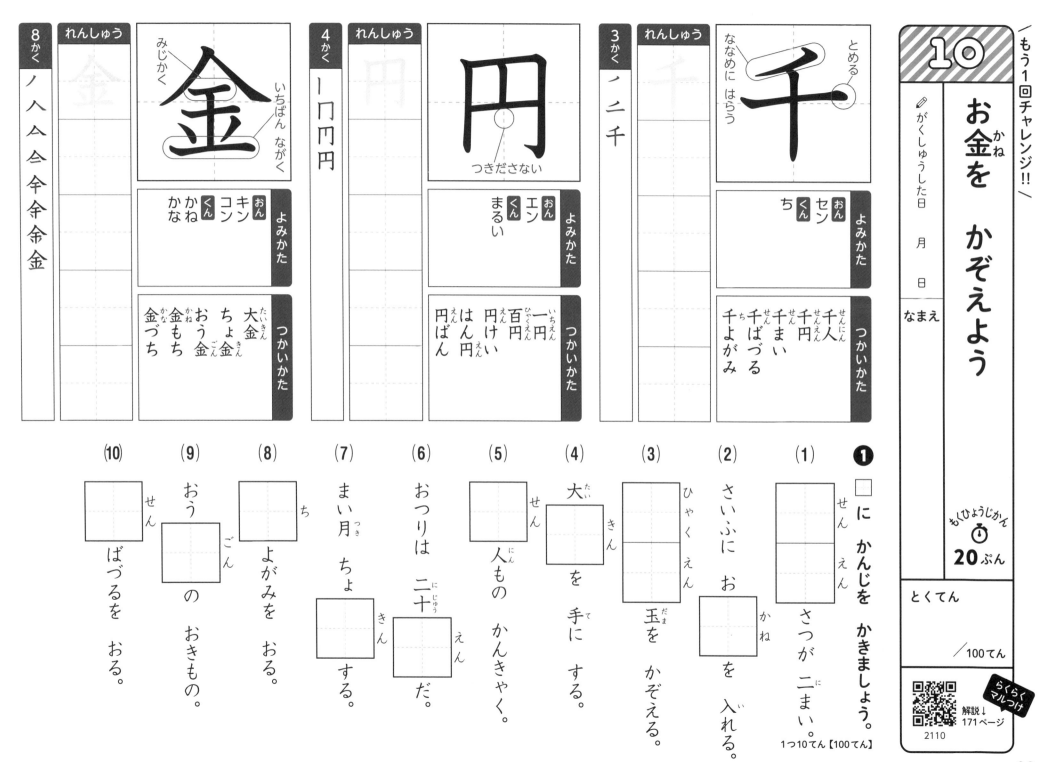

11

いちを　あらわそう①

がくしゅうした日　月　日

なまえ

もくひょうじかん 20ぷん

とくてん

／100てん

解説↓
171ページ

2111

らくらくマルつけ

上

3かく

丨 ⺊ 上

れんしゅう

たてぼうから かく

よみかた

おん　ジョウ（ショウ）

くん　うえ・うわ・かみ・あげる・あがる・のぼる・（のぼせる）（のぼす）

つかいかた

おく上《じょう》　上下《じょうげ》

上《うわ》ぎ　ね上《あ》げ

川上《かわかみ》

雨上《あめあ》がり

★上手《じょうず》

下

3かく

一 丅 下

れんしゅう

とめる

よみかた

おん　カ・ゲ

くん　した・しも・（もと）・さげる・さがる・くだる・くだす・くださる・おろす・おりる

つかいかた

ち下《か》　下校《げこう》

下《した》じき

川下《かわしも》

下《くだ》りざか

★下手《へた》

1 □に　かんじを　かきましょう。

(1) やねの　□《うえ》に　のぼる。

(2) つくえの　□《した》に　もぐる。

(3) 右足《みぎあし》を　□《あ》げる。

(4) にもつを　□《お》ろす。

(5) □□《じょうげ》を　入《い》れかえる。

(6) りょう金《きん》の　ね□《あ》げ。

(7) ビルの　ち□《か》。

(8) ともだちと　□《げ》校《こう》する。

1つ10てん【80てん】

スパイラルコーナー

□に　かんじを　かきましょう。

(1) □《いっ》本《ぽん》の　えんぴつ。

(2) りんごが　□《みっ》つ　ある。

1つ10てん【20てん】

／もう1回チャレンジ!!／

11 いちを あらわそう ①

がくしゅうした日　月　日

なまえ

もくひょうじかん 20ぷん

とくてん

／100てん

解説↓ 171ページ

2111

らくらくマルつけ

上

たてぼうから かく

3かく

｜　ト　上

れんしゅう

よみかた

おん　ジョウ　（ショウ）

くん　うえ・うわ・かみ・あげる・あがる・のぼる・（のぼせる）（のぼす）

つかいかた

おく上《じょう》　上下《じょうげ》

上《うわ》ぎ

川上《かわかみ》　ね上《あ》げ

雨上《あめあ》がり

★上手《じょうず》

下

とめる

3かく

一　丅　下

れんしゅう

よみかた

おん　カ・ゲ

くん　した・しも・（もと）・さげる・さがる・くだる・くだす・くださる・おろす・おりる

つかいかた

ち下《か》　下校《げこう》

下《した》じき

川下《かわしも》

下《くだ》りざか

★下手《へた》

❶ □に かんじを かきましょう。

1つ10てん【80てん】

(1) やねの □《うえ》 に のぼる。

(2) つくえの □《した》 に もぐる。

(3) 右足《みぎあし》を □《あ》 げる。

(4) にもつを □《お》 ろす。

(5) □□《じょうげ》 を 入《い》れかえる。

(6) りょう金《きん》の ね □《あ》 げ。

(7) ビルの ち □《か》。

(8) ともだちと □《げ》 校《こう》する。

スパイラルコーナー

□に かんじを かきましょう。

1つ10てん【20てん】

(1) □《いっ》 本《ぽん》の えんぴつ。

(2) りんごが □《みっ》 つ ある。

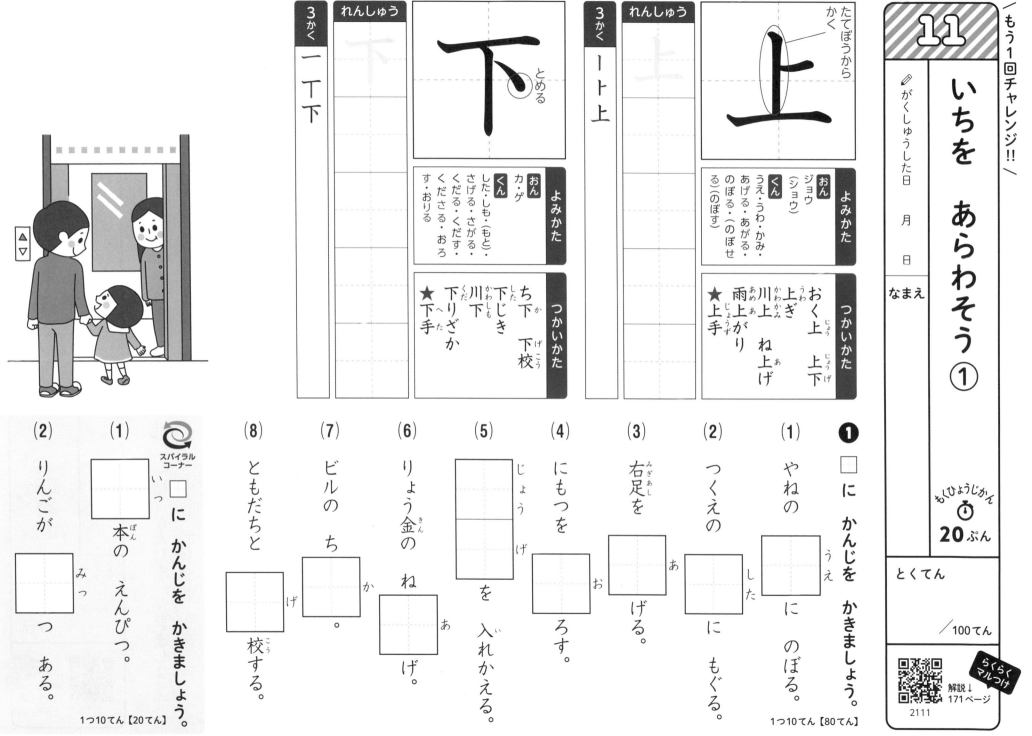

12 まとめの テスト 6

がくしゅうした日　月　日

なまえ

もくひょうじかん 20ぷん

とくてん　／100てん

解説↓ 171ページ

2112

らくらくマルつけ

1 （　）に ――せんの よみがなを かきましょう。

(1) 一月《いちがつ》九日《か》の あさ。（　）

(2) 十人《にん》で ゲームを する。（　）

(3) 百まで かぞえる。（　）

(4) ははに 千円 もらう。（　）

(5) 九人の チーム。（　）

(6) ペンが 十本《ぼん》 ある。（　）

(7) 百さいまで 生《い》きる。（　）

(8) 千人もの かんきゃくが あつまる。（　）

(9) 十日《か》まえの はなし。（　）

(10) りんごが 九つ ある。（　）

(11) きれいな 千よがみ。（　）

1つ5てん【55てん】

2 □に かんじを かきましょう。

(1) □《うわ》ぎを ぬぐ。

(2) お□《かね》を ためる。

(3) あたらしい □《した》じき。

(4) ちょ□《きん》ばこに 入《い》れる。

(5) ねだんが □《あ》がる。

(6) 空《そら》 とぶ □《えん》ばん。

(7) □《かな》づちで たたく。

(8) テーブルの □《うえ》に おく。

(9) ふねで 川《かわ》を □《くだ》る。

1つ5てん【45てん】

／もう1回チャレンジ!!／

12 まとめの テスト 6

がくしゅうした日 月 日

なまえ

もくひょうじかん 20ぷん

とくてん ／100てん

解説↓171ページ
2112

らくらくマルつけ

❶ （ ）に ——せんの よみがなを かきましょう。

1つ5てん【55てん】

(1) 一月《いちがつ》九日《か》の あさ。（ ）

(2) 十人《にん》で ゲームを する。（ ）

(3) 百まで かぞえる。（ ）

(4) ははに 千円 もらう。（ ）

(5) 九人の チーム。（ ）

(6) ペンが 十本《ぼん》 ある。（ ）

(7) 百さいまで 生《い》きる。（ ）

(8) 千人もの かんきゃくが あつまる。（ ）

(9) 十日《か》まえの はなし。（ ）

(10) りんごが 九つ ある。（ ）

(11) きれいな 千よがみ。（ ）

❷ □に かんじを かきましょう。

1つ5てん【45てん】

(1) □《うわ》ぎを ぬぐ。

(2) お□《かね》を ためる。

(3) あたらしい □《した》じき。

(4) ちょ□《きん》ばこに 入《い》れる。

(5) ねだんが □《あ》がる。

(6) 空《そら》とぶ □《えん》ばん。

(7) □《かな》づちで たたく。

(8) テーブルの □《うえ》に おく。

(9) ふねで 川《かわ》を □《くだ》る。

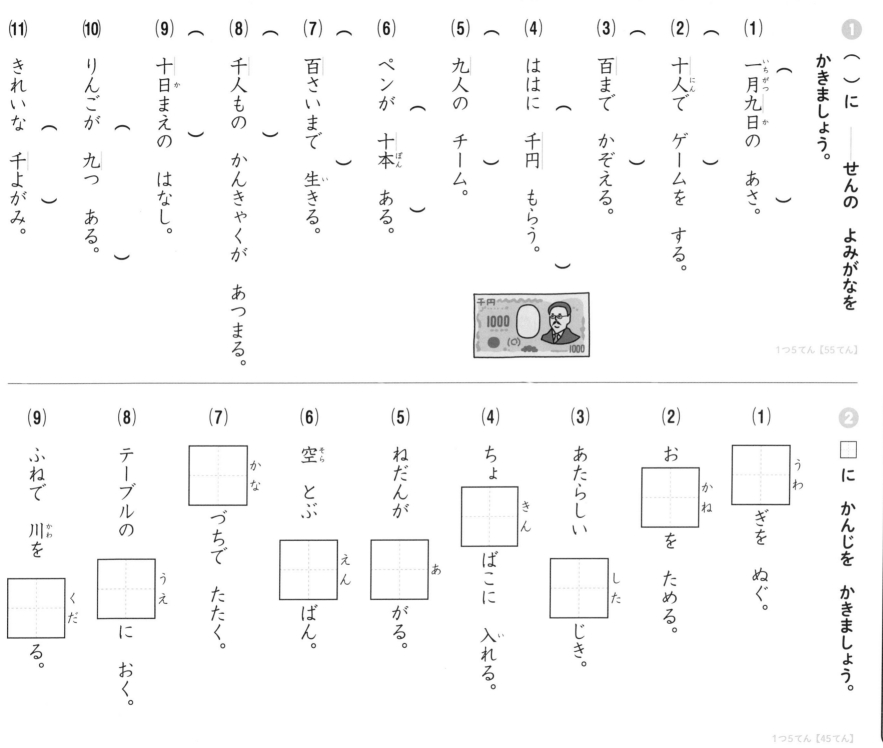

13

まとめの テスト 7

がくしゅうした日　　月　　日

なまえ

もくひょうじかん 20ぷん

とくてん　　／100てん

解説↓ 171ページ

らくらくマルつけ

2113

1 つぎの えに あうように、□に 「上《うえ》」「下《した》」の どちらかを かきましょう。 1つ10てん【40てん】

(1)

① つくえの □ に 本《ほん》が ある。

② つくえの □ に ごみばこが ある。

(2)

① まどの □ に 花《はな》が さいて いる。

② やねの □ に ねこが いる。

2 （　）に ―せんの よみがなを かきましょう。 1つ10てん【60てん】

(1)

① たまごが 九こ ある。（　　）

② 九月《がつ》に なる。（　　）

(2)

① 十だいの 車《くるま》。（　　）

② 一月《いちがつ》十日《か》。（　　）

(3)

① 千ばづるを かざる。（　　）

② きれいな 千よがみ。（　　）

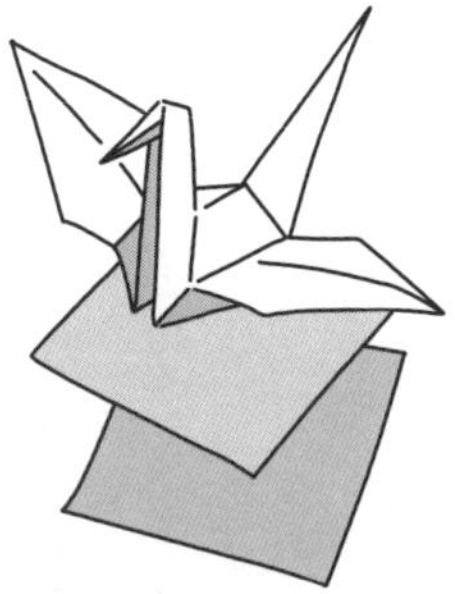

13 まとめの テスト 7

がくしゅうした日　月　日

なまえ

もくひょうじかん 20ぷん

とくてん　／100てん

らくらくマルつけ

解説↓ 171ページ

2113

1 つぎの えに あうように、□に 「上《うえ》」「下《した》」の どちらかを かきましょう。 1つ10てん【40てん】

(1)

① つくえの □□ に 本《ほん》が ある。

② つくえの □□ に ごみばこが ある。

(2)

① まどの □□ に 花《はな》が さいて いる。

② やねの □□ に ねこが いる。

2 （ ）に ──せんの よみがなを かきましょう。 1つ10てん【60てん】

(1)

① たまごが 九こ ある。（　　）

② 九月《がっ》に なる。（　　）

(2)

① 十だいの 車《くるま》。（　　）

② 一《いち》月《がつ》十日《か》。（　　）

(3)

① 千ばづるを かざる。（　　）

② きれいな 千よがみ。（　　）

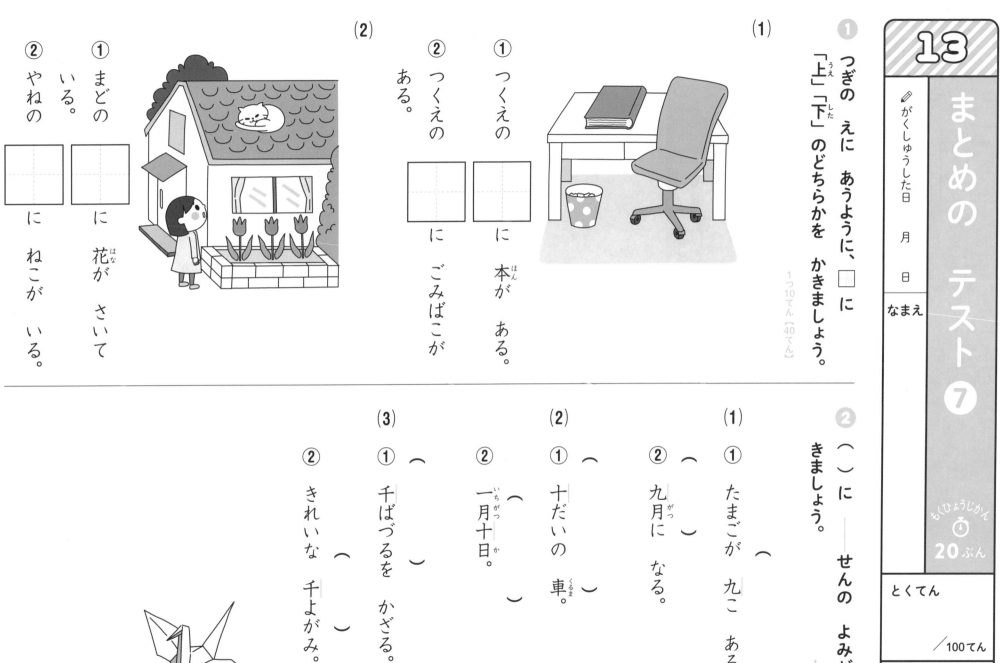

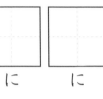

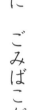

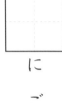

14

まとめの テスト 8

がくしゅうした日　月　日

なまえ

もくひょうじかん 20ぷん

とくてん

／100てん

らくらくマルつけ

解説↓ 171ページ

2114

1 (　)に ——せんの よみがなを かきましょう。

1つ5てん【55てん】

(1) 大金《おお》もちに なる。 (　　)

(2) おつりは 五円だ。 (　　)

(3) きょうは 金よう日《び》だ。 (　　)

(4) おう金に かがやく コイン。 (　　)

(5) 金いろの メダル。 (　　)

(6) 下校《こう》の じかんに なる。 (　　)

(7) 二かいに 上がる。 (　　)(　　)

(8) 白《しろ》い せんまで 下がる。 (　　)

(9) 川《かわ》上から 木《き》が ながれて くる。 (　　)

(10) ビルの おく上。 (　　)

(11) 上下が そろった ふく。 (　　)

2 □に かんじを かきましょう。

1つ5てん【45てん】

(1) ち□(か)しつに かくれる。

(2) □(のぼ)りの でん車《しゃ》。

(3) 川《かわ》□(しも)へ ながれて いく。

(4) □(ひゃっ)かじてんで しらべる。

(5) □(く)じに しゅうごうする。

(6) □(せん)人《にん》いじょうの 人《ひと》びと。

(7) □(きゅう)かい目《め》で せいこうした。

(8) □(じゅう)グラムの さとう。

(9) □(せん)まいの いろがみ。

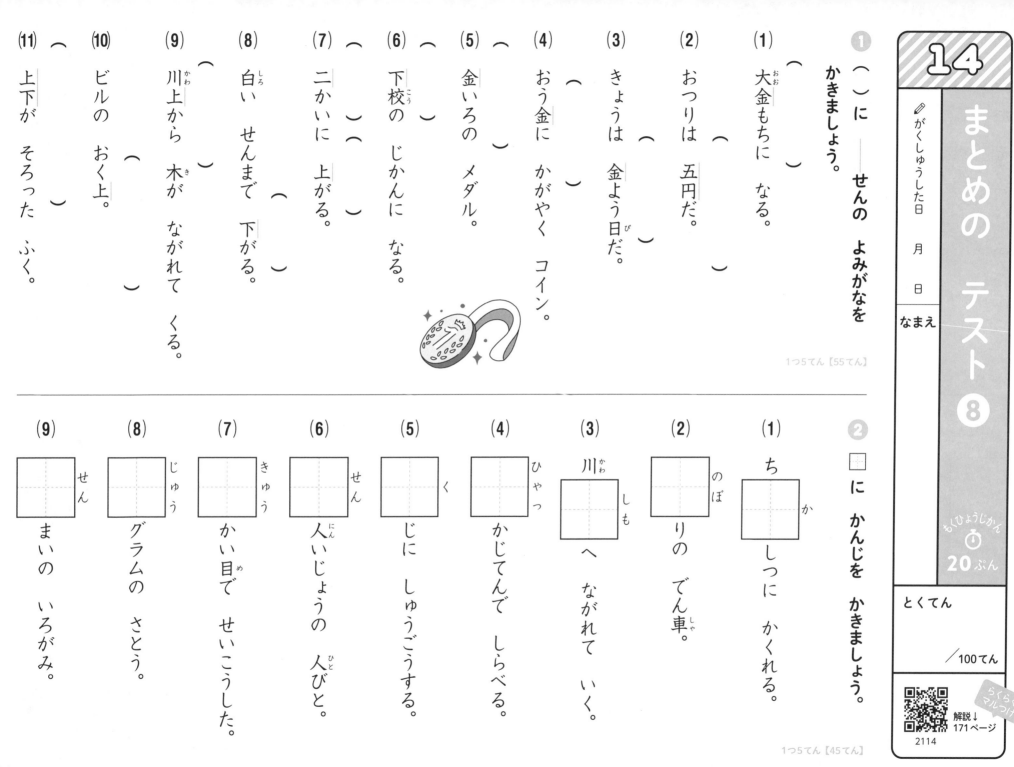

＼もう1回チャレンジ!!／

14 まとめの テスト 8

がくしゅうした日　月　日

なまえ

もくひょうじかん 20ぷん

とくてん　／100てん

解説↓ 171ページ

らくらくマルつけ

2114

1 （　）に ——せんの よみがなを かきましょう。

(1) 大《おお》金もちに なる。（　）

(2) おつりは 五円だ。（　）

(3) きょうは 金よう日《び》だ。（　）

(4) おう金に かがやく コイン。（　）

(5) 金いろの メダル。（　）

(6) 下校《こう》の じかんに なる。（　）（　）

(7) 二かいに 上がる。（　）（　）

(8) 白《しろ》い せんまで 下がる。（　）

(9) 川《かわ》上から 木《き》が ながれて くる。（　）

(10) ビルの おく上。（　）

(11) 上下が そろった ふく。（　）

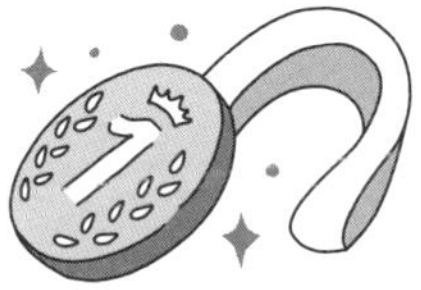

1つ5てん【55てん】

2 □に かんじを かきましょう。

(1) ち□《か》しつに かくれる。

(2) □《のぼ》りの でん車《しゃ》。

(3) 川《かわ》□《しも》へ ながれて いく。

(4) □《ひゃっ》かじてんで しらべる。

(5) □《く》じに しゅうごうする。

(6) □《せん》人《にん》いじょうの 人《ひと》びと。

(7) □《きゅう》かい目《め》で せいこうした。

(8) □《じゅう》グラムの さとう。

(9) □《せん》まいの いろがみ。

1つ5てん【45てん】

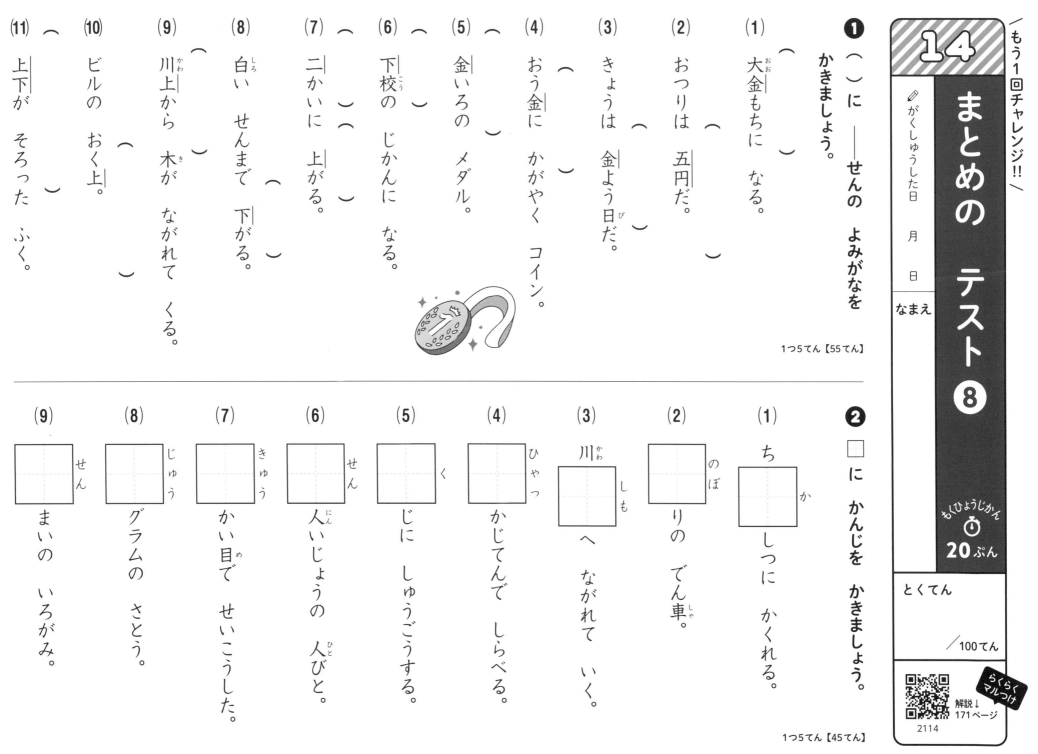

15 まとめの テスト 9

がくしゅうした日　月　日

なまえ

もくひょうじかん 20ぷん

とくてん

／100てん

らくらくマルつけ 解説↓ 171ページ

2115

1 つぎの かずを かんじで かきましょう。　1つ10てん【50てん】

(1)

□ じ

(2)

□ 日《か》

(3)

□ 本《ぽん》

(4)

□ 円《えん》さつ

(5)

□ 円《えん》玉《だま》

---

2 (　)に ――せんの よみがなを かきましょう。　1つ10てん【30てん】

(1) ぶたの ちょ金ばこ。(　　　)

(2) お金もちに なる。(　　　)

(3) 金づちで たたく。(　　　)

3 ――せんの はんたいの いみに なるように かんじを かきましょう。(2)は おくりがなも かきましょう。　1つ10てん【20てん】

(1) つくえの 上。

↕ つくえの (　　　)。

(2) 手《て》を 上げる。

↕ 手を (　　　)。

もう1回チャレンジ!!

15 まとめの テスト⑨

がくしゅうした日　月　日

なまえ

もくひょうじかん 20ぷん

とくてん　　／100てん

解説↓ 171ページ

2115

らくらくマルつけ

❶ つぎの かずを かんじで かきましょう。　1つ10てん【50てん】

(1)

□ じ

(2)

□ 日《か》

(3)

□ 本《ぽん》

(4)

□ 円《えん》さつ

(5)

□ 円《えん》玉《だま》

❷ （　）に ——せんの よみがなを かきましょう。　1つ10てん【30てん】

(1) ぶたの ちょ金ばこ。（　　　）

(2) お金もちに なる。（　　　）

(3) 金づちで たたく。（　　　）

❸ ——せんの はんたいの いみに なるように かんじを かきましょう。(2)は おくりがなも かきましょう。　1つ10てん【20てん】

(1) つくえの 上。
↕
つくえの （　　　）。

(2) 手《て》を 上げる。
↕
手を （　　　）。

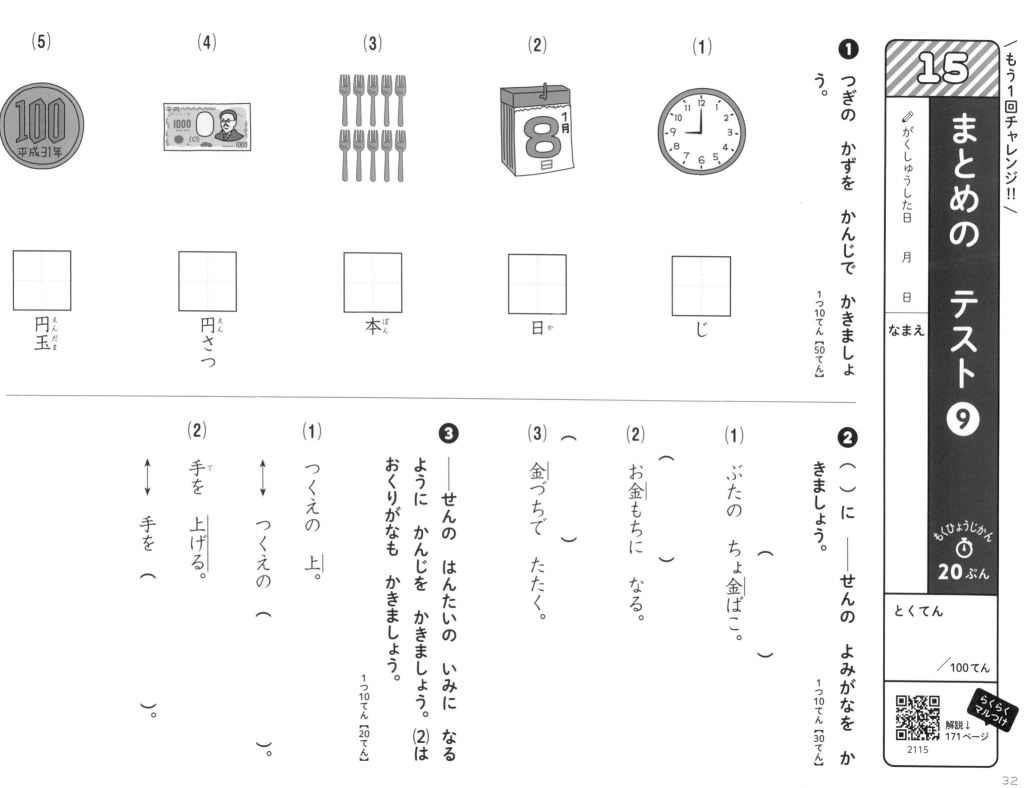

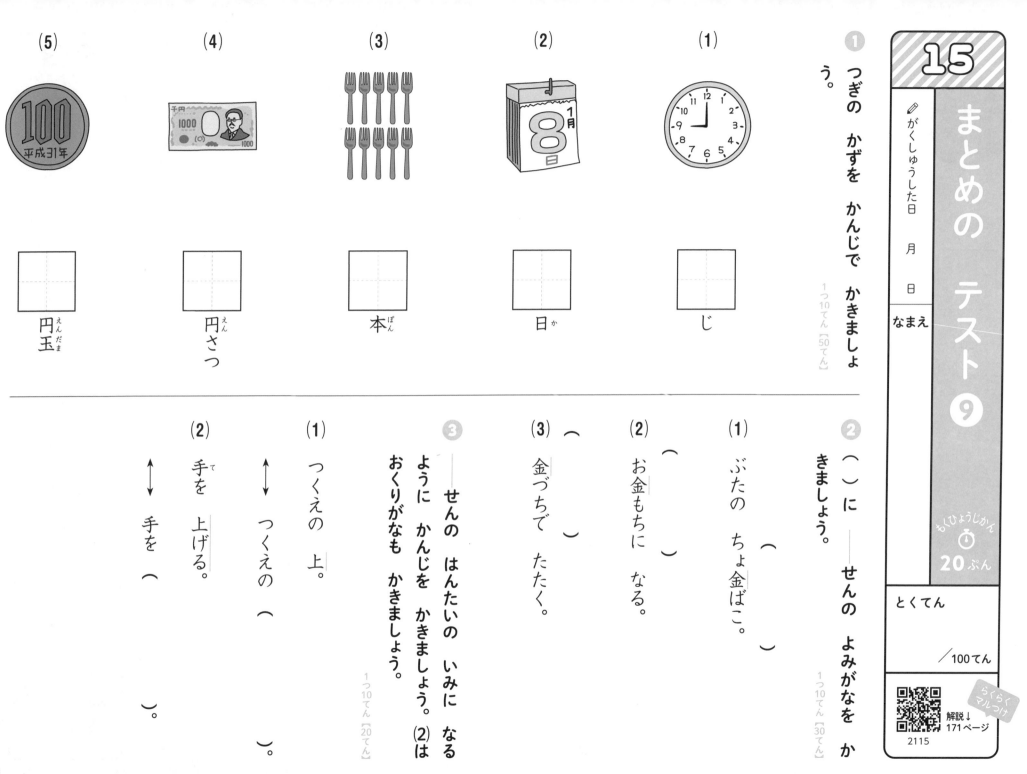

16 まとめの テスト ⑩

がくしゅうした日　　月　　日

なまえ

もくひょうじかん 20ぷん

とくてん

／100てん

解説↓
172ページ
2116

らくらくマルつけ

❶ つぎの えを 見《み》て、□に かんじを かきましょう。 1つ10てん【50てん】

(1) 花《はな》やさん

この バラは □《に》□《ひゃく》□《えん》 です。

それを □《じっ》本《ぽん》 ください。

(2) おもちゃやさん

たなの □《うえ》の、□《きん》いろの ロボットは いくらですか。

あれは □《せん》□《えん》 です。

❷ （ ）に ——せんの よみがなを かきましょう。 1つ10てん【30てん】

(1) 上下に わかれる。（　　　）

(2) 上ぎを きる。（　　　）

(3) ビルの ち下。（　　　）

❸ ——せんを かんじと おくりがなで かきましょう。 1つ10てん【20てん】

(1) たまごが ななつ ある。（　　　）

(2) ビー玉《だま》が ここのつ ある。（　　　）

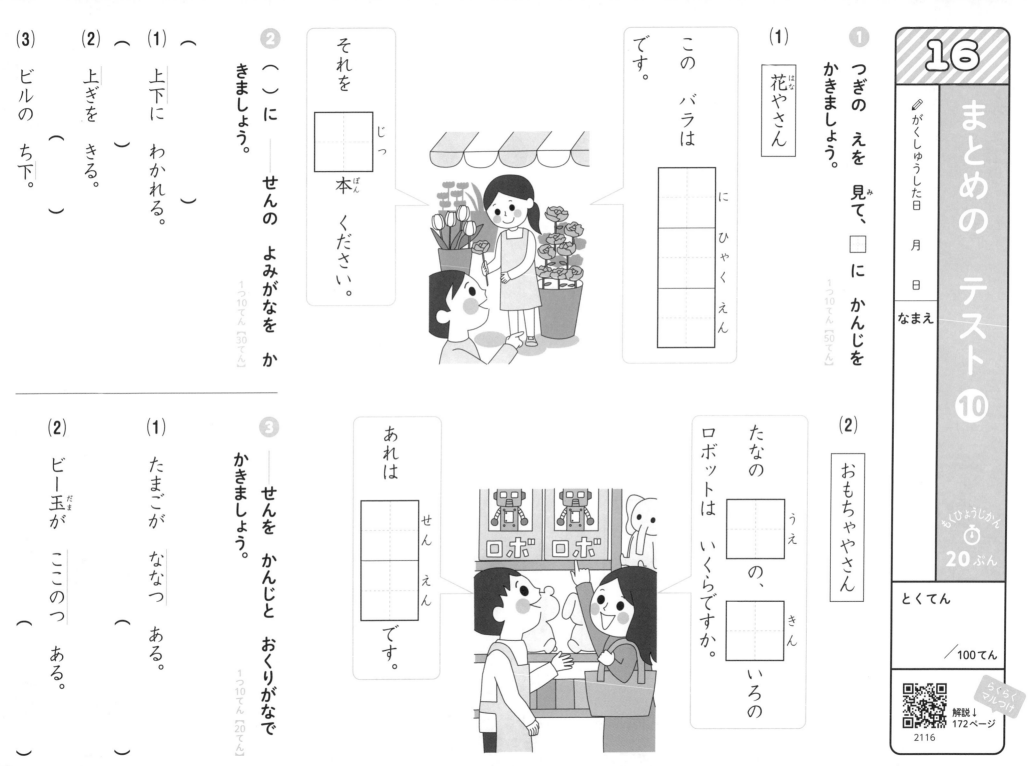

16 まとめの テスト⑩

がくしゅうした日　　月　　日

なまえ

もくひょうじかん 20ぷん

とくてん

／100てん

らくらくマルつけ

解説↓ 172ページ

2116

❶ つぎの えを 見《み》て、□に かんじを かきましょう。　1つ10てん【50てん】

(1) 花《はな》やさん

この バラは □□□《にひゃくえん》 です。

それを □《じっ》本《ぽん》 ください。

(2) おもちゃやさん

たなの □《うえ》の、□《きん》いろの ロボットは いくらですか。

あれは □□《せんえん》 です。

❷ （ ）に ——せんの よみがなを かきましょう。　1つ10てん【30てん】

(1) 上下に わかれる。（　　　）

(2) 上ぎを きる。（　　　）

(3) ビルの ち下。（　　　）

❸ ——せんを かんじと おくりがなで かきましょう。　1つ10てん【20てん】

(1) たまごが ななつ ある。（　　　）

(2) ビー玉《だま》が ここのつ ある。（　　　）

17 ちずを 見《み》よう

がくしゅうした日　月　日

なまえ

もくひょうじかん 20ぷん

とくてん

／100てん

解説↓172ページ

2117

らくらくマルつけ

町（7かく）

はねる

よみかた
おん チョウ
くん まち

つかいかた
町《ちょう》ない
町名《ちょうめい》
町《ちょう》ちょう
よこ町《ちょう》
下町《したまち》

れんしゅう

村（7かく）

とめる

よみかた
おん ソン
くん むら

つかいかた
山村《さんそん》
村《そん》ちょう
のう村《そん》
し町村《ちょうそん》
村人《むらびと》

れんしゅう

田（5かく）

したを やや せまく

よみかた
おん デン
くん た

つかいかた
水田《すいでん》
ゆ田《でん》
田《た》んぼ
田《た》うえ
田《た》はた

れんしゅう

1 □に かんじを かきましょう。

(1) となりの □《まち》 へ いく。

(2) □《むら》 の おまつり。

(3) ひろい □《た》 んぼ。

(4) □《ちょう》 名《めい》を かく。

(5) 水□《でん》 の いねが そだつ。

(6) のう□《そん》 の くらし。

(7) □□《したまち》 に すむ。

(8) □《た》 はたを たがやす。

1つ10てん【80てん】

スパイラルコーナー

□に かんじを かきましょう。

(1) はこが □《よっ》 つ ある。

(2) きょうは 一月《いちがつ》 □《むい》 日《か》だ。

1つ10てん【20てん】

／もう1回チャレンジ!!／

17 ちずを 見《み》よう

がくしゅうした日　月　日

なまえ

もくひょうじかん 20ぷん

とくてん

／100てん

らくらくマルつけ　解説↓172ページ

2117

町

7かく

丨 ⼌ 田 田 田 町 町

れんしゅう

はねる

よみかた
おん チョウ
くん まち

つかいかた
町《ちょう》ない
町名《ちょうめい》
町ちょう
よこ町《ちょう》
下町《したまち》

村

7かく

一 十 オ 木 木 村 村

れんしゅう

とめる

よみかた
おん ソン
くん むら

つかいかた
山村《さんそん》
村《そん》ちょう
のう村《そん》
し町村《ちょうそん》
村人《むらびと》

田

5かく

丨 ⼌ 冂 田 田

れんしゅう

したを やや せまく

よみかた
おん デン
くん た

つかいかた
水田《すいでん》
ゆ田《でん》
田《た》んぼ
田《た》うえ
田《た》はた

❶ □に かんじを かきましょう。

(1) となりの □（まち） へ いく。
(2) □（むら） の おまつり。
(3) ひろい □（た） んぼ。
(4) □（ちょう） 名《めい》を かく。
(5) 水 □（でん） の いねが そだつ。
(6) のう □（そん） の くらし。
(7) □□（したまち） に すむ。
(8) □（た） はたを たがやす。

1つ10てん【80てん】

スパイラルコーナー

□に かんじを かきましょう。

(1) はこが □（よっ） つ ある。
(2) きょうは 一月《いちがつ》 □（むい） 日《か》だ。

1つ10てん【20てん】

18

大《おお》きさを　くらべよう

がくしゅうした日　月　日

なまえ

もくひょうじかん 20ぷん

とくてん　／100てん

解説↓172ページ　らくらくマルつけ

2118

大

3かく　一　ナ　大

れんしゅう

はらう

よみかた
おん　ダイ　タイ
くん　おお　おおきい　おおいに

つかいかた
大小《だいしょう》
大《だい》すきだ
大《たい》せつ
大雨《おおあめ》　大空《おおぞら》
大《おお》きさ

中

4かく　丨　口　口　中

れんしゅう

ななめ　うちがわに

よみかた
おん　チュウ　ジュウ
くん　なか

つかいかた
中《ちゅう》しん
水中《すいちゅう》　中学校《ちゅうがっこう》
一日中《いちにちじゅう》
中《なか》にわ
まん中《なか》

小

3かく　亅　小　小

れんしゅう

はらう　とめる

よみかた
おん　ショウ
くん　ちいさい　こ　お

つかいかた
小学校《しょうがっこう》
小《しょう》せつ
小犬《こいぬ》
小石《こいし》
小川《おがわ》

1　□に　かんじを　かきましょう。

(1)　□《おお》きな　木《き》に　のぼる。

(2)　円《えん》の　□《ちゅう》しん。

(3)　□《ちい》さな　石《いし》が　ある。

(4)　□□《だいしょう》を　くらべる。

(5)　へやの　まん□《なか》に　おく。

(6)　□《たい》せつな　たからもの。

(7)　□《お》川《がわ》が　ながれる。

(8)　水《すい》□《ちゅう》に　しずむ。

1つ10てん【80てん】

スパイラルコーナー

□に　かんじを　かきましょう。

(1)　□《なな》つの　ほし。

(2)　きょうは　六月《ろくがつ》　□《よう》日《か》だ。

1つ10てん【20てん】

もう1回チャレンジ!!

18

大《おお》きさを　くらべよう

がくしゅうした日　月　日

なまえ

もくひょうじかん 20ぷん

とくてん

／100てん

らくらくマルつけ

解説↓ 172ページ

2118

大
3かく
一ナ大
れんしゅう
はらう
よみかた
おん ダイ タイ
くん おお おおきい おおいに
つかいかた
大小《だいしょう》
大《だい》すきだ
大《たい》せつ
大雨《おおあめ》
大空《おおぞら》
大《おお》きさ

中
4かく
丨口口中
れんしゅう
ななめ　うちがわに
よみかた
おん チュウ ジュウ
くん なか
つかいかた
中《ちゅう》しん
水中《すいちゅう》
中学校《ちゅうがっこう》
一日中《いちにちじゅう》
中《なか》にわ
まん中《なか》

小
3かく
亅小小
れんしゅう
はらう　とめる
よみかた
おん ショウ
くん ちいさい こ お
つかいかた
小学校《しょうがっこう》
小《しょう》せつ
小犬《こいぬ》
小石《こいし》
小川《おがわ》

❶ □に　かんじを　かきましょう。

(1) □《おお》きな　木《き》に　のぼる。

(2) 円《えん》の　□《ちゅう》しん。

(3) □《ちい》さな　石《いし》が　ある。

(4) □□《だいしょう》を　くらべる。

(5) へやの　まん□《なか》に　おく。

(6) □《たい》せつな　たからもの。

(7) 川《がわ》が　□《お》がれる。

(8) 水《すい》□《ちゅう》に　しずむ。

1つ10てん【80てん】

スパイラルコーナー

□に　かんじを　かきましょう。

(1) □《なな》つの　ほし。

(2) きょうは　六月《ろくがつ》□《よう》日《か》だ。

1つ10てん【20てん】

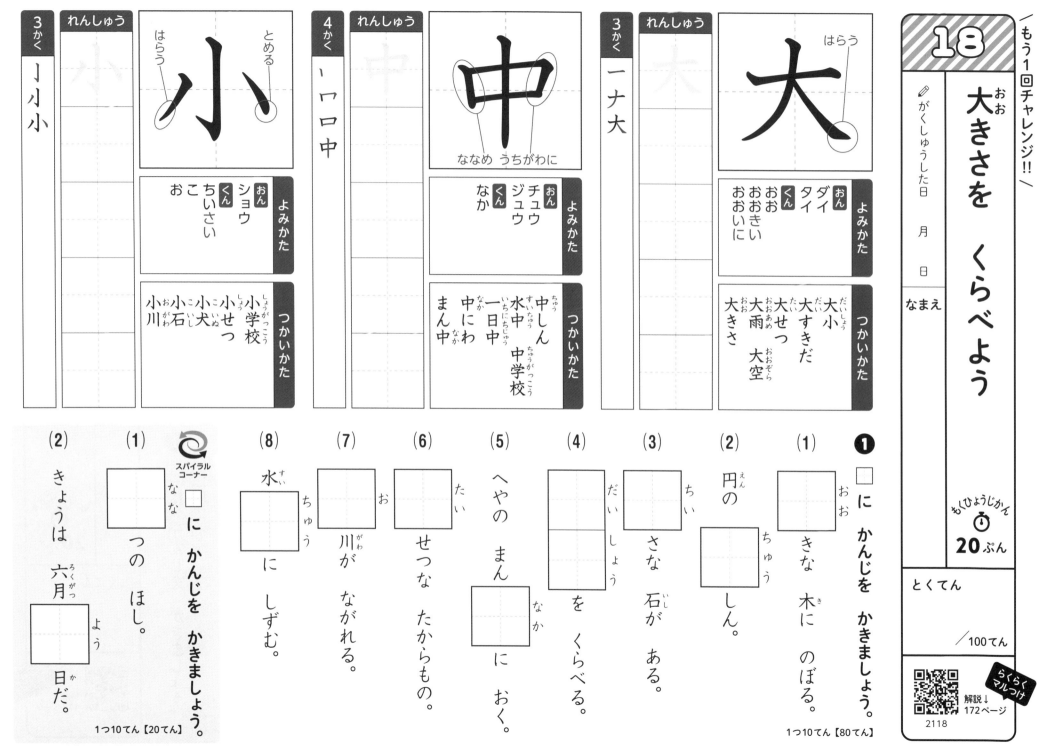

19 いちを あらわそう②

がくしゅうした日　月　日

なまえ

もくひょうじかん 20ぷん

とくてん　／100てん

解説↓172ページ

らくらくマルつけ

2119

左

ながく

5かく

一ナ左左左

れんしゅう

よみかた
おん サ
くん ひだり

つかいかた
左《さ》せつ
左手《ひだりて》
左足《ひだりあし》
左目《ひだりめ》
左《ひだり》がわ

右

すこし みじかく

5かく

ノナ右右右

れんしゅう

よみかた
おん ウ ユウ
くん みぎ

つかいかた
右《う》せつ
左右《さゆう》
右手《みぎて》
右耳《みぎみみ》
右《みぎ》きき

1 □に かんじを かきましょう。

(1) □《ひだり》手《て》を あげる。

(2) □《みぎ》がわを あるく。

(3) □□《さゆう》を 見《み》る。

(4) □《ひだり》に まがる。

(5) □《みぎ》足《あし》を けがする。

(6) □《ひだり》目《め》が いたい。

(7) どうろを □《う》せつする。

(8) あには □《ひだり》ききだ。

1つ10てん【80てん】

スパイラルコーナー

□に かんじを かきましょう。

(1) □《きゅう》人《にん》の 子《こ》ども。

(2) □《とお》日《か》目《め》の できごと。

1つ10てん【20てん】

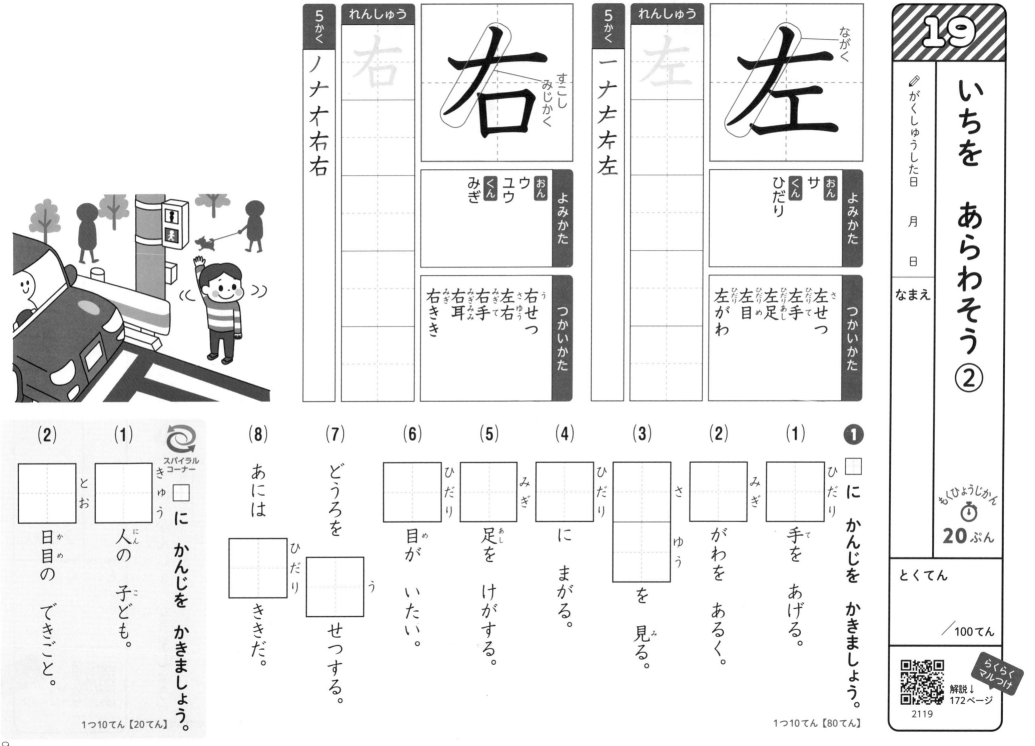

もう1回チャレンジ!!

19

いちを あらわそう②

がくしゅうした日　月　日

なまえ

もくひょうじかん 20ぷん

とくてん

／100てん

らくらくマルつけ

解説↓
172ページ

2119

左

ながく

5かく

一 ナ ナ 左 左

れんしゅう

よみかた
おん サ
くん ひだり

つかいかた
左《さ》せつ
左手《ひだりて》
左足《ひだりあし》
左目《ひだりめ》
左《ひだり》がわ

右

すこし みじかく

5かく

ノ ナ 才 右 右

れんしゅう

よみかた
おん ウ ユウ
くん みぎ

つかいかた
右《う》せつ
左右《さゆう》
右手《みぎて》
右耳《みぎみみ》
右《みぎ》きき

1 □に かんじを かきましょう。

(1) □《ひだり》手《て》を あげる。

(2) □《みぎ》がわを あるく。

(3) □□《さゆう》を 見《み》る。

(4) □《ひだり》に まがる。

(5) □《みぎ》足《あし》を けがする。

(6) □《ひだり》目《め》が いたい。

(7) どうろを □《う》せつする。

(8) あには □《ひだり》ききだ。

1つ10てん【80てん】

スパイラルコーナー

□に かんじを かきましょう。

(1) □《きゅう》人《にん》の 子《こ》ども。

(2) □《とお》日《か》目《め》の できごと。

1つ10てん【20てん】

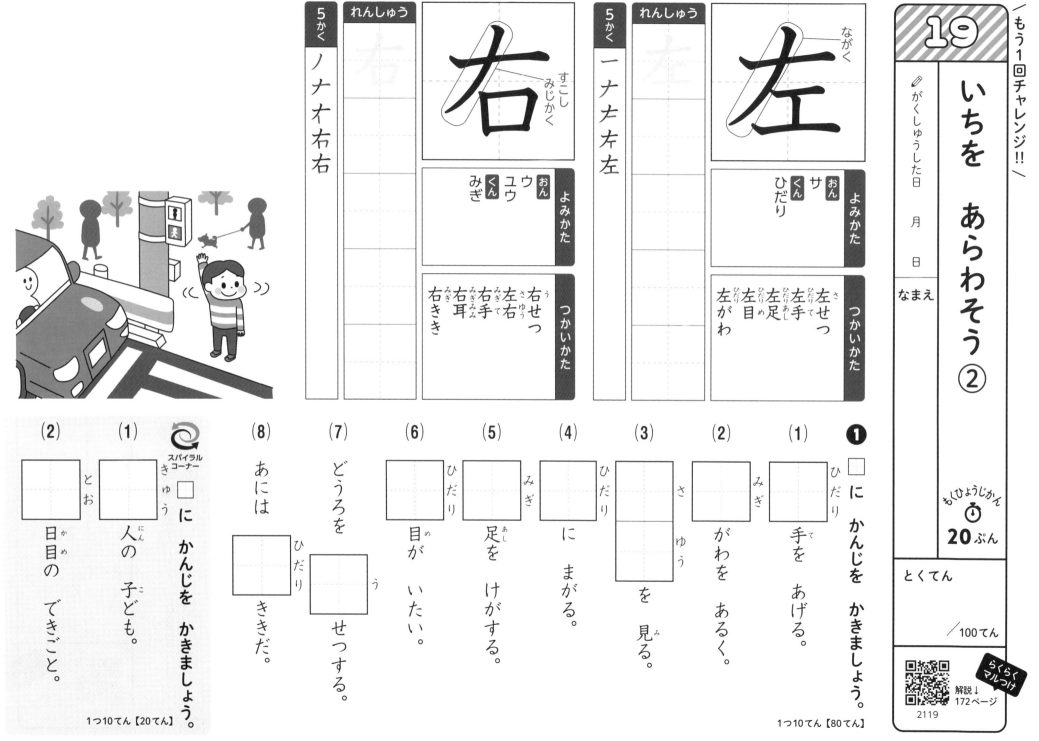

20 まとめの テスト ⑪

がくしゅうした日　月　日

なまえ

もくひょうじかん 20ぷん

とくてん　／100てん

解説↓ 172ページ 2120

らくらくマルつけ

❶ （　）に ――せんの よみがなを かきましょう。

1つ5てん【55てん】

(1) 小さい 花《はな》が さく。（　）

(2) 山《さん》村に すむ。（　）

(3) ゆ田が 見《み》つかる。（　）

(4) 大雨《あめ》が ふる。（　）

(5) 村人《びと》が すむ いえ。（　）

(6) 田うえを てつだう。（　）

(7) 大すきな えほん。（　）

(8) し町村の ちず。（　）

(9) 中くらいの はこを さがす。（　）

(10) 町ないの おまつり。（　）

(11) 大せつな にんぎょう。（　）

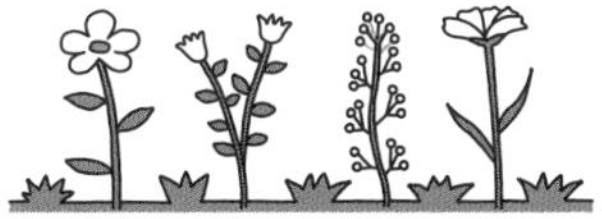

---

❷ □に かんじを かきましょう。

1つ5てん【45てん】

(1) □《おお》きな こえで よぶ。

(2) □《ちゅう》学《がっ》校《こう》に かよう。

(3) □□《さゆう》を かくにんする。

(4) □《なか》にわを そうじする。

(5) □《しょう》学《がっ》校《こう》に いく。

(6) □《みぎ》耳《みみ》を おさえる。

(7) □《ひだり》の ほうを 見る。

(8) □《お》川《がわ》を ながめる。

(9) □《こ》犬《いぬ》を かう。

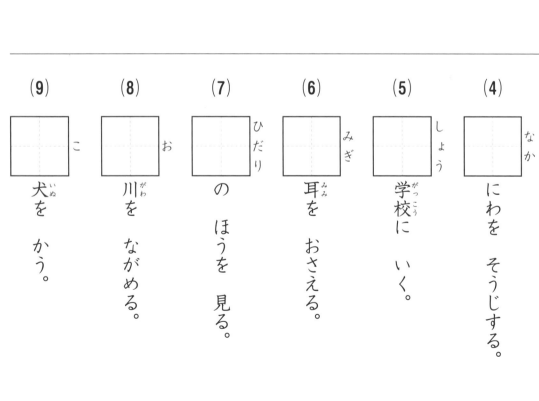

＼もう1回チャレンジ!!／

20 まとめの テスト 11

がくしゅうした日　月　日

なまえ

もくひょうじかん 20ぷん

とくてん　／100てん

らくらくマルつけ

解説↓ 172ページ

2120

1 （　）に ――せんの よみがなを かきましょう。

1つ5てん【55てん】

(1) （　　）小さい 花《はな》が さく。

(2) （　　）山《さん》村に すむ。

(3) （　　）ゆ田が 見《み》つかる。

(4) （　　）大雨《あめ》が ふる。

(5) （　　）村人《びと》が すむ いえ。

(6) （　　）田うえを てつだう。

(7) （　　）大すきな えほん。

(8) （　　）し町村の ちず。

(9) （　　）中くらいの はこを さがす。

(10) （　　）町ないの おまつり。

(11) （　　）大せつな にんぎょう。

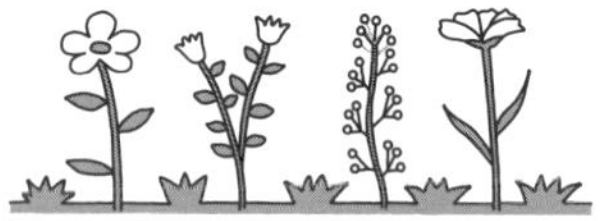

2 □に かんじを かきましょう。

1つ5てん【45てん】

(1) □《おお》きな こえで よぶ。

(2) □《ちゅう》学校《がっこう》に かよう。

(3) □□《さゆう》を かくにんする。

(4) □《なか》にわを そうじする。

(5) □《しょう》学校《がっこう》に いく。

(6) □《みぎ》耳《みみ》を おさえる。

(7) □《ひだり》の ほうを 見る。

(8) □《お》川《がわ》を ながめる。

(9) □《こ》犬《いぬ》を かう。

21

まとめの テスト ⑫

がくしゅうした日　月　日

なまえ

もくひょうじかん 20ぷん

とくてん　／100てん

らくらくマルつけ

解説↓ 172ページ

2121

❶ れい に ならって、上《うえ》と 下《した》を せんで むすんで できた かんじを かきましょう。

ぜんぶできて1つ10てん【30てん】

れい　ナ ―― エ → 左

(1) 田 ・　・白 → □

(2) ナ ・　・丁 → □

(3) 一 ・　・口 → □

❷ つぎの かんじの やじるし↙の ぶぶんは なんかく目《め》に かきますか。すうじを かんじで かきましょう。

1つ10てん【30てん】

(1) 九　（　　）かく目

(2) 大　（　　）かく目

(3) 小　（　　）かく目

❸ （　）に ――せんの よみがなを かきましょう。

1つ5てん【40てん】

(1) ① おなじ 町ないに すむ。（　　）
② とうきょうの 下町。（　　）

(2) ① のう村の ふうけい。（　　）
② とおい 村まで あるく。（　　）

(3) ① 空《くう》中に うかぶ。（　　）
② 学校《がっこう》の 中にわ。（　　）

(4) ① 小学校へ いく。（　　）
② 小石《いし》を ひろう。（　　）

＼もう１回チャレンジ!!／

21 まとめの テスト ⑫

がくしゅうした日　月　日

なまえ

もくひょうじかん 20ぷん

とくてん　／100てん

解説↓172ページ
2121
らくらくマルつけ

❶ れい に ならって、上《うえ》と 下《した》を せんで むすんで できた かんじを かきましょう。
ぜんぶできて1つ10てん【30てん】

れい　ナ ・―・ エ → 左

(1) 田 ・　・白 → □

(2) ナ ・　・丁 → □

(3) 一 ・　・口 → □

❷ つぎの かんじの やじるし↙の ぶぶんは なんかく目《め》に かきますか。すうじを かんじで かきましょう。
1つ10てん【30てん】

(1) 九　（　　）かく目

(2) 大　（　　）かく目

(3) 小　（　　）かく目

❸ （　）に ――せんの よみがなを かきましょう。
1つ5てん【40てん】

(1) ① おなじ 町ないに すむ。（　　）
② とうきょうの 下町。（　　）

(2) ① のう村の ふうけい。（　　）
② とおい 村まで あるく。（　　）

(3) ① 空《くう》中に うかぶ。（　　）
② 学校《がっこう》の 中にわ。（　　）

(4) ① 小学校へ いく。（　　）
② 小石《いし》を ひろう。（　　）

22

まとめの テスト⑬

がくしゅうした日　月　日

なまえ

もくひょうじかん 20ぷん

とくてん　／100てん

らくらくマルつけ

解説↓173ページ

2122

1（　）に ——せんの よみがなを かきましょう。

(1) ノートの まん中に かく。（　）

(2) おもしろい 小せつを よむ。（　）

(3) 左がわに すわる。（　）

(4) こうさてんを 右せつする。（　）

(5) へやの 中しんに おく。（　）

(6) 小さい サイズの ふく。（　）

(7) ともだちの 右手《て》を にぎる。（　）

(8) 白《しろ》い 小石《いし》を あつめる。（　）

(9) へやの 中に 入《はい》る。（　）

(10) 左目《め》に ゴミが 入る。（　）

(11) 大空《ぞら》を 見《み》上《あ》げる。（　）

1つ5てん【55てん】

2 □に かんじを かきましょう。

(1) □《だい》学生《がくせい》の いとこ。

(2) よこ□《ちょう》の ふるい いえ。

(3) イネが みのる □《た》んぼ。

(4) □《おお》きな 音《おと》が きこえる。

(5) □□《したまち》で くらす。

(6) となりの □《むら》まで いく。

(7) 水《すい》□《でん》が ひろがる。

(8) のどかな のう□《そん》。

(9) □《まち》が にぎわう。

1つ5てん【45てん】

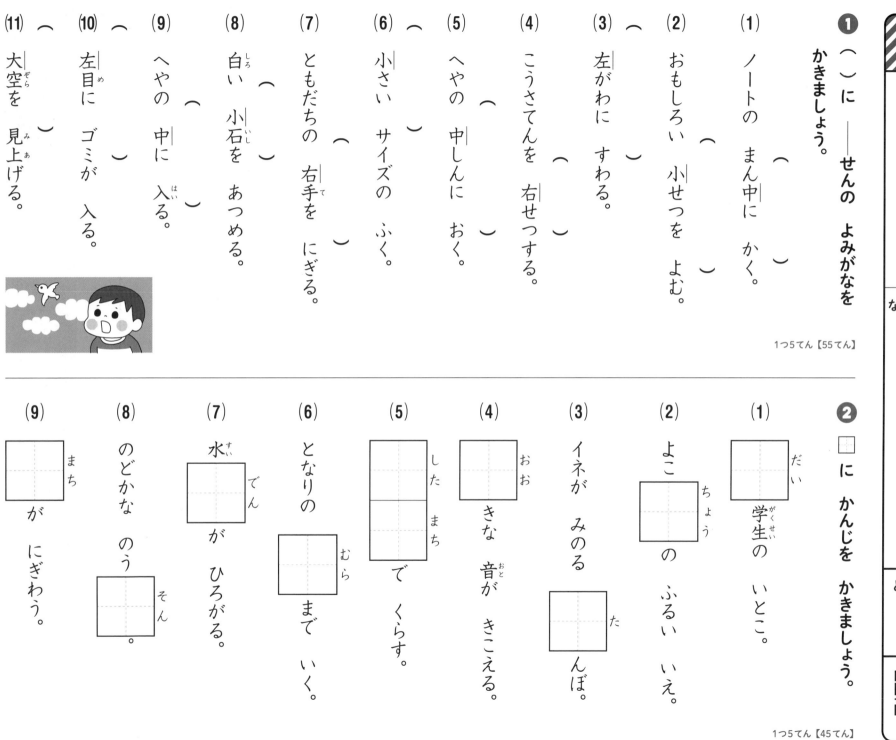

もう1回チャレンジ!!

22 まとめの テスト ⑬

がくしゅうした日　月　日

なまえ

もくひょうじかん 20ぷん

とくてん　／100てん

らくらくマルつけ 解説↓173ページ 2122

❶ （　）に ――せんの よみがなを かきましょう。

1つ5てん【55てん】

(1) ノートの まん中に かく。（　）

(2) おもしろい 小せつを よむ。（　）

(3) 左がわに すわる。（　）

(4) こうさてんを 右せつする。（　）

(5) へやの 中しんに おく。（　）

(6) 小さい サイズの ふく。（　）

(7) ともだちの 右手《て》を にぎる。（　）

(8) 白《しろ》い 小石《いし》を あつめる。（　）

(9) へやの 中に 入《はい》る。（　）

(10) 左目《め》に ゴミが 入る。（　）

(11) 大空《ぞら》を 見上《みあ》げる。（　）

❷ □に かんじを かきましょう。

1つ5てん【45てん】

(1) □《だい》学生《がくせい》の いとこ。

(2) よこ□《ちょう》の ふるい いえ。

(3) イネが みのる □《た》んぼ。

(4) □《おお》きな 音《おと》が きこえる。

(5) □《した》□《まち》で くらす。

(6) となりの □《むら》まで いく。

(7) 水《すい》□《でん》が ひろがる。

(8) のどかな のう□《そん》。

(9) □《まち》が にぎわう。

23

まとめの テスト ⑭

がくしゅうした日　　月　　日

なまえ

もくひょうじかん 20ぷん

とくてん　　／100てん

らくらくマルつけ
解説↓ 173ページ
2123

❶ つぎの えに あうように、あとから かんじを えらんで かきましょう。 1つ10てん【40てん】

(1)

はこの □に 二《に》ひきの
□さい 犬《いぬ》が いる。

(2)

□きい 木《き》の □で
あまやどりを する。

〈 大　中　小　上　下 〉

❷ （　）に ——せんの よみがなを かきましょう。 1つ10てん【30てん】

①中学校《がっこう》の もんを 出《で》て ②右へ
すすむと ひろい ③田んぼが ある。

①（　　）
②（　　）
③（　　）

❸ はんたいの いみの かんじを くみあわせた ことばに なるように □に かんじを かき、（　）に よみがなを かきましょう。 1つ5てん【30てん】

(1) 上□　（　　）

(2) □右　（　　）

(3) 大□　（　　）

もう1回チャレンジ!!

23

まとめの テスト⑭

がくしゅうした日　月　日

なまえ

もくひょうじかん 20ぷん

とくてん　／100てん

解説↓ 173ページ

らくらく マルつけ

2123

❶ つぎの えに あうように、あとから かんじを えらんで かきましょう。

1つ10てん【40てん】

(1)

はこの □に 二《に》ひきの

□さい 犬《いぬ》が いる。

(2)

□きい 木《き》の □で

あまやどりを する。

〈大　中　小　上　下〉

❷ （　）に ——せんの よみがなを かきましょう。

1つ10てん【30てん】

①中学校《がっこう》の もんを 出《で》て ②右へ

すすむと ひろい ③田んぼが ある。

①（　　）

②（　　）

③（　　）

❸ はんたいの いみの かんじを くみあわせた ことばに なるように □に かんじを かき、（　）に よみがなを かきましょう。

1つ5てん【30てん】

(1) 上 □ （　　）

(2) □ 右 （　　）

(3) 大 □ （　　）

24

まとめの テスト ⑮

がくしゅうした日　月　日

なまえ

もくひょうじかん 20ぷん

とくてん　／100てん

らくらくマルつけ

解説↓ 173ページ

2124

❶ つぎの かんじに たてか よこの 一(ぼう)を 一《ひと》つ くわえて 正《ただ》しい かんじに しましょう。

1つ10てん【30てん】

(1) 一《じっ》本《ぽん》の ペン。

↓ □

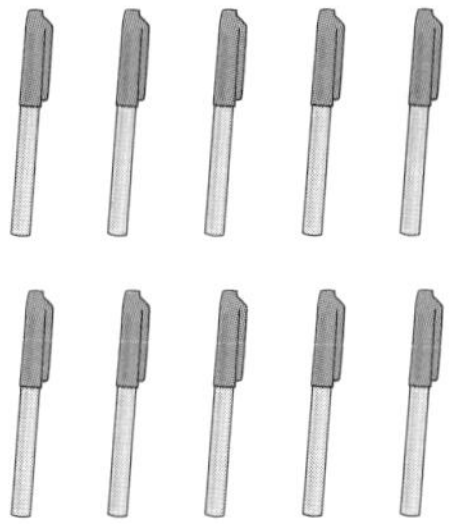

(2) 人《おお》きい はこ。

↓ □

(3) 日《た》うえを する。

↓ □

❷ つぎの かんじの やじるし↙の ぶぶんは なんかく目《め》に かきますか。すうじを かんじで かきましょう。

1つ10てん【20てん】

(1) 左　（　　）かく目

(2) 右　（　　）かく目

❸ ——せんを かんじで かきましょう。③と ⑤は おくりがなも かきましょう。

1つ10てん【50てん】

①まちの ②ちゅうしんに ③おおきい ひろばが ある。入《い》り口《ぐち》の ④みぎがわの 花《か》だんに 赤《あか》い ⑤ちいさい 花《はな》が さいて いる。

①（　　）

②（　　）

③（　　）

④（　　）

⑤（　　）

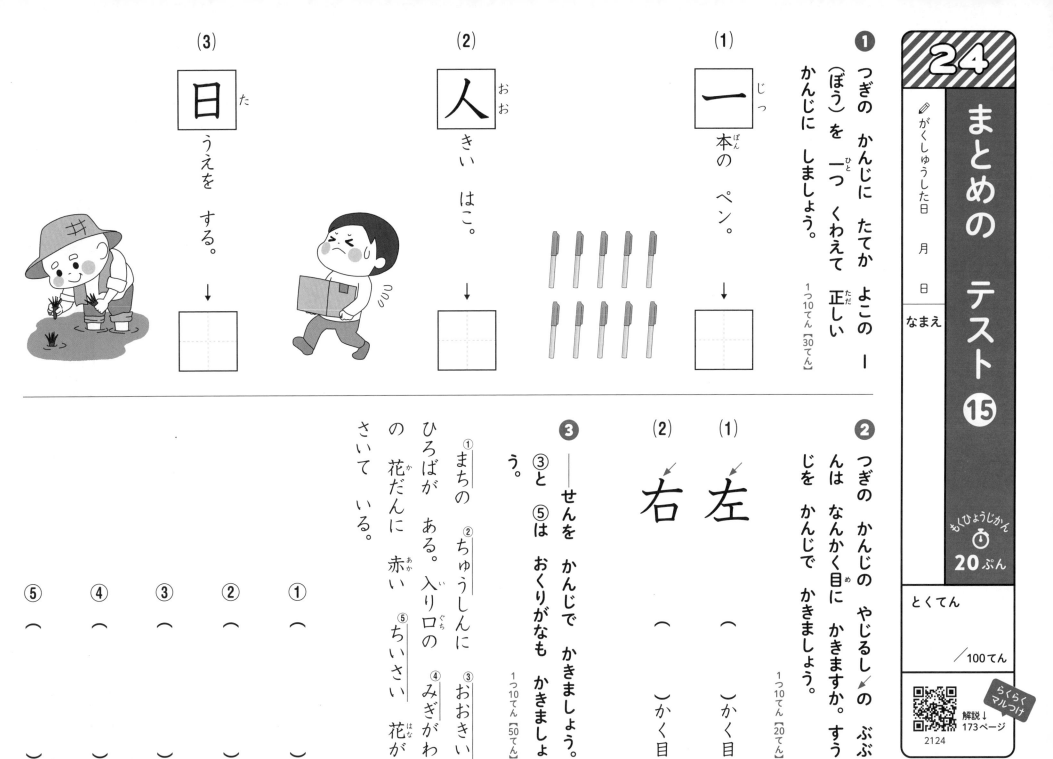

＼もう１回チャレンジ!!／

24 まとめの テスト⑮

がくしゅうした日　月　日

なまえ

もくひょうじかん 20ぷん

とくてん　／100てん

らくらくマルつけ
解説↓ 173ページ
2124

❶ つぎの かんじに たてか よこの 一（ぼう）を 一《ひと》つ くわえて 正《ただ》しい かんじに しましょう。 1つ10てん【30てん】

(1) 一《じっ》 本《ぽん》の ペン。 → ［　］

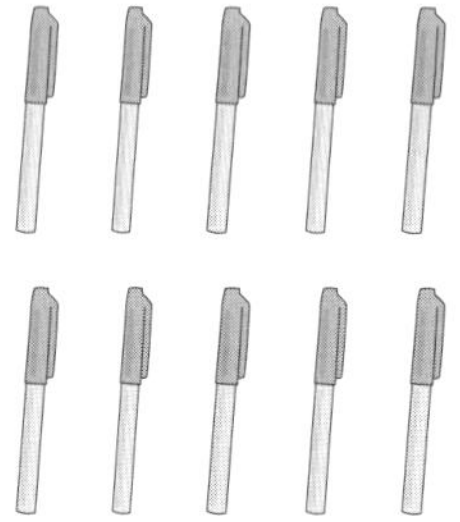

(2) 人《おお》きい はこ。 → ［　］

(3) 日《た》うえを する。 → ［　］

❷ つぎの かんじの やじるし↙の ぶぶんは なんかく目《め》に かきますか。すうじを かんじで かきましょう。 1つ10てん【20てん】

(1) 左　（　　）かく目

(2) 右　（　　）かく目

❸ ――せんを かんじで かきましょう。③と ⑤は おくりがなも かきましょう。 1つ10てん【50てん】

①まちの ②ちゅうしんに ③おおきい ひろばが ある。入《い》り口《ぐち》の ④みぎがわ の 花《か》だんに 赤《あか》い ⑤ちいさい 花《はな》が さいて いる。

①（　　）
②（　　）
③（　　）
④（　　）
⑤（　　）

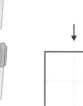

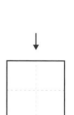

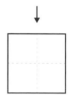

25

しぜん①

がくしゅうした日　月　日

なまえ

もくひょうじかん 20ぷん

とくてん

／100てん

解説↓ 173ページ

らくらくマルつけ

2125

山

3かく

丨 山 山

れんしゅう

すこし つきだす

よみかた

おん サン

くん やま

つかいかた

山中《さんちゅう》

火山《かざん》

ふじ山《さん》

山《やま》のぼり

山《やま》みち

川

3かく

丿 川 川

れんしゅう

みじかく

よみかた

おん (セン)

くん かわ

つかいかた

小川《おがわ》

川下《かわくだ》り

川《かわ》ぎし

天《あま》の川《がわ》

か川《せん》

森

12かく

一 十 才 木 木 本 杢 杢 森 森 森 森

れんしゅう

はらう

とめる

よみかた

おん シン

くん もり

つかいかた

森林《しんりん》

森林《しんりん》こうえん

森林《しんりん》よく

1 □に かんじを かきましょう。 1つ10てん【80てん】

(1) たかい □《やま》に のぼる。

(2) □□《おがわ》を 見《み》つける。

(3) □《もり》の 中《なか》で くらす。

(4) 火《か》□《ざん》が ふんかする。

(5) □《しん》林《りん》の 木《き》を きる。

(6) □《かわ》ぎしで たき火《び》を する。

(7) □《やま》のぼりへ 出《で》かける。

(8) □《かわ》下《くだ》りを する。

スパイラルコーナー

□に かんじを かきましょう。 1つ10てん【20てん】

(1) 五《ご》□《えん》の おつり。

(2) □《かな》づちで たたく。

＼もう1回チャレンジ!!／

25 しぜん①

がくしゅうした日　月　日

なまえ

もくひょうじかん 20ぷん

とくてん　／100てん

解説↓173ページ

らくらくマルつけ

2125

山

3かく

｜ 山 山

すこし つきだす

よみかた
おん サン
くん やま

つかいかた
山中《さんちゅう》
火山《かざん》
ふじ山《さん》
山《やま》のぼり
山《やま》みち

れんしゅう

川

3かく

ノ 儿 川

みじかく

よみかた
おん (セン)
くん かわ

つかいかた
小川《おがわ》
川下《かわくだ》り
川《かわ》ぎし
天《あま》の川《がわ》
か川《せん》

れんしゅう

森

12かく

一 十 才 木 本 夲 杢 李 森 森 森 森

はらう
とめる

よみかた
おん シン
くん もり

つかいかた
森林《しんりん》
森林《しんりん》こうえん
森林《しんりん》よく

れんしゅう

❶ □に かんじを かきましょう。

1つ10てん【80てん】

(1) たかい □《やま》に のぼる。

(2) □□《おがわ》を 見《み》つける。

(3) □《もり》の 中《なか》で くらす。

(4) 火《か》□《ざん》が ふんかする。

(5) □《しん》林《りん》の 木《き》を きる。

(6) □《かわ》ぎしで たき火《び》を する。

(7) □《やま》のぼりへ 出《で》かける。

(8) □《かわ》下《くだ》りを する。

スパイラルコーナー

□に かんじを かきましょう。

1つ10てん【20てん】

(1) 五《ご》□《えん》の おつり。

(2) □《かな》づちで たたく。

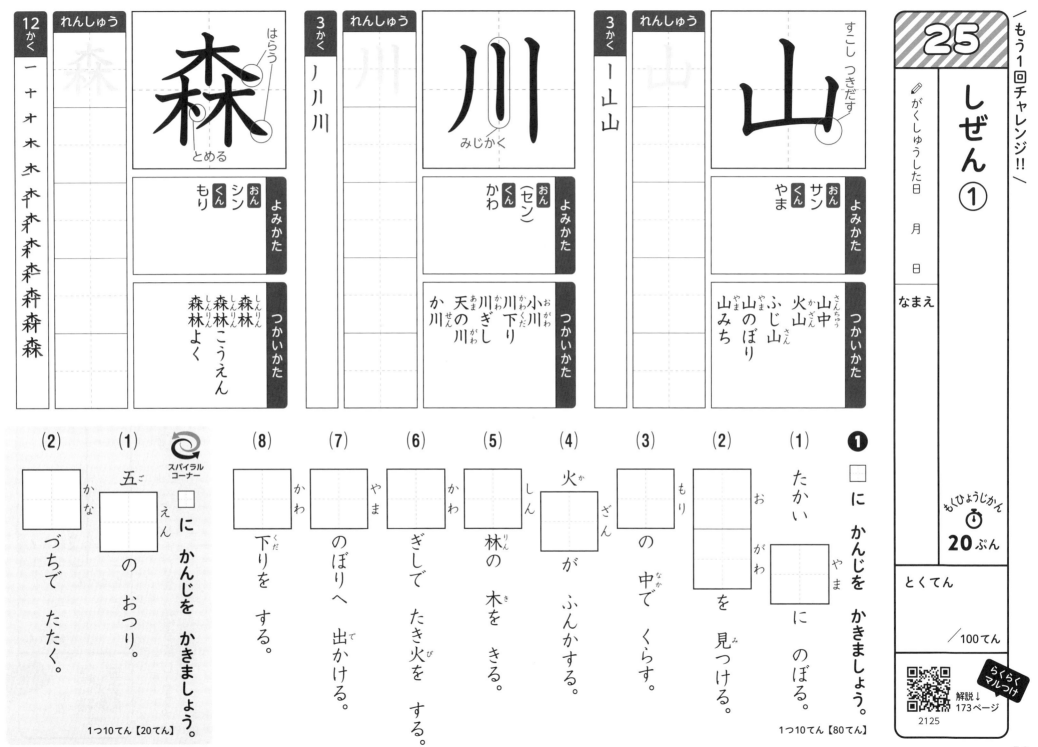

26 しぜん②

がくしゅうした日　月　日

なまえ

もくひょうじかん 20ぷん

とくてん　／100てん

らくらくマルつけ

解説↓173ページ

2126

林（8かく）

一 十 才 木 木 村 材 林

とめる

よみかた
おん リン
くん はやし

つかいかた
山林《さんりん》
林《りん》かん学校《がっこう》
林《りん》どう
まつ林《ばやし》
ぞう木林《きばやし》

竹（6かく）

ノ 𠂉 ケ 竹 竹 竹

はねる　とめる

よみかた
おん チク
くん たけ

つかいかた
竹林《ちくりん》
竹《たけ》うま
竹《たけ》やぶ
竹《たけ》ざお
竹《たけ》とんぼ

石（5かく）

一 ア 不 石 石

つきでない

よみかた
おん セキ シャク（コク）
くん いし

つかいかた
石《せき》ゆ
がん石《せき》
石《せっ》けん
じ石《しゃく》
小石《こいし》

れんしゅう

1 □に かんじを かきましょう。

(1) □《はやし》の 中《なか》を あるく。

(2) きんじょの □《たけ》やぶ。

(3) □□《こいし》を ひろう。

(4) □□《ちくりん》の 中に 入《はい》る。

(5) 大《おお》きな がん□《せき》。

(6) まつ□《ばやし》が ひろがる。

(7) □《たけ》うまで あそぶ。

(8) じ□《しゃく》が くっつく。

1つ10てん【80てん】

スパイラルコーナー

□に かんじを かきましょう。

(1) 川《かわ》□《かみ》へ むかう。

(2) おんどが □《さ》がる。

1つ10てん【20てん】

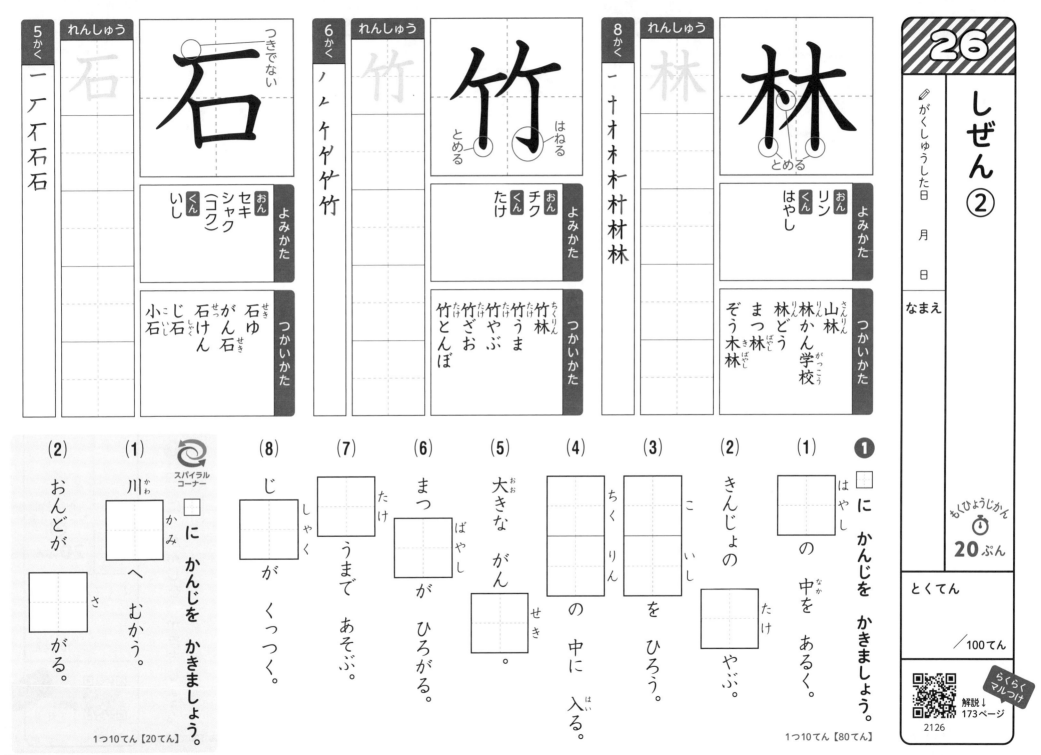

もう1回チャレンジ!!

26 しぜん②

がくしゅうした日　月　日

なまえ

もくひょうじかん 20ぷん

とくてん　／100てん

解説↓ 173ページ

2126

らくらくマルつけ

林

8かく

一 十 オ 木 木 村 材 林

とめる

よみかた
おん リン
くん はやし

つかいかた
山林《さんりん》
林《りん》かん学校《がっこう》
林《りん》どう
まつ林《ばやし》
ぞう木《き》林《ばやし》

竹

6かく

ノ ㇐ 𠂉 ケ 𥫗 竹

はねる
とめる

よみかた
おん チク
くん たけ

つかいかた
竹林《ちくりん》
竹《たけ》うま
竹《たけ》やぶ
竹《たけ》ざお
竹《たけ》とんぼ

石

5かく

一 ア 不 石 石

つきでない

よみかた
おん セキ シャク (コク)
くん いし

つかいかた
石《せき》ゆ
がん石《せき》
石《せっ》けん
じ石《しゃく》
小《こ》石《いし》

れんしゅう

❶ □に かんじを かきましょう。

(1) □《はやし》の 中《なか》を あるく。

(2) きんじょの □《たけ》やぶ。

(3) □□《こいし》を ひろう。

(4) □□《ちくりん》の 中に 入《はい》る。

(5) 大《おお》きな がん□《せき》。

(6) まつ□《ばやし》が ひろがる。

(7) □《たけ》うまで あそぶ。

(8) じ□《しゃく》が くっつく。

1つ10てん【80てん】

スパイラルコーナー

□に かんじを かきましょう。

(1) 川《かわ》□《かみ》へ むかう。

(2) おんどが □《さ》がる。

1つ10てん【20てん】

27

しぜん③

がくしゅうした日　月　日

なまえ

もくひょうじかん 20ぷん

とくてん　／100てん

解説↓174ページ
2127
らくらくマルつけ

土

3かく
一 十 土

れんしゅう

ながく

よみかた
おん ド ト
くん つち

つかいかた
ねん土《ど》
土《ど》よう日《び》
土《ど》手《て》
土《と》ち
くろ土《つち》

火

4かく
丶 丷 少 火

れんしゅう

みじかく はらう

よみかた
おん カ
くん ひ （ほ）

つかいかた
火《か》山《ざん》
火《か》じ
火《か》さい
花《はな》火《び》
たき火《び》

1 □に かんじを かきましょう。

(1) □《つち》を ほる。

(2) □□《かざん》が ふんかする。

(3) ひろい □《と》ち。

(4) たき□《び》を する。

(5) 川《かわ》の □《ど》手《て》を あるく。

(6) いえが □《か》じに なる。

(7) ねん□《ど》を こねる。

(8) 花《はな》□《び》を 見《み》る。

1つ10てん【80てん】

スパイラルコーナー

□に かんじを かきましょう。

(1) □《そん》ちょうの はなし。

(2) □《た》うえの きせつ。

1つ10てん【20てん】

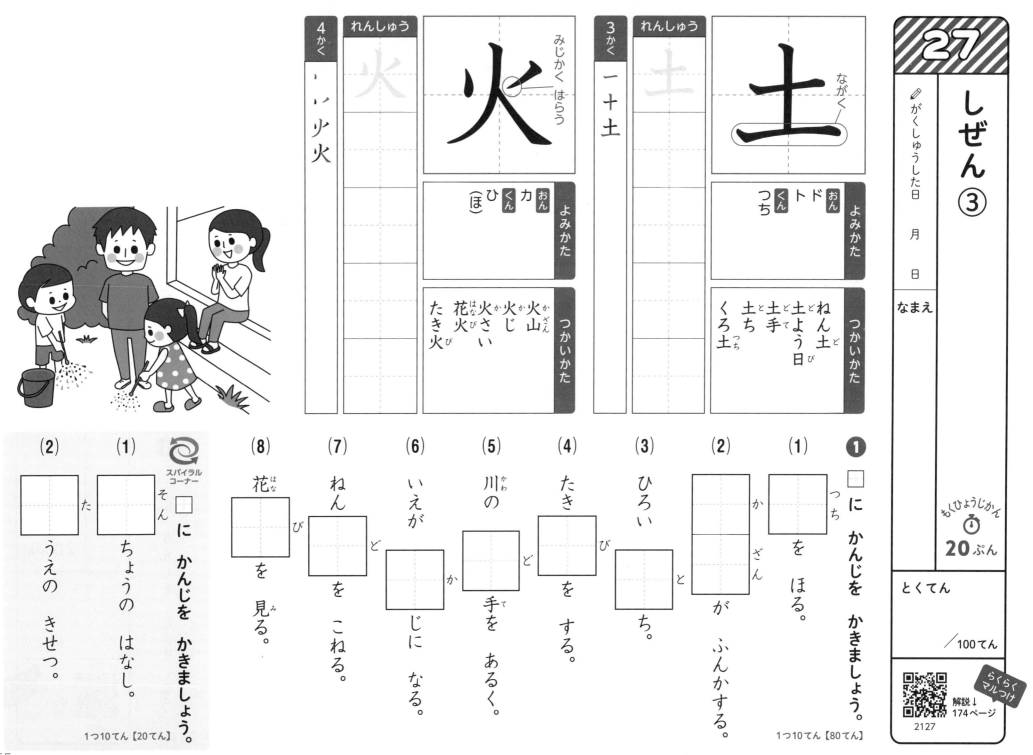

もう1回《かい》チャレンジ!!

27 しぜん③

がくしゅうした日　月　日

なまえ

もくひょうじかん 20ぷん

とくてん　／100てん

らくらくマルつけ
解説↓174ページ
2127

土

3かく
一 十 土

れんしゅう

ながく

よみかた
おん ド ト
くん つち

つかいかた
ねん土《ど》
土《ど》よう日《び》
土《ど》手《て》
土《と》ち
くろ土《つち》

火

4かく
丶 丷 ⺌ 火

れんしゅう

みじかく はらう

よみかた
おん カ
くん ひ (ほ)

つかいかた
火山《かざん》
火《か》じ
火《か》さい
花《はな》火《び》
たき火《び》

❶ □に かんじを かきましょう。

(1) □《つち》を ほる。
(2) □□《かざん》が ふんかする。
(3) ひろい □《と》ち。
(4) たき□《び》を する。
(5) 川《かわ》の □《ど》手《て》を あるく。
(6) いえが □《か》じに なる。
(7) ねん□《ど》を こねる。
(8) 花《はな》□《び》を 見《み》る。

1つ10てん【80てん】

スパイラルコーナー

□に かんじを かきましょう。

(1) □《そん》ちょうの はなし。
(2) □《た》うえの きせつ。

1つ10てん【20てん】

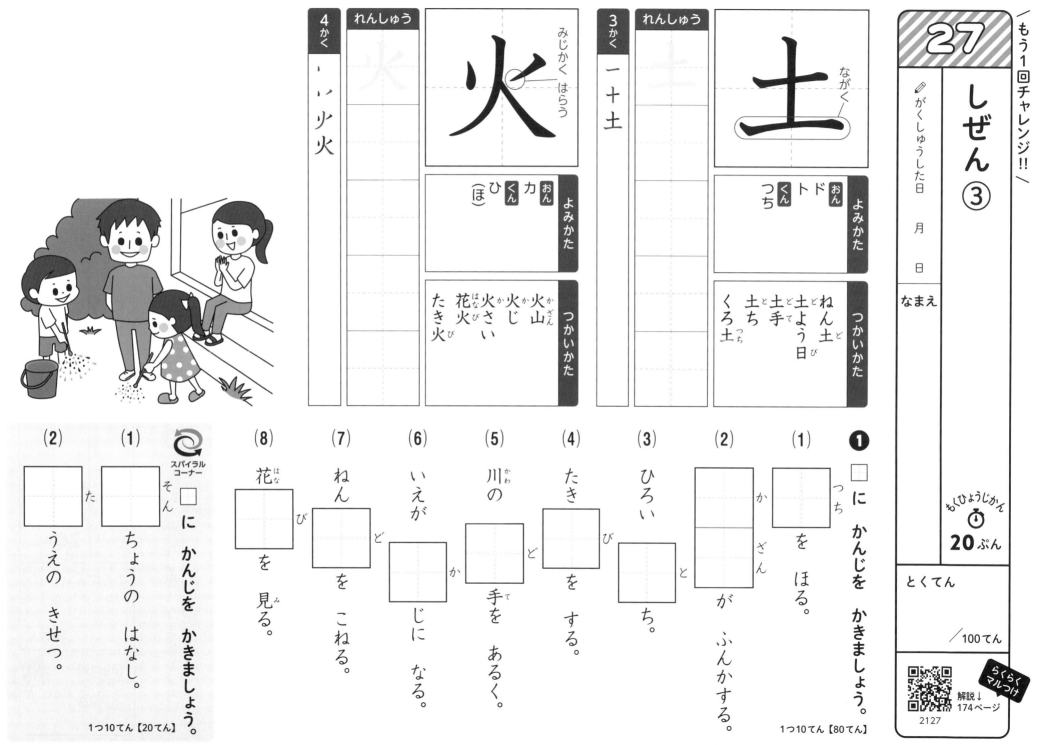

28

まとめの テスト ⑯

がくしゅうした日　月　日

なまえ

もくひょうじかん 20ぷん

とくてん　／100てん

らくらくマルつけ

解説↓ 174ページ

2128

❶ （　）に ――せんの よみがなを かきましょう。

1つ5てん【55てん】

(1) うちあげ花《はな》火を 見《み》る。（　　）

(2) たかい 山を 見《み》上《あ》げる。（　　）

(3) 川ぎしで キャンプを する。（　　）

(4) 森林が ひろがる。（　　）

(5) 山中で みちに まよう。（　　）

(6) きれいな 川が ながれる。（　　）

(7) 林かん学校《がっこう》へ いく。（　　）

(8) 森の 中《なか》を あるく。（　　）

(9) ぞう木《き》林が ある。（　　）

(10) 火じで いえが もえる。（　　）

(11) 土手《て》を さんぽする。（　　）

❷ □に かんじを かきましょう。

1つ5てん【45てん】

(1) きんじょの □□《ちくりん》。

(2) 大《おお》きな □《いし》を もちあげる。

(3) スコップで □《つち》を ほる。

(4) マッチで □《ひ》を つける。

(5) □《せき》ゆストーブを つける。

(6) ねん□《ど》を まるめる。

(7) けわしい □《やま》みち。

(8) □《たけ》とんぼを とばす。

(9) □《せっ》けんで 手を あらう。

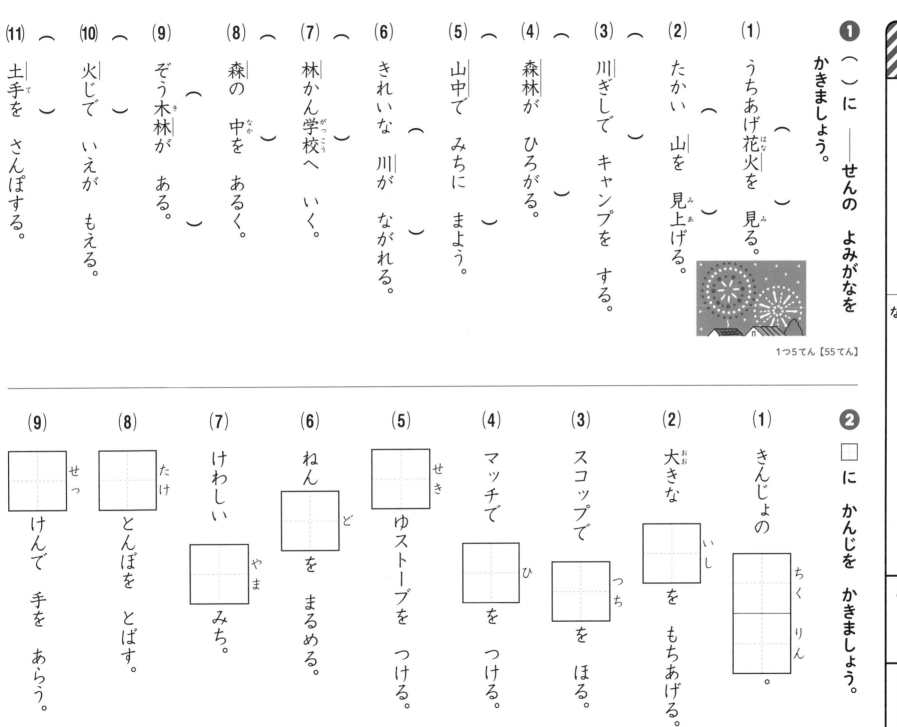

＼もう1回チャレンジ!!／

28 まとめの テスト 16

がくしゅうした日　月　日

なまえ

もくひょうじかん 20ぷん

とくてん　／100てん

解説↓174ページ

2128

らくらくマルつけ

1 （　）に ――せんの よみがなを かきましょう。

(1) うちあげ花火《はな》を（　　）見《み》る。

(2) たかい 山を（　　）見上《みあ》げる。

(3) 川ぎしで（　　）キャンプを する。

(4) 森林が（　　）ひろがる。

(5) 山中で（　　）みちに まよう。

(6) きれいな 川が（　　）ながれる。

(7) 林かん学校《がっこう》へ（　　）いく。

(8) 森の（　　）中《なか》を あるく。

(9) ぞう木《き》林が（　　）ある。

(10) 火じで（　　）いえが もえる。

(11) 土手《て》を（　　）さんぽする。

1つ5てん【55てん】

2 □に かんじを かきましょう。

(1) きんじょの □□《ちくりん》。

(2) 大《おお》きな □《いし》を もちあげる。

(3) スコップで □《つち》を ほる。

(4) マッチで □《ひ》を つける。

(5) □《せき》ゆストーブを つける。

(6) ねん□《ど》を まるめる。

(7) けわしい □《やま》みち。

(8) □《たけ》とんぼを とばす。

(9) □《せっ》けんで 手を あらう。

1つ5てん【45てん】

29

まとめの テスト ⑰

もくひょうじかん 20ぷん

がくしゅうした日　月　日

なまえ

とくてん　／100てん

らくらくマルつけ

解説↓ 174ページ

2129

❶ つぎの えに あうように、□に かんじを かきましょう。

1つ10てん【40てん】

(1) たかい □（やま）

(2) きれいな □（かわ）

(3) 大《おお》きな □（いし）

(4) □（たけ）やぶ

❷ つぎの えに あうように、□に 入《はい》る かんじを あとから えらんで かき、できた ことばの よみがなを （　）に かきましょう。

1つ10てん【60てん】

(1) 小□ （　　）

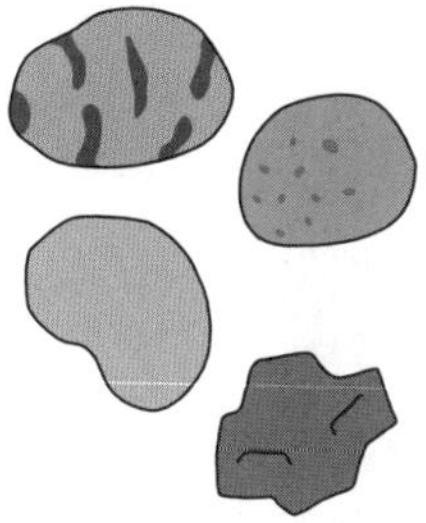

(2) 森□ （　　）

(3) 花《はな》□ はな（　　）

〈川　火　石　林　土〉

もう1回チャレンジ!!

29 まとめの テスト ⑰

もくひょうじかん 20ぷん

がくしゅうした日　月　日

なまえ

とくてん
／100てん

らくらくマルつけ
解説↓174ページ
2129

❶ つぎの えに あうように、□に かんじを かきましょう。
1つ10てん【40てん】

(1) たかい □（やま）

(2) きれいな □（かわ）

(3) 大《おお》きな □（いし）

(4) □（たけ）やぶ

---

❷ つぎの えに あうように、□に 入《はい》る かんじを あとから えらんで かき、できた ことばの よみがなを （ ）に かきましょう。
1つ10てん【60てん】

(1) 小□

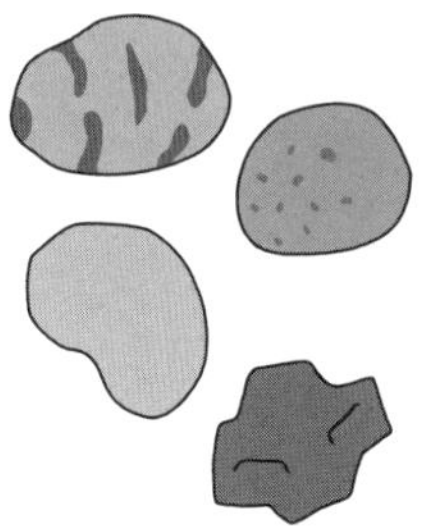

（　　　）

(2) 森□

（　　　）

(3) 花《はな》□

はな（　　　）

〈川　火　石　林　土〉

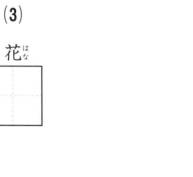

30

まとめの テスト ⑱

がくしゅうした日　月　日

なまえ

もくひょうじかん 20ぷん

とくてん　／100てん

解説↓ 174ページ

2130

らくらくマルつけ

❶ （　）に ——せんの よみがなを かきましょう。

1つ5てん【55てん】

(1) 竹ざおに シャツを ほす。（　）

(2) にわに 小石を しきつめる。（　）

(3) ひろい 土ちを たがやす。（　）

(4) 火力《りょく》の つよい コンロ。（　）

(5) 土に たねを まく。（　）

(6) 火を すぐに けす。（　）

(7) じ石で じっけんする。（　）

(8) 土よう日《び》に 出《で》かける。（　）

(9) たき火で あたたまる。（　）

(10) 竹で かごを つくる。（　）

(11) 石けんを かう。（　）

❷ □に かんじを かきましょう。

1つ5てん【45てん】

(1) □《りん》どうを 車《くるま》で すすむ。

(2) □《やま》のぼりが しゅみだ。

(3) □《かわ》の むこうに わたる。

(4) □□《しんりん》に 入《はい》る。

(5) □□《さんりん》の しぜんを まもる。

(6) 天《あま》の □《がわ》を 見《み》上《あ》げる。

(7) ふかい □《もり》が ひろがる。

(8) うみべの まつ□《ばやし》。

(9) ふじ□《さん》に のぼる。

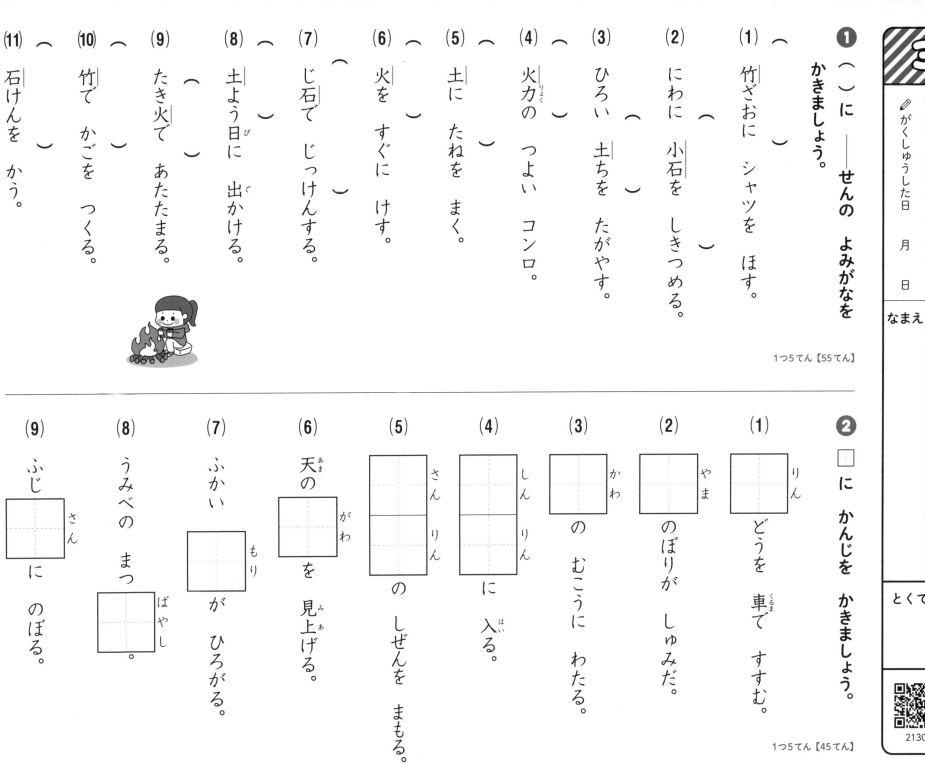

もう1回チャレンジ!!

30 まとめの テスト ⑱

がくしゅうした日　月　日

なまえ

もくひょうじかん 20ぷん

とくてん　／100てん

らくらくマルつけ

解説↓174ページ

2130

❶ (　)に ——せんの よみがなを かきましょう。

1つ5てん【55てん】

(1) 竹ざおに シャツを ほす。(　)

(2) にわに 小石を しきつめる。(　)

(3) ひろい 土ちを たがやす。(　)

(4) 火力《りょく》の つよい コンロ。(　)

(5) 土に たねを まく。(　)

(6) 火を すぐに けす。(　)

(7) じ石で じっけんする。(　)

(8) 土よう日《び》に 出《で》かける。(　)

(9) たき火で あたたまる。(　)

(10) 竹で かごを つくる。(　)

(11) 石けんを かう。(　)

❷ □に かんじを かきましょう。

1つ5てん【45てん】

(1) □《りん》どうを 車《くるま》で すすむ。

(2) □《やま》のぼりが しゅみだ。

(3) □《かわ》の むこうに わたる。

(4) □□《しんりん》に 入《はい》る。

(5) □□《さんりん》の しぜんを まもる。

(6) 天《あま》の □《がわ》を 見《み》上《あ》げる。

(7) ふかい □《もり》が ひろがる。

(8) うみべの まつ □《ばやし》。

(9) ふじ □《さん》に のぼる。

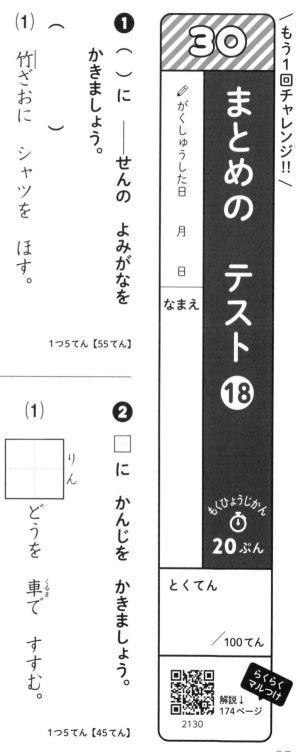

31

まとめの テスト ⑲

がくしゅうした日　月　日

なまえ

もくひょうじかん 20ぷん

とくてん

／100てん

解説↓
174ページ
2131

らくらくマルつけ

❶ （　）に ――せんの よみがなを かきましょう。
1つ10てん【60てん】

(1) ① 森林の 中《なか》。
（　　　）

② ふかい 森の 中。
（　　　）

(2) ① 山中で まよう。
（　　　）

② 山みちを あるく。
（　　　）

(3) ① 火じに ちゅういする。
（　　　）

② 火の ようじん。
（　　　）

❷ つぎの かんじに たてか よこの ー（ぼう）を 一《ひと》つ くわえて 正《ただ》しい かんじに しましょう。
1つ10てん【20てん】

(1) はこの 口《なか》を 見《み》る。
↓
□

(2) 十《つち》を ほる。
↓
□

❸ つぎの かんじの やじるし↙の ぶぶんは なんかく目《め》に かきますか。すうじを かんじで かきましょう。
1つ10てん【20てん】

(1) 火
（　　）かく目

(2) 土
（　　）かく目

31 まとめの テスト ⑲

がくしゅうした日　月　日

なまえ

もくひょうじかん 20ぷん

とくてん　／100てん

解説↓ 174ページ

らくらくマルつけ

2131

❶ （　）に ――せんの よみがなを かきましょう。　1つ10てん【60てん】

(1) ① 森林の 中《なか》。（　　）

② ふかい 森の 中。（　　）

(2) ① 山中で まよう。（　　）

② 山みちを あるく。（　　）

(3) ① 火じに ちゅういする。（　　）

② 火の ようじん。（　　）

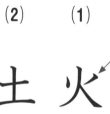

❷ つぎの かんじに たてか よこの 一(ぼう)を 一《ひと》つ くわえて 正《ただ》しい かんじに しましょう。　1つ10てん【20てん】

(1) はこの 口《なか》を 見《み》る。

↓ □

(2) 十《つち》を ほる。

↓ □

❸ つぎの かんじの やじるし↙の ぶぶんは なんかく目《め》に かきますか。すうじを かんじで かきましょう。　1つ10てん【20てん】

(1) 火　（　　）かく目

(2) 土　（　　）かく目

32 まとめの テスト 20

がくしゅうした日　月　日

なまえ

もくひょうじかん 20ぷん

とくてん　／100てん

らくらくマルつけ　解説↓174ページ　2132

1 二《に》じの ことばが できるように、□に 入《はい》る かんじを あとから えらんで かき、（ ）に よみがなを かきましょう。①②は たてに よみ、③は よこに よみます。 1つ5てん【50てん】

(1)

① □
② □
林
③ □
中

①（　　　）
②（　　　）
③（　　　）

(2)

② 小
① 上
③ □
□

①（　　　）
②（　　　）
③（　　　）

〈川　大　下　森　山〉

2 ――せんを かんじで かきましょう。 1つ10てん【50てん】

日《にち》よう日《び》に キャンプに いきました。①もりの 中《なか》を あるくと きれいな ②かわが ながれて いました。その ちかくに テントを はりました。じめんの ③つちを ほって ④いしを ならべて かまどを つくりました。おとうさんが ⑤ひを おこして りょうりを しました。

①（　　　）
②（　　　）
③（　　　）
④（　　　）
⑤（　　　）

もう1回チャレンジ!!

32 まとめの テスト 20

がくしゅうした日　月　日

なまえ

もくひょうじかん 20ぷん

とくてん　／100てん

らくらくマルつけ

解説↓174ページ

2132

1 二《に》じの ことばが できるように、□に 入《はい》る かんじを あとから えらんで かき、（　）に よみがなを かきましょう。①②は たてに よみ、③は よこに よみます。　1つ5てん【50てん】

(1)

①□
②□ 林
③ 中

①（　　）
②（　　）
③（　　）

(2)

② 小
① 上
③□

①（　　）
②（　　）
③（　　）

〈川　大　下　森　山〉

2 ──せんを かんじで かきましょう。　1つ10てん【50てん】

日《にち》よう日《び》に キャンプに いきました。①もりの 中《なか》を あるくと きれいな ②かわが ながれて いました。その ちかくに テントを はりました。じめんの ③つちを ほって ④いしを ならべて かまどを つくりました。おとうさんが ⑤ひを おこして りょうりを しました。

①（　　）　②（　　）

③（　　）　④（　　）

⑤（　　）

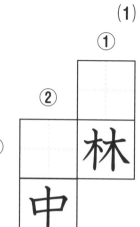

33 さまざまな いろ

がくしゅうした日　月　日

なまえ

もくひょうじかん 20ぷん

とくてん　／100てん

解説↓175ページ

2133

らくらくマルつけ

赤

7かく

一 + 土 ナ 赤 赤 赤

はらう　とめる

れんしゅう

よみかた
- おん　セキ　（シャク）
- くん　あか・あかい　あからむ　あからめる

つかいかた
- 赤《せき》どう
- 赤《せき》はん
- 赤字《あかじ》
- 赤《あか》ぐみ
- 赤《あか》しんごう

白

5かく

ノ 亻 白 白 白

つける

れんしゅう

よみかた
- おん　ハク　（ビャク）
- くん　しろ　しら　しろい

つかいかた
- 白《はく》ちょう
- 白《はく》まい
- 白《はく》し
- まっ白《しろ》
- 白《しら》ゆき

青

8かく

一 + 丰 主 青 青 青 青

とめる

れんしゅう

よみかた
- おん　セイ　（ショウ）
- くん　あお　あおい

つかいかた
- 青天《せいてん》
- 青年《せいねん》
- 青《せい》しゅん
- 青空《あおぞら》
- 青虫《あおむし》

1 □に かんじを かきましょう。

(1) □《あか》しんごうで とまる。

(2) □《しろ》い くもが うかぶ。

(3) □《あお》い 空《そら》が ひろがる。

(4) □《せき》はんを たべる。

(5) 二《に》わの □《はく》ちょう。

(6) □《あか》ぐみを おうえんする。

(7) □《はく》まいを たべる。

(8) □《せい》しゅんの おもい出《で》。

1つ10てん【80てん】

スパイラルコーナー

□に かんじを かきましょう。

(1) □《おお》空《ぞら》に はばたく。

(2) □《こ》石《いし》を ひろう。

1つ10てん【20てん】

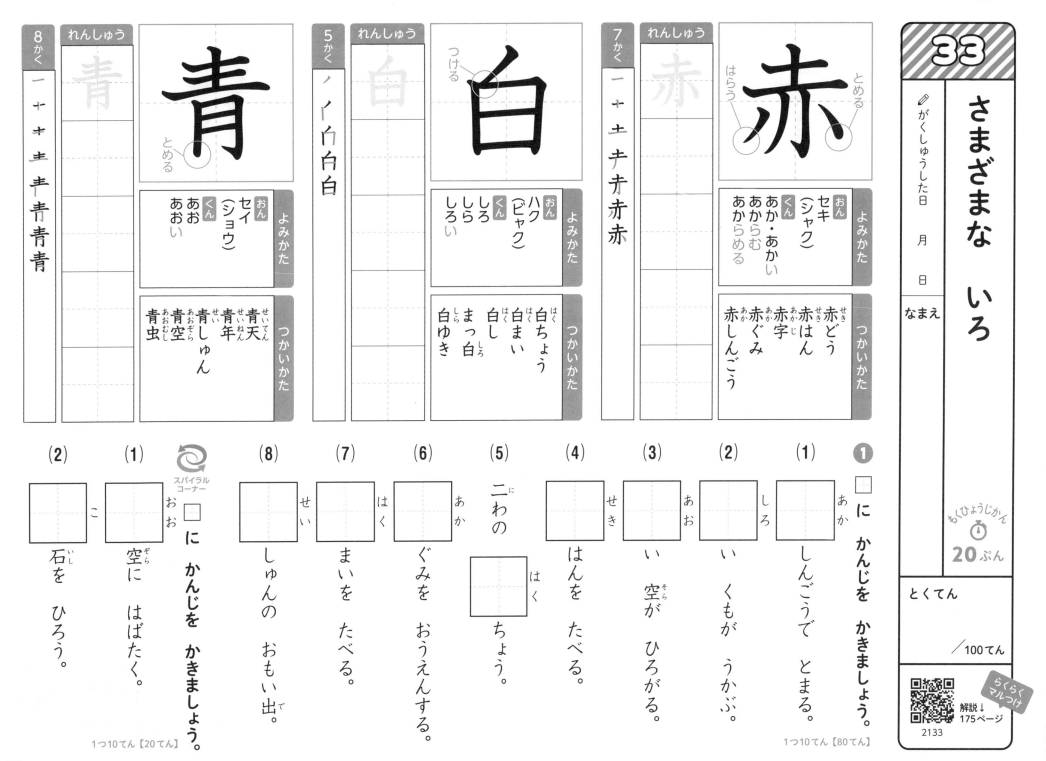

もう1回チャレンジ!!

33 さまざまな いろ

がくしゅうした日　月　日

なまえ

もくひょうじかん 20ぷん

とくてん　／100てん

解説↓175ページ

2133

らくらくマルつけ

赤

7かく

一 十 土 赤 赤 赤 赤

はらう　とめる

れんしゅう

よみかた

おん　セキ　（シャク）

くん　あか・あかい　あからむ　あからめる

つかいかた

赤《せき》どう

赤《せき》はん

赤字《あかじ》

赤《あか》ぐみ

赤《あか》しんごう

白

5かく

ノ 亻 白 白 白

つける

れんしゅう

よみかた

おん　ハク　（ビャク）

くん　しろ　しら　しろい

つかいかた

白《はく》ちょう

白《はく》まい

白《はく》し

まっ白《しろ》

白《しら》ゆき

青

8かく

一 十 土 主 青 青 青 青

とめる

れんしゅう

よみかた

おん　セイ　（ショウ）

くん　あお　あおい

つかいかた

青天《せいてん》

青年《せいねん》

青《せい》しゅん

青空《あおぞら》

青虫《あおむし》

1 □に かんじを かきましょう。

1つ10てん【80てん】

(1) □《あか》しんごうで とまる。

(2) □《しろ》い くもが うかぶ。

(3) □《あお》い 空《そら》が ひろがる。

(4) □《せき》はんを たべる。

(5) 二《に》わの □《はく》ちょう。

(6) □《あか》ぐみを おうえんする。

(7) □《はく》まいを たべる。

(8) □《せい》しゅんの おもい出《で》。

スパイラルコーナー □に かんじを かきましょう。

1つ10てん【20てん】

(1) □《おお》空《ぞら》に はばたく。

(2) □《こ》石《いし》を ひろう。

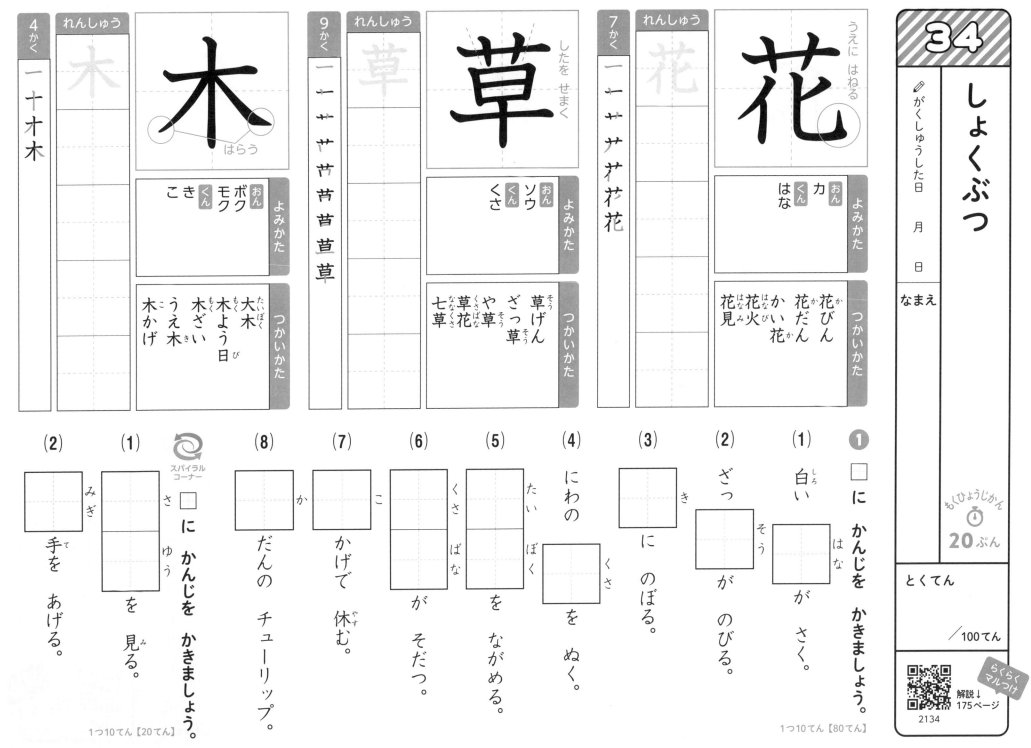

34 しょくぶつ

がくしゅうした日　月　日

なまえ

もくひょうじかん 20ぷん

とくてん　／100てん

解説↓175ページ

2134

らくらくマルつけ

花

7かく

れんしゅう

うえに はねる

よみかた
おん カ
くん はな

つかいかた
花《か》びん
花《か》だん
かい花《か》
花火《はなび》
花見《はなみ》

草

9かく

れんしゅう

したを せまく

よみかた
おん ソウ
くん くさ

つかいかた
草《そう》げん
ざっ草《そう》
や草《そう》
草花《くさばな》
七草《ななくさ》

木

4かく

一 十 才 木

れんしゅう

はらう

よみかた
おん ボク モク
くん き こ

つかいかた
大木《たいぼく》
木《もく》よう日《び》
木《もく》ざい
うえ木《き》
木《こ》かげ

1 □に かんじを かきましょう。

(1) 白《しろ》い □《はな》が さく。

(2) ざっ□《そう》が のびる。

(3) □《き》に のぼる。

(4) にわの □《くさ》を ぬく。

(5) □□《たいぼく》を ながめる。

(6) □□《くさばな》が そだつ。

(7) □《こ》かげで 休《やす》む。

(8) □《か》だんの チューリップ。

1つ10てん【80てん】

スパイラルコーナー

□に かんじを かきましょう。

(1) □□《さゆう》を 見《み》る。

(2) □《みぎ》手《て》を あげる。

1つ10てん【20てん】

もう1回チャレンジ!!

34 しょくぶつ

がくしゅうした日　月　日

なまえ

もくひょうじかん 20ぷん

とくてん　／100てん

解説↓ 175ページ

2134

らくらくマルつけ

花

7かく

一 十 艹 艹 芀 芲 花

うえに はねる

れんしゅう

よみかた
おん カ
くん はな

つかいかた
花《か》びん
花《か》だん
かい花《か》
花火《はなび》
花見《はなみ》

草

9かく

一 十 艹 艹 芇 苩 苩 荁 草

したを せまく

れんしゅう

よみかた
おん ソウ
くん くさ

つかいかた
草《そう》げん
ざっ草《そう》
や草《そう》
草花《くさばな》
七草《ななくさ》

木

4かく

一 十 才 木

はらう

れんしゅう

よみかた
おん ボク モク
くん き こ

つかいかた
大木《たいぼく》
木《もく》よう日《び》
木《もく》ざい
うえ木《き》
木《こ》かげ

1 □に かんじを かきましょう。

(1) 白《しろ》い □《はな》が さく。

(2) ざっ□《そう》が のびる。

(3) □《き》に のぼる。

(4) にわの □《くさ》を ぬく。

(5) □□《たいぼく》を ながめる。

(6) □□《くさばな》が そだつ。

(7) □《こ》かげで 休《やす》む。

(8) □《か》だんの チューリップ。

1つ10てん【80てん】

スパイラルコーナー

□に かんじを かきましょう。

(1) □□《さゆう》を 見《み》る。

(2) □《みぎ》手《て》を あげる。

1つ10てん【20てん】

35

生《い》きもの

がくしゅうした日　月　日

なまえ

もくひょうじかん 20ぷん

とくてん

／100てん

らくらくマルつけ

解説↓175ページ

2135

犬

てんの むきに ちゅうい

よみかた
おん ケン
くん いぬ

つかいかた
名犬《めいけん》
ばん犬《けん》
あい犬《けん》
小犬《こいぬ》
犬小《いぬご》や

4かく
一 ナ 大 犬

れんしゅう

虫

やや ななめうえに

よみかた
おん チュウ
くん むし

つかいかた
こん虫《ちゅう》
よう虫《ちゅう》
がい虫《ちゅう》
虫《むし》ば
虫かご

6かく
丨 口 口 中 虫 虫

れんしゅう

1 □に かんじを かきましょう。

(1) 大《おお》きな □《いぬ》 を かう。

(2) こん□《ちゅう》の ずかん。

(3) ばん□《けん》が ほえる。

(4) 赤《あか》い てんとう□《むし》。

(5) にわに □《いぬ》小《ご》やが ある。

(6) □《むし》かごの 中《なか》の トンボ。

(7) 名《めい》□《けん》だと ほめられる。

(8) がい□《ちゅう》を たいじする。

1つ10てん【80てん】

スパイラルコーナー

□に かんじを かきましょう。

(1) □《やま》みちを あるく。

(2) □《かわ》が ながれる。

1つ10てん【20てん】

35 生《い》きもの

がくしゅうした日　月　日

なまえ

もくひょうじかん 20ぷん

とくてん
／100てん

解説↓175ページ
2135
らくらくマルつけ

犬

4かく

一ナ大犬

てんの むきに ちゅうい

れんしゅう

よみかた
おん ケン
くん いぬ

つかいかた
名犬《めいけん》
ばん犬《けん》
あい犬《けん》
小《こ》犬《いぬ》
犬《いぬ》小《ご》や

虫

6かく

丶口口中虫虫

やや ななめうえに

れんしゅう

よみかた
おん チュウ
くん むし

つかいかた
こん虫《ちゅう》
よう虫《ちゅう》
がい虫《ちゅう》
虫《むし》ば
虫《むし》かご

1 □に かんじを かきましょう。

(1) 大《おお》きな □《いぬ》 を かう。

(2) こん□《ちゅう》の ずかん。

(3) ばん□《けん》が ほえる。

(4) 赤《あか》い てんとう□《むし》。

(5) にわに □《いぬ》小《ご》やが ある。

(6) □《むし》かごの 中《なか》の トンボ。

(7) 名《めい》□《けん》だと ほめられる。

(8) がい□《ちゅう》を たいじする。

1つ10てん【80てん】

スパイラルコーナー

□に かんじを かきましょう。

(1) □《やま》みちを あるく。

(2) □《かわ》が ながれる。

1つ10てん【20てん】

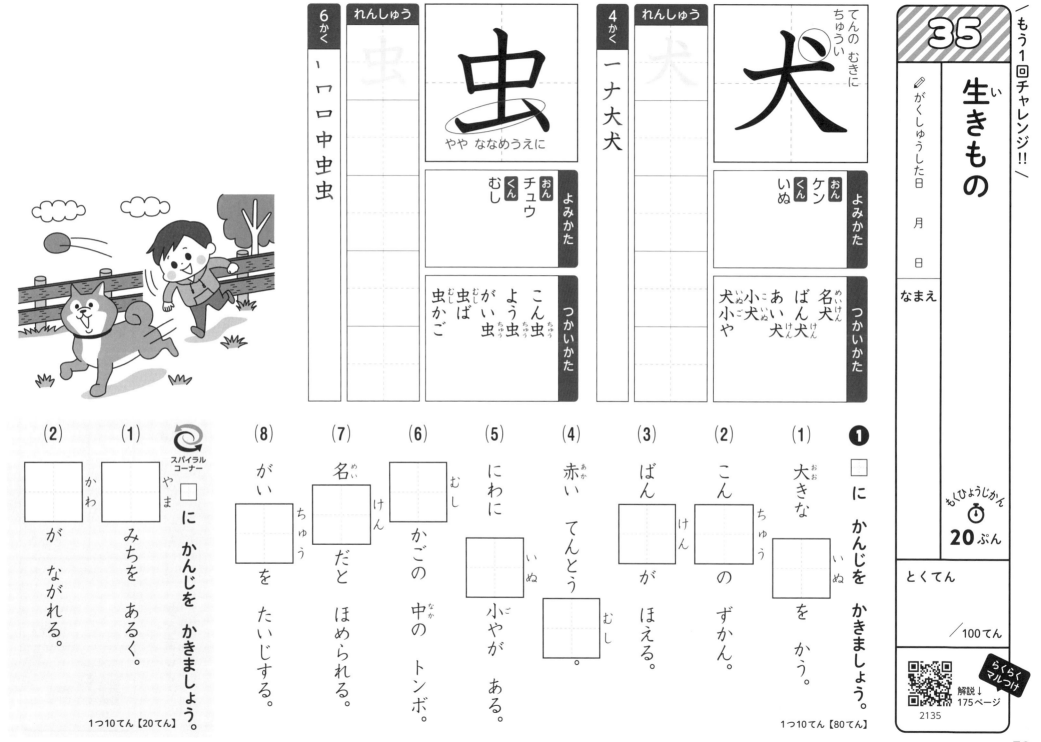

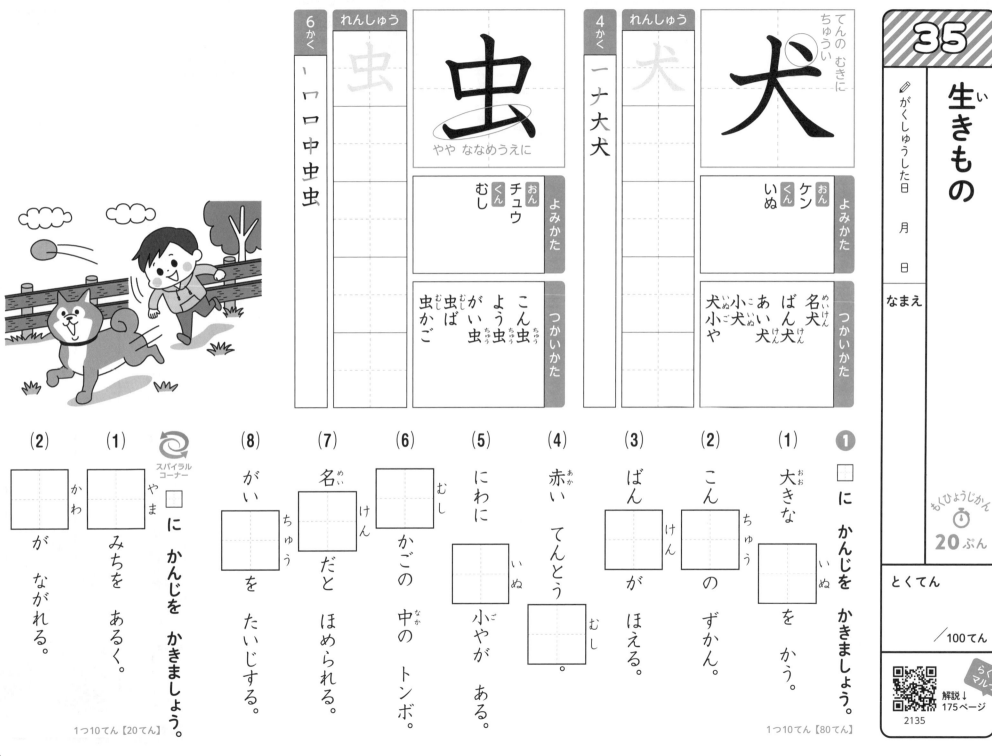

36

まとめの テスト 21

がくしゅうした日　月　日

なまえ

もくひょうじかん 20ぷん

とくてん

／100てん

らくらくマルつけ

解説↓
175ページ

2136

1 （　）に ——せんの よみがなを かきましょう。

(1) （　）花びんの 水《みず》を かえる。

(2) 大《おお》きな （　）白くま。

(3) げんきの よい （　）青年《ねん》。

(4) （　）花だんの 手《て》入《い》れを する。

(5) （　）赤ぐみが まける。

(6) （　）青虫が はっぱを たべる。

(7) （　）赤しんごうに かわる。

(8) （　）白ちょうが はばたく。

(9) （　）青い クレヨンで ぬる。

(10) お（　）花見《み》を する。

(11) （　）赤い ふうせんを もつ。

1つ5てん【55てん】

2 □に かんじを かきましょう。

(1) □《そう》げんを うまが はしる。

(2) □《むし》ばを ちりょうする。

(3) ばん□《けん》を かう。

(4) きょうは □《もく》よう日《び》だ。

(5) はたけの □《くさ》を とる。

(6) □《こ》かげは すずしい。

(7) □《いぬ》が ほえる。

(8) こん□《ちゅう》の ずかん。

(9) □《き》のぼりが すきだ。

1つ5てん【45てん】

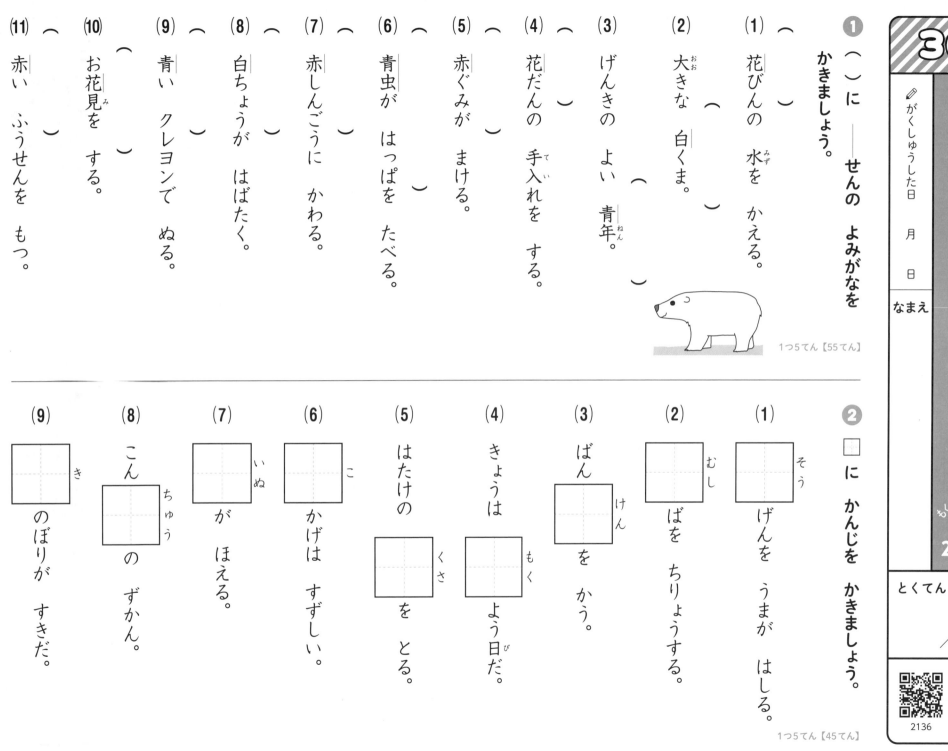

もう1回チャレンジ!!

36 まとめの テスト 21

がくしゅうした日　月　日

なまえ

もくひょうじかん 20ぷん

とくてん　／100てん

解説↓ 175ページ

2136

らくらくマルつけ

❶ （　）に ――せんの よみがなを かきましょう。

1つ5てん【55てん】

(1) 花びんの 水《みず》を かえる。（　）

(2) 大《おお》きな 白くま。（　）

(3) げんきの よい 青年《ねん》。（　）

(4) 花だんの 手《て》入《い》れを する。（　）

(5) 赤ぐみが まける。（　）

(6) 青虫が はっぱを たべる。（　）

(7) 赤しんごうに かわる。（　）

(8) 白ちょうが はばたく。（　）

(9) 青い クレヨンで ぬる。（　）

(10) お花見《み》を する。（　）

(11) 赤い ふうせんを もつ。（　）

❷ □に かんじを かきましょう。

(1) □《そう》げんを うまが はしる。

(2) □《むし》ばを ちりょうする。

(3) ばん□《けん》を かう。

(4) きょうは □《もく》よう日《び》だ。

(5) はたけの □《くさ》を とる。

(6) □《こ》かげは すずしい。

(7) □《いぬ》が ほえる。

(8) こん□《ちゅう》の ずかん。

(9) □《き》の のぼりが すきだ。

1つ5てん【45てん】

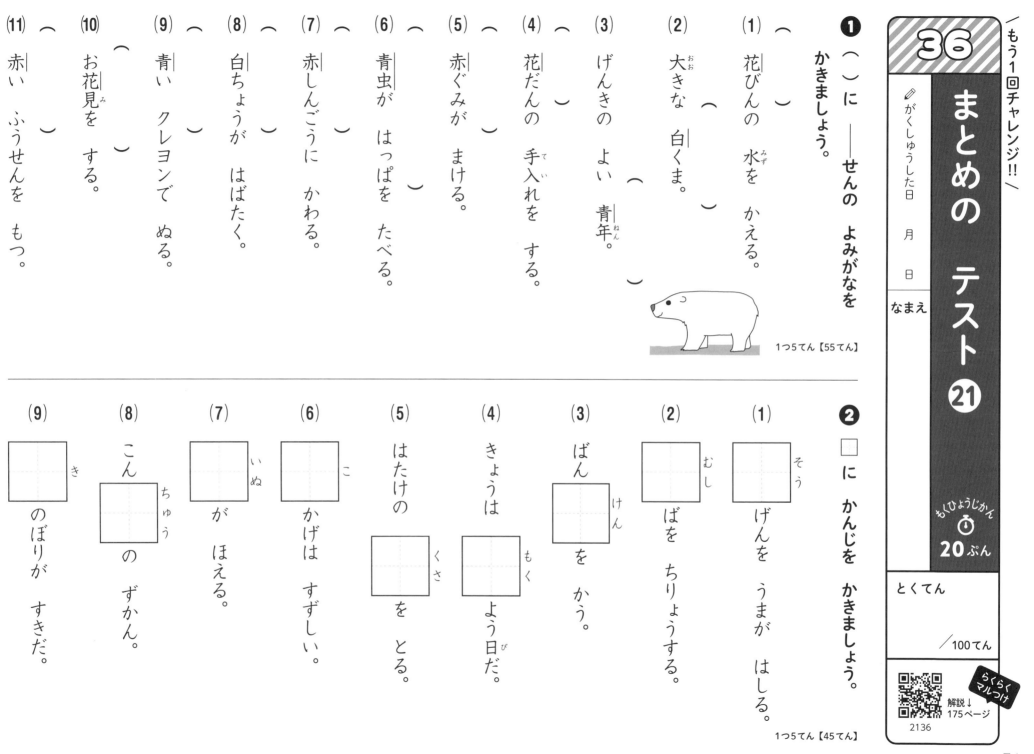

37 まとめの テスト ㉒

がくしゅうした日　月　日

なまえ

もくひょうじかん 20ぷん

とくてん

／100てん

解説↓
175ページ
2137

らくらくマルつけ

❶ つぎの えに あうように、□に かんじを かきましょう。 1つ10てん【40てん】

(1) あお□い 空《そら》

(2) しろ□い くも

(3) きれいな はな□

(4) 大《おお》きな き□

❷ （ ）に ――せんの よみがなを かきましょう。 1つ10てん【60てん】

(1) ① 大木（　　） ② 木かげ（　　）

(2) ① こん虫（　　） ② 虫かご（　　）

(3) ① ばん犬（　　） ② 犬小《ご》や（　　）

まとめの テスト 22

がくしゅうした日　月　日

なまえ

もくひょうじかん 20ぷん

とくてん　／100てん

解説↓175ページ

らくらくマルつけ

2137

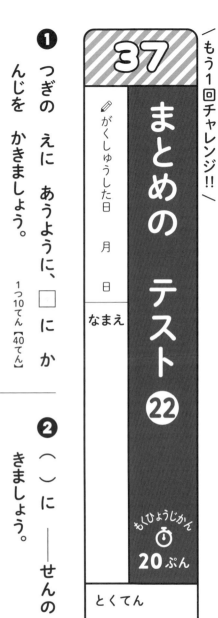

❶ つぎの えに あうように、□に かんじを かきましょう。　1つ10てん【40てん】

(1) □《あお》い 空《そら》

(2) □《しろ》い くも

(3) きれいな □《はな》

(4) 大《おお》きな □《き》

❷ （　）に ——せんの よみがなを かきましょう。　1つ10てん【60てん】

(1) ① 大木（　　）　② 木かげ（　　）

(2) ① こん虫（　　）　② 虫かご（　　）

(3) ① ばん犬（　　）　② 犬小《ご》や（　　）

38

まとめの テスト ㉓

がくしゅうした日　月　日

なまえ

もくひょうじかん 20ぷん

とくてん

／100てん

らくらくマルつけ

解説↓ 176ページ

2138

❶ （　）に ――せんの よみがなを かきましょう。

(1) 七草がゆを たべる。（　）

(2) 木ざいを つかう。（　）

(3) 犬小《ご》やを そうじする。（　）

(4) カブトムシの よう虫。（　）

(5) うえ木に 水《みず》を やる。（　）

(6) 草花の えを かく。（　）

(7) 小犬を さわる。（　）

(8) すず虫の なきごえ。（　）

(9) りっぱな 大木に そだつ。（　）

(10) あい犬の せわを する。（　）

(11) 赤どうの ちかくの くに。（　）

1つ5てん【55てん】

❷ □に かんじを かきましょう。

(1) □（しろ） い かみに 字《じ》を かく。

(2) ヒマワリの □（はな） が さく。

(3) □（せい） しゅんを おもい出《だ》す。

(4) □（あか） 字《じ》で かきなおす。

(5) □（しら） ゆきひめの おはなし。

(6) □（せき） はんで おいわいする。

(7) □（あお） い うみで およぐ。

(8) サクラが かい □（か） する。

(9) □（はく） まいを うつわに もる。

1つ5てん【45てん】

＼もう１回チャレンジ!!／

38 まとめの テスト ㉓

がくしゅうした日　月　日

なまえ

もくひょうじかん 20ぷん

とくてん　／100てん

らくらくマルつけ　解説↓176ページ　2138

❶ （　）に ―せんの よみがなを かきましょう。　1つ5てん【55てん】

(1) 七草がゆを たべる。（　　）

(2) 木ざいを つかう。（　　）

(3) 犬小《ご》やを そうじする。（　　）

(4) カブトムシの よう虫。（　　）

(5) うえ木に 水《みず》を やる。（　　）

(6) 草花の えを かく。（　　）

(7) 小犬を さわる。（　　）

(8) すず虫の なきごえ。（　　）

(9) りっぱな 大木に そだつ。（　　）

(10) あい犬の せわを する。（　　）

(11) 赤どうの ちかくの くに。（　　）

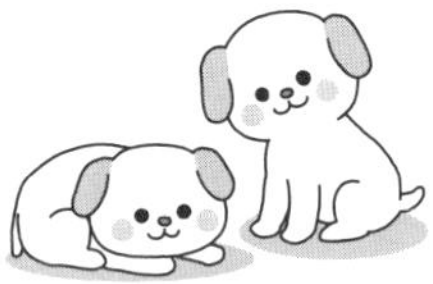

❷ □に かんじを かきましょう。　1つ5てん【45てん】

(1) □(しろ)い かみに 字《じ》を かく。

(2) ヒマワリの □(はな)が さく。

(3) □(せい)しゅんを おもい出《だ》す。

(4) □(あか)字《じ》で かきなおす。

(5) □(しら)ゆきひめの おはなし。

(6) □(せき)はんで おいわいする。

(7) □(あお)い うみで およぐ。

(8) サクラが かい□(か)する。

(9) □(はく)まいを うつわに もる。

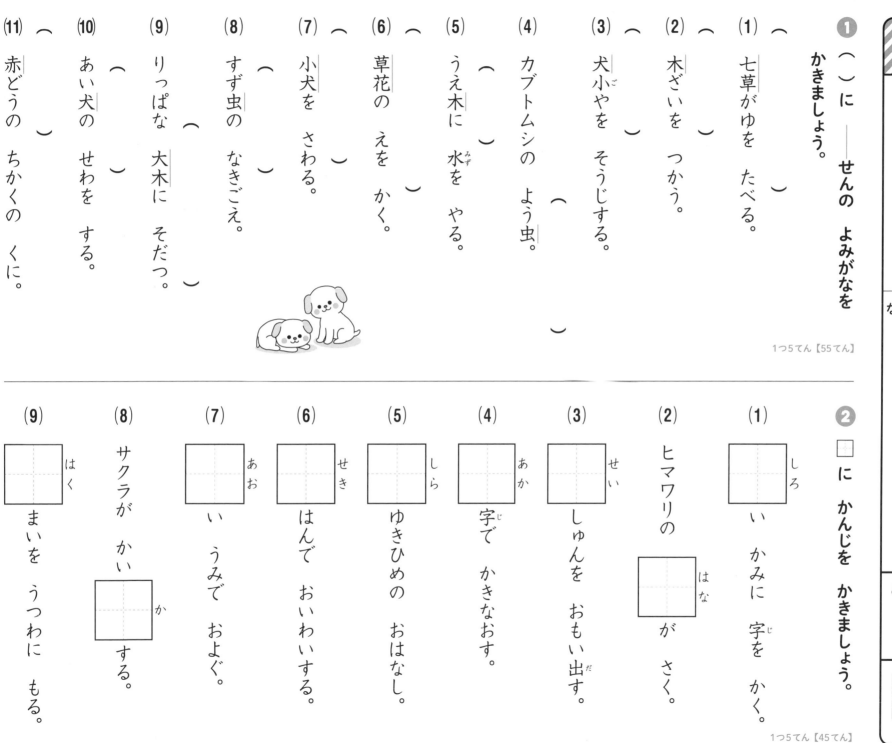

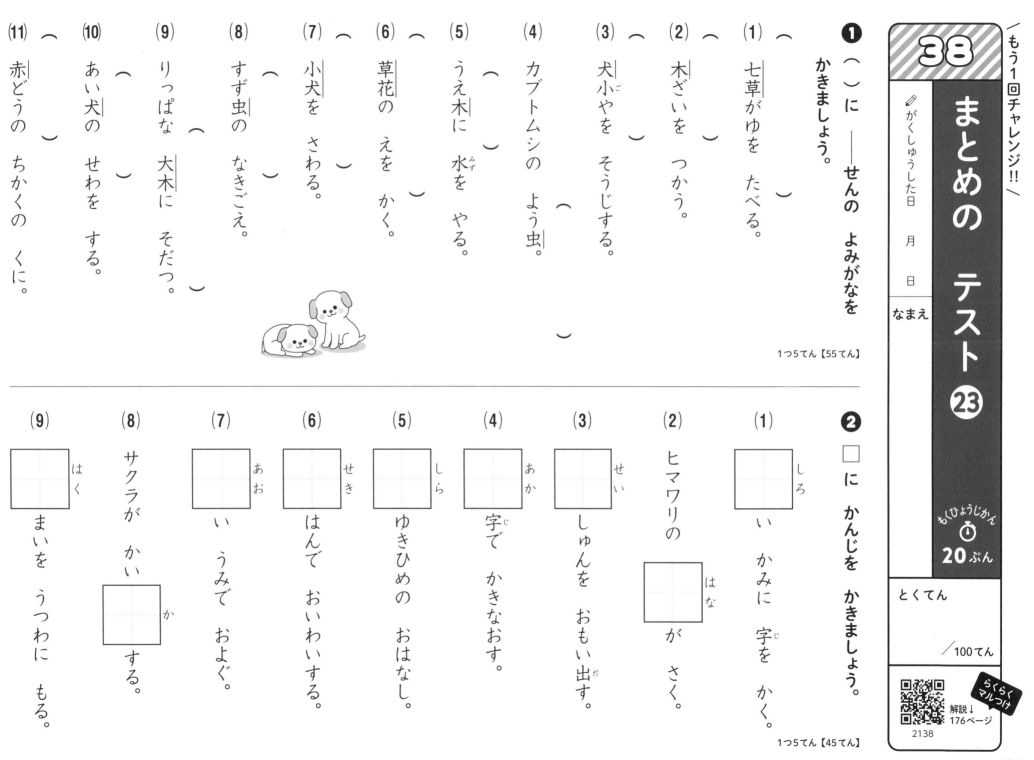

39

まとめの テスト 24

がくしゅうした日　月　日

なまえ

もくひょうじかん 20ぷん

とくてん　／100てん

らくらくマルつけ

解説↓176ページ

2139

1 つぎの えに あうように、□に かんじを かきましょう。

1つ10てん【40てん】

(1) □《むし》の こえ

(2) □《しろ》い □《いぬ》

(3) □《あか》い やね

2 しりとりに なるように あとから かんじを えらび、□に かきましょう。（　）には その よみがなを かきましょう。

1つ5てん【30てん】

(1) 十《じゅう》 → □（　）→ 円《えん》（　）

(2) 石《いし》 → □（　）→ 六《ろく》 → □（　）（　）

〈白　赤　上　下　花　草〉

3 □に かんじを かきましょう。

1つ10てん【30てん】

(1) あすは □《もく》よう日《び》だ。

(2) こうえんの □《か》だん。

(3) □《そう》げんを はしる。

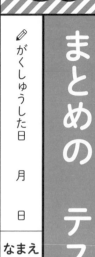

39 まとめの テスト 24

がくしゅうした日　　月　　日

なまえ

もくひょうじかん 20ぷん

とくてん　　／100てん

解説↓ 176ページ
2139
らくらくマルつけ

❶ つぎの えに あうように、□に かんじを かきましょう。 1つ10てん【40てん】

(1) □《むし》の こえ

(2) □《しろ》い □《いぬ》

(3) □《あか》い やね

❷ しりとりに なるように あとから かんじを えらび、□に かきましょう。（　）には その よみがなを かきましょう。 1つ5てん【30てん】

(1) 十《じゅう》 → □ → 円《えん》
（　　）

(2) 石《いし》 → □ → 六《ろく》 → □
（　　）（　　）

〈白　赤　上　下　花　草〉

❸ □に かんじを かきましょう。 1つ10てん【30てん】

(1) あすは □《もく》よう日《び》だ。

(2) こうえんの □《か》だん。

(3) □《そう》げんを はしる。

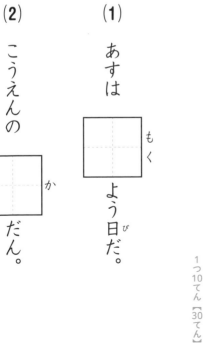

40

まとめの テスト ㉕

がくしゅうした日　月　日

なまえ

もくひょうじかん 20ぷん

とくてん　／100てん

解説↓176ページ

らくらくマルつけ

2140

1 つぎの かんじに たてか よこの ー（ぼう）や てんなどを 一《ひと》つ くわえて 正《ただ》しい かんじに しましょう。 1つ10てん【20てん】

(1) 大《いぬ》が ほえる。 ↓ □

(2) テストで 白《ひゃく》てんを とる。 ↓ □

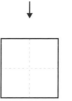

2 つぎの かんじの やじるし↙の ぶぶんは なんかく目《め》に かきますか。すうじを かんじで かきましょう。 1つ10てん【20てん】

(1) 木　（　　）かく目

(2) 赤　（　　）かく目

3 ――せんを かんじで かきましょう。 1つ10てん【60てん】

①どよう日《び》に かぞくで デパートに いきました。
おかあさんは ②はなもようの ブラウスを かいました。
わたしは ③いぬの えが かいて ある ④しろい シャツと、⑤あおい ぼうしを かって もらいました。
その あと 本《ほん》やさんへ いって こん⑥ちゅう ずかんも かいました。

①（　　）　②（　　）

③（　　）　④（　　）

⑤（　　）　⑥（　　）

もう1回チャレンジ!!

40

まとめの テスト 25

もくひょうじかん 20ぷん

がくしゅうした日　月　日

なまえ

とくてん　／100てん

解説↓ 176ページ

らくらくマルつけ

2140

❶ つぎの かんじに たてか よこの 一（ぼう）や てんなどを 一《ひと》つ くわえて 正《ただ》しい かんじに しましょう。 1つ10てん【20てん】

(1) 大《いぬ》が ほえる。

↓ □

(2) テストで 白《ひゃく》てんを とる。

↓ □

❷ つぎの かんじの やじるし↙の ぶぶんは なんかく目《め》に かきますか。すうじを かんじで かきましょう。 1つ10てん【20てん】

(1) 木　（　　）かく目

(2) 赤　（　　）かく目

❸ ――せんを かんじで かきましょう。 1つ10てん【60てん】

①どよう日《び》に かぞくで デパートに いきました。おかあさんは ②はなもようの ブラウスを かいました。わたしは ③いぬの えが かいて ある ④しろい シャツと、⑤あおい ぼうしを かって もらいました。その あと 本《ほん》やさんへ いって こん⑥ちゅう ずかんも かいました。

①（　　）　②（　　）

③（　　）　④（　　）

⑤（　　）　⑥（　　）

41

夕《ゆう》がたの 空《そら》

がくしゅうした日　月　日

なまえ

もくひょうじかん 20ぷん

とくてん　／100てん

解説↓176ページ

2141

らくらくマルつけ

空

8かく

まげて とめる

筆順：丶 丷 宀 宂 穴 空 空 空

よみかた
おん　クウ
くん　そら　あく　あける　から

つかいかた
空気《くうき》
空《くう》かん
青空《あおぞら》
空《あ》きかん
空《から》っぽ

夕

3かく

でない

筆順：ノ ク 夕

よみかた
おん　（セキ）
くん　ゆう

つかいかた
夕日《ゆうひ》
夕《ゆう》がた
夕《ゆう》やけ
夕《ゆう》ぐれ
夕《ゆう》べ

早

6かく

ながく

筆順：丨 口 日 日 旦 早

よみかた
おん　ソウ　（サッ）
くん　はやい　はやまる　はやめる

つかいかた
早《そう》ちょう
早《そう》たい
早《さっ》そく
早口《はやくち》
早足《はやあし》

1 □に かんじを かきましょう。

(1) 青《あお》 □（ぞら） を 見上《みあ》げる。

(2) きれいな □（ゆう） やけ。

(3) □（はや） く 日《ひ》が くれる。

(4) □（ゆう） 日《ひ》が しずむ。

(5) あたたかい □（くう） 気《き》。

(6) □（ゆう） ぐれが ちかづく。

(7) □（はや） 足《あし》で あるく。

(8) □（から） っぽの はこ。

1つ10てん【80てん】

スパイラルコーナー

□に かんじを かきましょう。

(1) □（たけ） とんぼを つくる。

(2) 大《おお》きな □（いし） が ある。

1つ10てん【20てん】

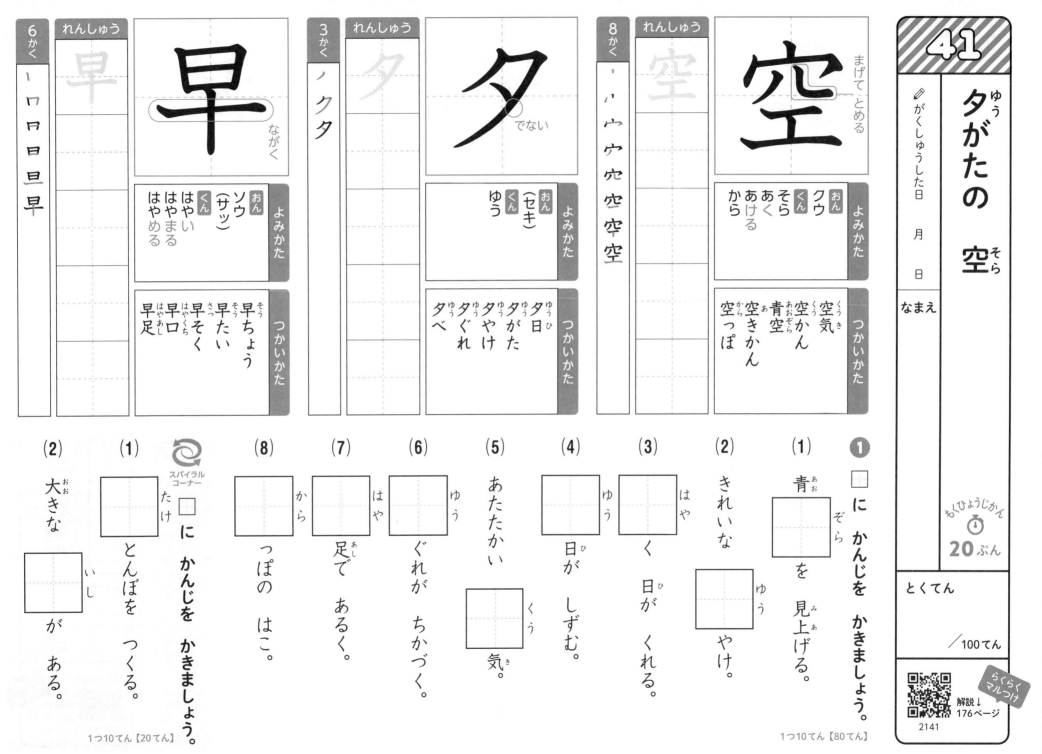

／もう1回チャレンジ!!／

41 夕《ゆう》がたの 空《そら》

がくしゅうした日　月　日

なまえ

もくひょうじかん 20ぷん

とくてん　／100てん

解説↓176ページ

らくらくマルつけ

2141

空

8かく

丶 丷 宀 穴 穴 空 空 空

まげて　とめる

れんしゅう

よみかた

おん　クウ

くん　そら　あく　あける　から

つかいかた

空気《くうき》

空《くう》かん

青空《あおぞら》

空《あ》きかん

空《から》っぽ

夕

3かく

ノ ク 夕

でない

れんしゅう

よみかた

おん　（セキ）

くん　ゆう

つかいかた

夕日《ゆうひ》

夕《ゆう》がた

夕《ゆう》やけ

夕《ゆう》ぐれ

夕《ゆう》べ

早

6かく

丨 口 日 日 旦 早

ながく

れんしゅう

よみかた

おん　ソウ　（サッ）

くん　はやい　はやまる　はやめる

つかいかた

早《そう》ちょう

早《そう》たい

早《さっ》そく

早口《はやくち》

早足《はやあし》

1 □に　かんじを　かきましょう。

(1) 青《あお》□《ぞら》を　見上《みあ》げる。

(2) きれいな　□《ゆう》やけ。

(3) □《はや》く　日《ひ》が　くれる。

(4) □《ゆう》日《ひ》が　しずむ。

(5) あたたかい　□《くう》気《き》。

(6) □《ゆう》ぐれが　ちかづく。

(7) □《はや》足《あし》で　あるく。

(8) □《から》っぽの　はこ。

1つ10てん【80てん】

スパイラルコーナー

□に　かんじを　かきましょう。

(1) □《たけ》とんぼを　つくる。

(2) 大《おお》きな　□《いし》が　ある。

1つ10てん【20てん】

42

天《てん》気《き》の へんか

がくしゅうした日　月　日

なまえ

もくひょうじかん 20ぷん

とくてん　／100てん

解説↓ 176ページ
2142
らくらくマルつけ

天
うえを ながく
4かく
一 二 チ 天
れんしゅう
よみかた
おん テン
くん (あめ) あま
つかいかた
天気《てんき》
天《てん》ごく
天《てん》さい
天《てん》ち
天《あま》の川《がわ》

気
そらして はねる
6かく
ノ ᐟ ᐟ 气 気 気
れんしゅう
よみかた
おん キ ケ
くん ―
つかいかた
空気《くうき》
げん気《き》
気《き》もち
ゆ気《げ》
気《け》はい

雨
てんの むきに ちゅうい
8かく
一 厂 冂 币 币 雨 雨 雨
れんしゅう
よみかた
おん ウ
くん あめ あま
つかいかた
雨天《うてん》
大雨《おおあめ》
雨《あま》ぐも
雨《あま》もり
雨《あま》やどり

1 □に かんじを かきましょう。
1つ10てん【80てん】

(1) [てんき]が よく なる。
(2) [あめ]が ふる。
(3) 大《たい》かいは [うてん]中《ちゅう》しだ。
(4) [き]もちの よい あさ。
(5) [あま]やどりを する。
(6) [あま]の川《がわ》が 見《み》える。
(7) 空《くう》[き]が かんそうする。
(8) [てん]ごくと じごく。

スパイラルコーナー
□に かんじを かきましょう。
1つ10てん【20てん】

(1) あしたは [ど]よう日《び》だ。
(2) コンロの [ひ]を けす。

／もう1回チャレンジ!!／

42

天気《てんき》の へんか

がくしゅうした日　月　日

なまえ

もくひょうじかん 20ぷん

とくてん　／100てん

らくらくマルつけ　解説↓176ページ　2142

天（4かく）

一 二 チ 天

うえを ながく

れんしゅう

よみかた　おん テン　くん （あめ） あま

つかいかた　天気《てんき》　天ごく《てんごく》　天さい《てんさい》　天ち《てんち》　天《あま》の川《がわ》

気（6かく）

ノ ト 乍 气 気 気

そらして はねる

れんしゅう

よみかた　おん キ ケ　くん —

つかいかた　空気《くうき》　げん気《き》　気《き》もち　ゆ気《げ》　気《け》はい

雨（8かく）

一 丆 冂 币 雨 雨 雨 雨

てんの むきに ちゅうい

れんしゅう

よみかた　おん ウ　くん あめ あま

つかいかた　雨天《うてん》　大雨《おおあめ》　雨《あま》ぐも　雨《あま》もり　雨《あま》やどり

1 □に かんじを かきましょう。　1つ10てん【80てん】

(1) □□《てんき》が よく なる。

(2) □《あめ》が ふる。

(3) 大《たい》かいは □□《うてん》中《ちゅう》しだ。

(4) □《き》もちの よい あさ。

(5) □《あま》やどりを する。

(6) □《あま》の川《がわ》が 見《み》える。

(7) 空《くう》□《き》が かんそうする。

(8) □《てん》ごくと じごく。

スパイラルコーナー　□に かんじを かきましょう。　1つ10てん【20てん】

(1) あしたは □《ど》よう日《び》だ。

(2) コンロの □《ひ》を けす。

43

力《ちから》を 入《い》れよう

がくしゅうした日　月　日

なまえ

もくひょうじかん 20ぷん

とくてん

／100てん

らくらくマルつけ

解説↓ 176ページ

2143

力

ひだりに はらう

2かく

フカ

れんしゅう

よみかた

おん リョク リキ

くん ちから

つかいかた

学力《がくりょく》

ぜん力《りょく》

たい力《りょく》

力《りき》さく

力《ちから》しごと

入

はらう

2かく

ノ入

れんしゅう

よみかた

おん ニュウ

くん いる いれる はいる

つかいかた

入学《にゅうがく》　入力《にゅうりょく》

入《にゅう》じょう

入《い》り口《ぐち》

玉《たま》入《い》れ

手《て》入《い》れ

1 □に かんじを かきましょう。

(1) □《ちから》が つよい。

(2) 気《き》あいを □《い》れる。

(3) ぜん□《りょく》で はしる。

(4) せん手《しゅ》の □《にゅう》じょう。

(5) □《ちから》しごとを する。

(6) □《い》り口《ぐち》と 出口《でぐち》。

(7) たい□《りょく》を つける。

(8) 玉《たま》□《い》れを する。

1つ10てん【80てん】

スパイラルコーナー

□に かんじを かきましょう。

(1) まっ□《しろ》な ゆき。

(2) まじめな □《せい》年《ねん》。

1つ10てん【20てん】

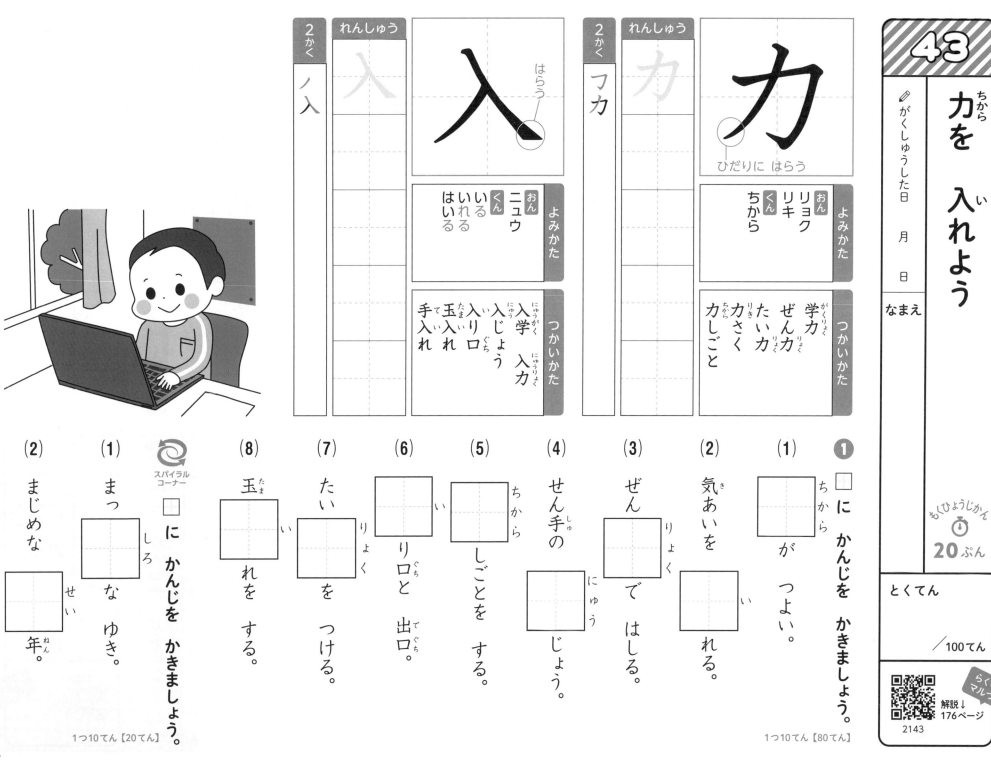

もう1回チャレンジ!!

43 力《ちから》を 入《い》れよう

がくしゅうした日　月　日

なまえ

もくひょうじかん 20ぷん

とくてん　／100てん

らくらくマルつけ
解説↓176ページ
2143

力

2かく
フカ

れんしゅう

ひだりに はらう

よみかた
おん　リョク　リキ
くん　ちから

つかいかた
学力《がくりょく》　ぜん力《りょく》　たい力《りょく》　力《りき》さく　力《ちから》しごと

入

2かく
ノ入

れんしゅう

はらう

よみかた
おん　ニュウ
くん　いる　いれる　はいる

つかいかた
入学《にゅうがく》　入力《にゅうりょく》　入《にゅう》じょう　入《い》り口《ぐち》　玉《たま》入《い》れ　手《て》入《い》れ

1 □に かんじを かきましょう。

(1) □《ちから》が つよい。

(2) 気《き》あいを □《い》れる。

(3) ぜん□《りょく》で はしる。

(4) せん手《しゅ》の □《にゅう》じょう。

(5) □《ちから》しごとを する。

(6) □《い》り口《ぐち》と 出口《でぐち》。

(7) たい□《りょく》を つける。

(8) 玉《たま》□《い》れを する。

1つ10てん【80てん】

スパイラルコーナー

□に かんじを かきましょう。

(1) まっ□《しろ》な ゆき。

(2) まじめな □《せい》年《ねん》。

1つ10てん【20てん】

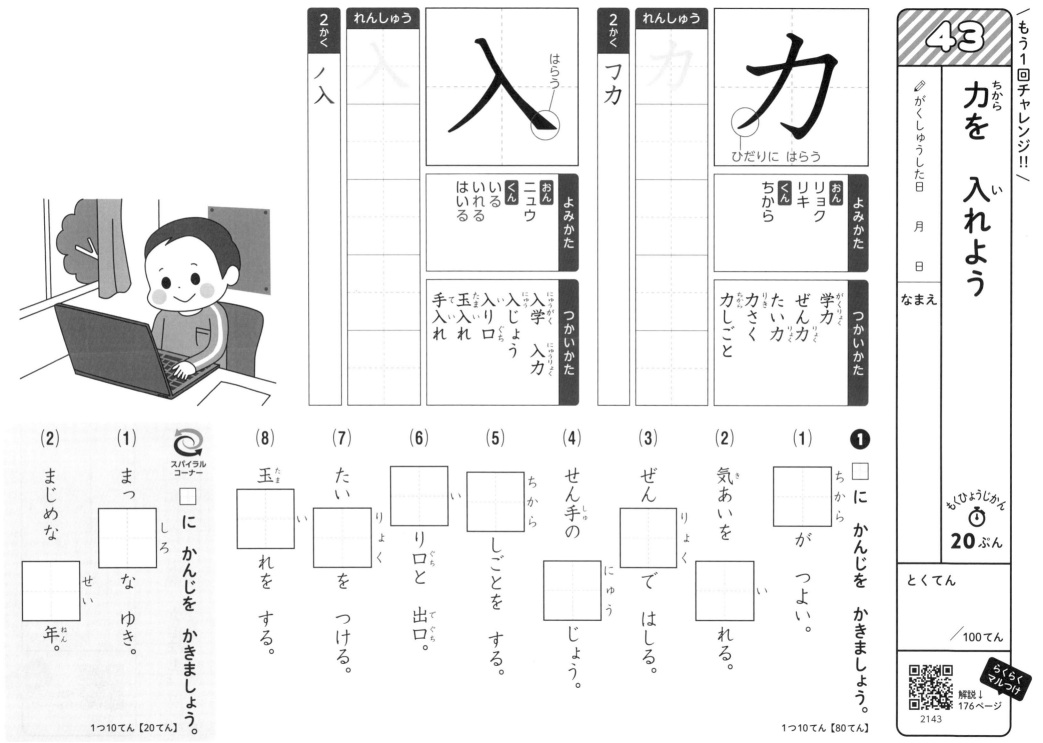

44

まとめの テスト 26

がくしゅうした日　月　日

なまえ

もくひょうじかん 20ぷん

とくてん　／100てん

解説↓ 177ページ

2144

らくらくマルつけ

1 （　）に ——せんの よみがなを かきましょう。

(1) （　）天の川《がわ》を かんさつする。

(2) （　）空きかんを ひろう。

(3) （　）夕がたに さんぽする。

(4) （　）早口《くち》で はなす。

(5) （　）天さいと よばれる 人《ひと》。

(6) （　）青空が ひろがる。

(7) （　）夕日《ひ》を ながめる。

(8) 学校《がっこう》を（　） 早たいする。

(9) （　）天気が かわりやすい。

(10) ビルの（　） 入り口《ぐち》を さがす。

(11) （　）学《がく》力を のばす。

1つ5てん【55てん】

2 □に かんじを かきましょう。

(1) げん□《き》に はしりまわる。

(2) 中学《ちゅうがく》に □《にゅう》学《がく》する。

(3) □《ちから》を 出《だ》しきる。

(4) □《あま》ぐもが ひろがる。

(5) げんかんから □《はい》る。

(6) のう□《りょく》を たかめる。

(7) □《き》ぶんが よい。

(8) あすは □《おお》□《あめ》のようだ。

(9) ゆ□《げ》で まどが くもる。

1つ5てん【45てん】

44 まとめの テスト 26

がくしゅうした日　月　日

なまえ

もくひょうじかん 20ぷん

とくてん　／100てん

らくらくマルつけ

解説↓177ページ

2144

1 （　）に ——せんの よみがなを かきましょう。

1つ5てん【55てん】

(1) 天の川《がわ》を かんさつする。（　）

(2) 空きかんを ひろう。（　）

(3) 夕がたに さんぽする。（　）

(4) 早口《くち》で はなす。（　）

(5) 天さいと よばれる 人《ひと》。（　）

(6) 青空が ひろがる。（　）

(7) 夕日《ひ》を ながめる。（　）

(8) 学校《がっこう》を 早たいする。（　）（　）

(9) 天気が かわりやすい。（　）

(10) ビルの 入り口《ぐち》を さがす。（　）

(11) 学力《がく》を のばす。（　）

2 □に かんじを かきましょう。

1つ5てん【45てん】

(1) げん□《き》に はしりまわる。

(2) 中学《ちゅうがく》に □《にゅう》学《がく》する。

(3) □《ちから》を 出《だ》しきる。

(4) □《あま》ぐもが ひろがる。

(5) げんかんから □《はい》る。

(6) のう□《りょく》を たかめる。

(7) □《き》ぶんが よい。

(8) あすは □《おお》□《あめ》のようだ。

(9) ゆ□《げ》で まどが くもる。

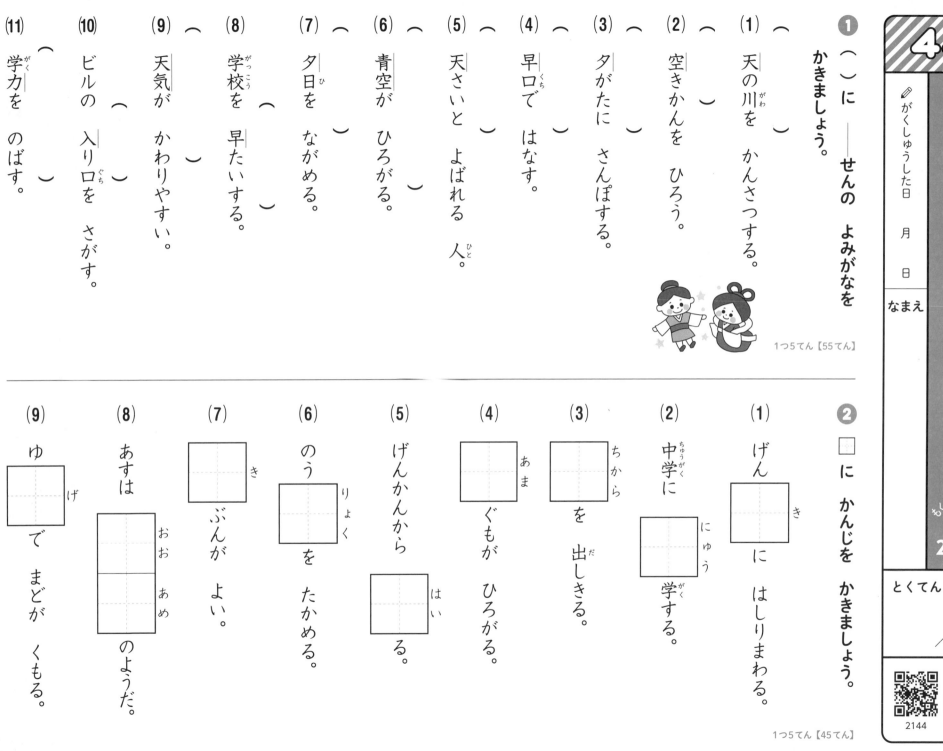

45

まとめの テスト 27

がくしゅうした日　　月　　日

なまえ

もくひょうじかん 20ぷん

とくてん

／100てん

解説↓ 177ページ

2145

らくらくマルつけ

1 つぎの えに あうように、□に 入る かんじを あとから えらんで かき、できた ことばの よみがなを （　）に かきましょう。 1つ10てん【60てん】

(1) □がた

（　　　）がた

(2) 大□

おお（　　　）

(3) □学《がく》

（　　　）がく

〈雨　気　夕　入　力〉

2 （　）に ——せんの よみがなを かきましょう。 1つ5てん【20てん】

(1) ① おふろに 入る。（　　　）
② 力《ちから》を 入れる。（　　　）

(2) ① 空っぽの へや。（　　　）
② せきが 空く。（　　　）

3 二《に》じの ことばの かんじしりとりに なるように、□に 入る かんじを あとから えらんで かきましょう。□には、おなじ かんじが 入ります。 ぜんぶできて10てん【20てん】

(1) 山□
↓
□人《びと》

(2) 青□
↓
□気

〈小　空　村　川〉

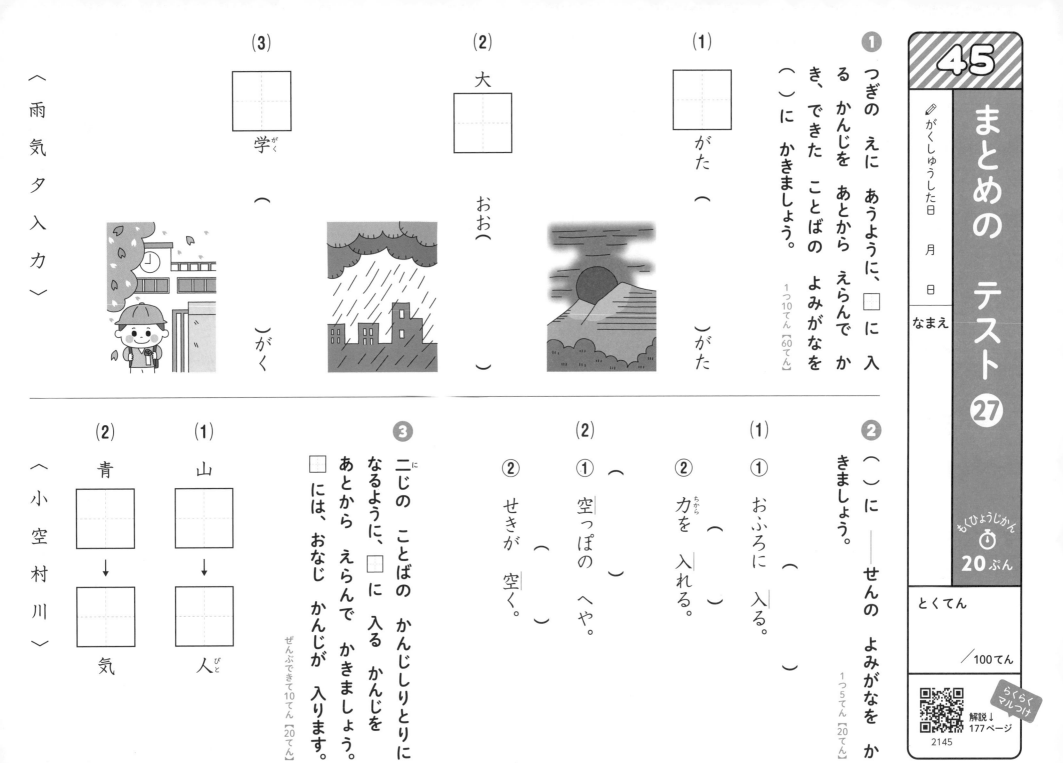

45 まとめの テスト 27

がくしゅうした日　月　日

なまえ

もくひょうじかん 20ぷん

とくてん　／100てん

らくらくマルつけ

解説↓177ページ

2145

1 つぎの えに あうように、□に 入る かんじを あとから えらんで かき、できた ことばの よみがなを （　）に かきましょう。 1つ10てん【60てん】

(1) □がた
（　　）がた

(2) 大□
おお（　　）

(3) □学《がく》
（　　）がく

〈雨　気　夕　入　力〉

2 （　）に ——せんの よみがなを かきましょう。 1つ5てん【20てん】

(1) ① おふろに 入る。（　　）
② 力《ちから》を 入れる。（　　）

(2) ① 空っぽの へや。（　　）
② せきが 空く。（　　）

3 二《に》じの ことばの かんじしりとりに なるように、□に 入る かんじを あとから えらんで かきましょう。□には、おなじ かんじが 入ります。 ぜんぶできて10てん【20てん】

(1) 山□ → □人《びと》

(2) 青□ → □気

〈小　空　村　川〉

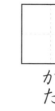

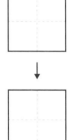

46

まとめの テスト 28

がくしゅうした日　月　日

なまえ

もくひょうじかん 20ぷん

とくてん　／100てん

解説↓ 177ページ

2146

らくらくマルつけ

1 （ ）に ――せんの よみがなを かきましょう。

(1) 人《ひと》の 気はいが する。（　）

(2) 雨もりを なおす。（　）

(3) じつ力の ある せん手《しゅ》。（　）（　）

(4) にわの 手《て》入れを する。（　）

(5) よごれが 気に なる。（　）

(6) 入じょうこうしんの きょく。（　）

(7) 力いっぱいに なげる。（　）

(8) 雨天の ばあい、中《ちゅう》しする。（　）

(9) 気が ゆるむ。（　）

(10) チームに てんが 入る。（　）

(11) 空中に うかぶ。（　）

1つ5てん【55てん】

2 □に かんじを かきましょう。

(1) くも 一《ひと》つ ない □《そら》。

(2) □《てん》ごくを そうぞうする。

(3) となりの せきが □《あ》く。

(4) □《はや》めに 出《で》かける。

(5) うつくしい □《ゆう》やけ。

(6) はこが □《から》に なる。

(7) しずかな □《ゆう》べ。

(8) □《そう》ちょうに ジョギングする。

(9) □《てん》まで とどく。

1つ5てん【45てん】

もう1回チャレンジ!!

46

まとめの テスト 28

がくしゅうした日　月　日

なまえ

もくひょうじかん 20ぷん

とくてん　／100てん

解説↓ 177ページ

2146

らくらくマルつけ

1 （　）に ——せんの よみがなを かきましょう。　1つ5てん【55てん】

(1) 人《ひと》の 気はいが する。（　）

(2) 雨もりを なおす。（　）

(3) じつ力の ある せん手《しゅ》。（　）

(4) にわの 手《て》入れを する。（　）

(5) よごれが 気に なる。（　）

(6) 入じょうこうしんの きょく。（　）

(7) 力いっぱいに なげる。（　）

(8) 雨天の ばあい、中《ちゅう》しする。（　）

(9) 気が ゆるむ。（　）

(10) チームに てんが 入る。（　）

(11) 空中に うかぶ。（　）

2 □に かんじを かきましょう。　1つ5てん【45てん】

(1) くも 一《ひと》つ ない □《そら》。

(2) □《てん》ごくを そうぞうする。

(3) となりの せきが □《あ》く。

(4) □《はや》めに 出《で》かける。

(5) うつくしい □《ゆう》やけ。

(6) はこが □《から》に なる。

(7) しずかな □《ゆう》べ。

(8) □《そう》ちょうに ジョギングする。

(9) □《てん》まで とどく。

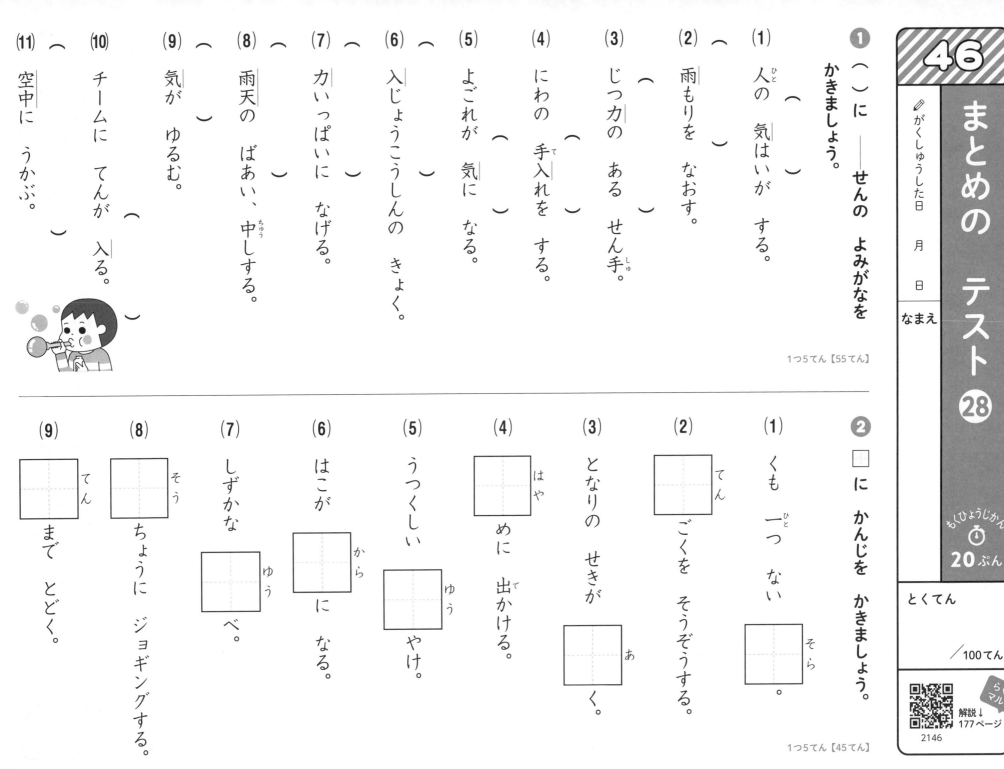

47 まとめの テスト 29

がくしゅうした日　月　日

なまえ

もくひょうじかん 20ぷん

とくてん　／100てん

解説↓177ページ　2147　らくらくマルつけ

1 二《に》じの ことばが できるように □に 入《はい》る かんじを あとから えらんで かき、（ ）に よみがなを かきましょう。　1つ5てん【60てん】

(1) ① 空 ↓ □　② 天 → □

① （　　）　② （　　）

(2) ① □ ↓ 天　② 大 → □

① （　　）　② （　　）

(3) ① □ ↓ 火　② 草 → □

① （　　）　② （　　）

(4) ① 森 ↓ □　② 山 → □

① （　　）　② （　　）

〈 林　雨　金　夕　花　気 〉

2 ——せんを かんじで かきましょう。　1つ5てん【40てん】

きょうは あさ ①はやく おきた。おかあさんと にわに ②はなを うえた。スコップで ③ちからを ④いれて ⑤つちを ほった。⑥ゆうがたから ⑦あめが ふって きた。はなたちは ⑧きもちよさそうだった。

① （　　）　② （　　）

③ （　　）　④ （　　）

⑤ （　　）　⑥ （　　）

⑦ （　　）　⑧ （　　）

＼もう1回チャレンジ!!／

47 まとめの テスト 29

がくしゅうした日　月　日

なまえ

もくひょうじかん 20ぷん

とくてん　／100てん

らくらくマルつけ

解説↓ 177ページ

2147

1 二《に》じの ことばが できるように □ に 入《はい》る かんじを あとから えらんで かき、（ ）に よみがなを かきましょう。 1つ5てん【60てん】

(1) ① 空 ↓ □　② 天 → □

① （　　）　② （　　）

(2) ① □ ↓ 天　② 大 → □

① （　　）　② （　　）

(3) ① □ ↓ 火　② 草 → □

① （　　）　② （　　）

(4) ① 森 ↓ □　② 山 → □

① （　　）　② （　　）

〈 林　雨　金　夕　花　気 〉

2 ――せんを かんじで かきましょう。 1つ5てん【40てん】

きょうは あさ ①はやく おきた。おかあさんと にわに ②はなを うえた。スコップで ③ちからを ④いれて ⑤つちを ほった。⑥ゆうがたから ⑦あめが ふって きた。はなたちは ⑧きもちよさそうだった。

① （　　）　② （　　）

③ （　　）　④ （　　）

⑤ （　　）　⑥ （　　）

⑦ （　　）　⑧ （　　）

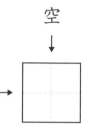

48 まとめの テスト 30

がくしゅうした日　月　日

なまえ

もくひょうじかん 20ぷん

とくてん　／100てん

らくらくマルつけ　解説↓177ページ　2148

1 かんじの 〈上《うえ》の ぶぶん〉と 〈下《した》の ぶぶん〉の カードを くみあわせて、かんじを 四《よっ》つ かきましょう。（おなじ カードは 一《いち》どしか つかえません。）　1つ10てん【40てん】

〈上の ぶぶん〉　〈下の ぶぶん〉

穴　龶　日　艹　十　化　月　工

2 つぎの かんじの やじるし↙の ぶぶんは なんかく目《め》に かきますか。すうじを かんじで かきましょう。　1つ10てん【20てん】

(1) 早　（　　）かく目

(2) 雨　（　　）かく目

3 （　）に ――せんの よみがなを かきましょう。　1つ5てん【40てん】

(1) ① 天気が よい。（　　）

② 天の川《がわ》を ながめる。（　　）

(2) ① 雨天でも 出《で》かける。（　　）

② 大雨が ふる。（　　）

(3) ① たい力が つく。（　　）

② 力しごとを まかせる。（　　）

(4) ① 空気を 入《い》れかえる。（　　）

② ひろい 大空。（　　）

48 まとめの テスト 30

がくしゅうした日　月　日

なまえ

もくひょうじかん 20ぷん

とくてん
／100てん

らくらくマルつけ
解説↓
177ページ
2148

1 かんじの〈上《うえ》の ぶぶん〉と〈下《した》の ぶぶん〉の カードを くみあわせて、かんじを 四《よっ》つ かきましょう。（おなじ カードは 一《いち》どしか つかえません。）
1つ10てん【40てん】

〈上の ぶぶん〉〈下の ぶぶん〉

穴　龶　日　艹　化　十　月　工

□　□　□　□

2 つぎの かんじの やじるし↙の ぶぶんは なんかく目《め》に かきますか。すうじを かんじで かきましょう。
1つ10てん【20てん】

(1) 早　（　　）かく目

(2) 雨　（　　）かく目

3 （　）に ——せんの よみがなを かきましょう。
1つ5てん【40てん】

(1) ① 天気が よい。（　　）
② 天の川《がわ》を ながめる。（　　）

(2) ① 雨天でも 出《で》かける。（　　）
② 大雨が ふる。（　　）

(3) ① たい力が つく。（　　）
② 力しごとを まかせる。（　　）

(4) ① 空気を 入《い》れかえる。（　　）
② ひろい 大空。（　　）

49

車《くるま》で 出《で》かけよう

がくしゅうした日　月　日

なまえ

もくひょうじかん 20ぷん

とくてん

／100てん

解説↓178ページ

2149

らくらくマルつけ

車

7かく

一 厂 亓 戸 百 亘 車

れんしゅう

いちばん ながく

よみかた
おん シャ
くん くるま

つかいかた
でん車《しゃ》
水車《すいしゃ》
じどう車《しゃ》
は車《ぐるま》
うば車《ぐるま》

出

5かく

丨 屮 屮 出 出

れんしゅう

うえより おおきく

よみかた
おん シュツ (スイ)
くん でる だす

つかいかた
出《しゅっ》ぱつ
てい出《しゅつ》
出火《しゅっか》
出口《でぐち》
日《ひ》の出《で》

休

6かく

ノ イ 仁 什 休 休

れんしゅう

とめる

よみかた
おん キュウ
くん やすむ やすまる やすめる

つかいかた
休《きゅう》そく
休《きゅう》けい
休《きゅう》か
なつ休《やす》み
ひる休《やす》み

1 □に かんじを かきましょう。

(1) □《くるま》に のる。

(2) みんなで □《で》かける。

(3) □《きゅう》日《じつ》に ドライブする。

(4) 八《はち》じに □《しゅっ》ぱつする。

(5) 学校《がっこう》を □《やす》む。

(6) でん□《しゃ》に のる。

(7) 手《て》がみを □《だ》す。

(8) □《きゅう》けいを する。

1つ10てん【80てん】

スパイラルコーナー

□に かんじを かきましょう。

(1) □《か》びんが われる。

(2) □《もく》よう日《び》に なる。

1つ10てん【20てん】

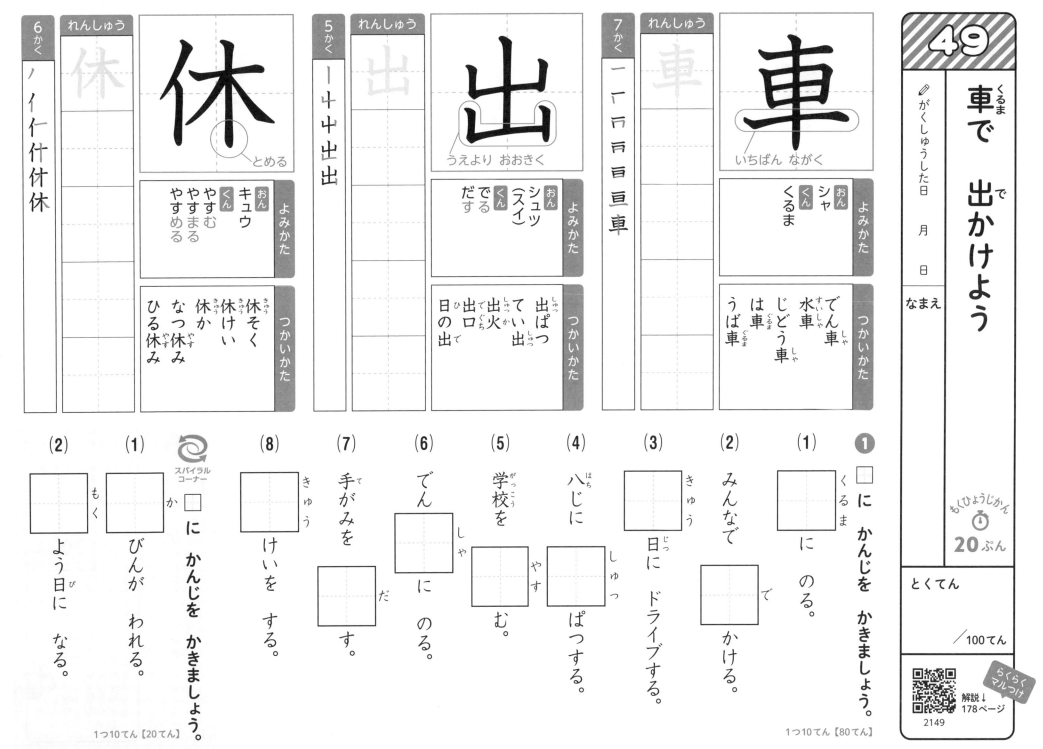

もう1回チャレンジ!!

49 車《くるま》で 出《で》かけよう

がくしゅうした日　月　日

なまえ

もくひょうじかん 20ぷん

とくてん　／100てん

らくらくマルつけ
解説↓ 178ページ
2149

車

7かく

一 厂 FF 日 目 亘 車

いちばん ながく

よみかた
おん シャ
くん くるま

つかいかた
でん車《しゃ》
水車《すいしゃ》
じどう車《しゃ》
は車《ぐるま》
うば車《ぐるま》

れんしゅう

出

5かく

丨 ㄐ 屮 出 出

うえより おおきく

よみかた
おん シュツ （スイ）
くん でる だす

つかいかた
出《しゅっ》ぱつ
てい出《しゅつ》
出火《しゅっか》
出口《でぐち》
日《ひ》の出《で》

れんしゅう

休

6かく

ノ 亻 仁 什 休 休

とめる

よみかた
おん キュウ
くん やすむ やすまる やすめる

つかいかた
休《きゅう》そく
休《きゅう》けい
休《きゅう》か
なつ休《やす》み
ひる休《やす》み

れんしゅう

❶ □に かんじを かきましょう。

(1) □《くるま》に のる。

(2) みんなで □《で》かける。

(3) □《きゅう》日《じつ》に ドライブする。

(4) 八《はち》じに □《しゅっ》ぱつする。

(5) 学校《がっこう》を □《やす》む。

(6) でん□《しゃ》に のる。

(7) 手《て》がみを □《だ》す。

(8) □《きゅう》けいを する。

1つ10てん【80てん】

スパイラルコーナー

□に かんじを かきましょう。

(1) □《か》びんが われる。

(2) □《もく》よう日《び》に なる。

1つ10てん【20てん】

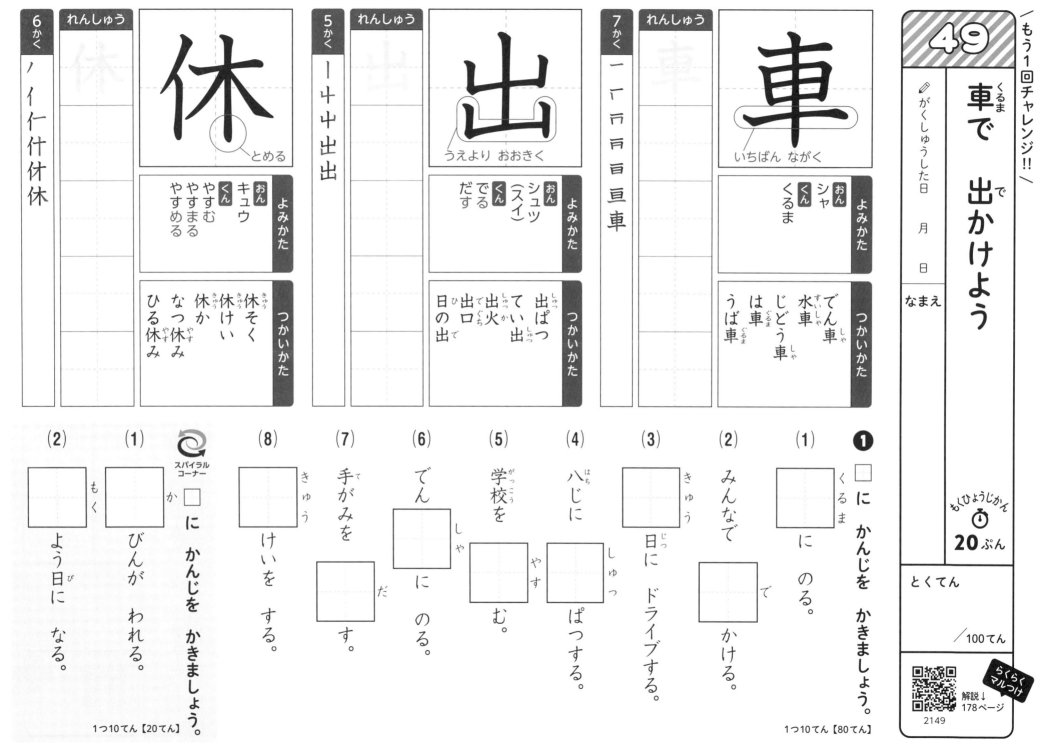

50

学校《がっこう》に いこう ①

がくしゅうした日　月　日

なまえ

もくひょうじかん 20ぷん

とくてん　／100てん

解説↓178ページ

2150

らくらくマルつけ

学（8かく）

むきに ちゅうい

よみかた
おん　ガク
くん　まなぶ

つかいかた
学校《がっこう》
入学《にゅうがく》
学年《がくねん》
学生《がくせい》
見学《けんがく》

れんしゅう

校（10かく）

とめる

よみかた
おん　コウ
くん　—

つかいかた
小学校《しょうがっこう》
下校《げこう》
校《こう》ちょう
校《こう》てい
校《こう》か

れんしゅう

子（3かく）

やや まるく

よみかた
おん　シ　ス
くん　こ

つかいかた
女子《じょし》
男子《だんし》
よう子《す》
子《こ》犬《いぬ》
子ども

れんしゅう

1 □に かんじを かきましょう。

(1) □□《がっこう》へ いく。

(2) げん気《き》な □《こ》ども。

(3) こくごを □《まな》ぶ。

(4) □《こう》ていで あそぶ。

(5) ともだちと 下《げ》□《こう》する。

(6) 女《じょ》□《し》が おおい。

(7) おなじ □《がく》年《ねん》。

(8) よう□《す》を 見《み》る。

1つ10てん【80てん】

スパイラルコーナー

□に かんじを かきましょう。

(1) かわいい □《いぬ》。

(2) □《むし》ばが いたい。

1つ10てん【20てん】

もう1回チャレンジ!!

50

学《がっ》校《こう》に いこう ①

がくしゅうした日　月　日

なまえ

もくひょうじかん 20ぷん

とくてん

／100てん

解説↓ 178ページ

2150

らくらくマルつけ

学

8かく

丶 丷 ⺍ 𭕄 ⺌ 学 学 学

れんしゅう

学

むきに ちゅうい

よみかた

おん ガク

くん まなぶ

つかいかた

学校《がっこう》
入学《にゅうがく》
学年《がくねん》
学生《がくせい》
見学《けんがく》

校

10かく

一 十 オ 木 木 杧 杧 杧 校 校

れんしゅう

校

とめる

よみかた

おん コウ

くん —

つかいかた

小学校《しょうがっこう》
下校《げこう》
校《こう》ちょう
校《こう》てい
校《こう》か

子

3かく

乛 了 子

れんしゅう

子

やや まるく

よみかた

おん シ ス

くん こ

つかいかた

女子《じょし》
男子《だんし》
よう子《す》
子犬《こいぬ》
子《こ》ども

❶ □に かんじを かきましょう。

(1) □□《がっこう》へ いく。

(2) げん気《き》な □《こ》ども。

(3) こくごを □《まな》ぶ。

(4) □《こう》ていで あそぶ。

(5) ともだちと 下《げ》□《こう》する。

(6) 女《じょ》□《し》が おおい。

(7) おなじ □《がく》年《ねん》。

(8) よう□《す》を 見《み》る。

1つ10てん【80てん】

スパイラルコーナー

□に かんじを かきましょう。

(1) かわいい □《いぬ》。

(2) □《むし》ばが いたい。

1つ10てん【20てん】

51

学校《がっこう》に いこう②

がくしゅうした日　月　日

なまえ

もくひょうじかん 20ぷん

とくてん

／100てん

らくらくマルつけ

解説↓178ページ

2151

先

6かく

ノ　ノ一　ノ十　生　⺧　先

れんしゅう

先

まげて はねる

よみかた

おん　セン

くん　さき

つかいかた

先生《せんせい》　先月《せんげつ》　先《せん》とう　先《せん》ぞ　まっ先《さき》

生

5かく

ノ　ノ一　⺧　牛　生

れんしゅう

生

みじかく

ながく

よみかた

おん　セイ・ショウ

くん　いきる・いかす・いける・うまれる・うむ・(おう)・はえる・はやす・(き)・なま

つかいかた

人生《じんせい》　一年生《いちねんせい》　一生《いっしょう》　たん生《じょう》　生《い》きもの　生《なま》がし

1 □に かんじを かきましょう。

(1) 音《おん》がくの □《せんせい》。

(2) 一年《いちねん》□《せい》に なる。

(3) □《さき》に あるく。

(4) □《い》きものを せわする。

(5) まっ□《さき》に こたえる。

(6) 三月《さんがつ》□《う》まれの 子《こ》ども。

(7) れつの □《せん》とうに 立《た》つ。

(8) 人《ひと》の 一《いっ》□《しょう》。

1つ10てん【80てん】

スパイラルコーナー

□に かんじを かきましょう。

(1) □《あ》きかんを すてる。

(2) □《そう》ちょうに 目《め》ざめる。

1つ10てん【20てん】

51 学校《がっこう》に いこう②

がくしゅうした日　月　日

なまえ

もくひょうじかん 20ぷん

とくてん　／100てん

解説↓178ページ

2151

らくらくマルつけ

先

6かく

ノ 𠂉 ⺧ 生 㐄 先

れんしゅう

まげて はねる

よみかた

おん　セン

くん　さき

つかいかた

先生《せんせい》
先月《せんげつ》
先《せん》とう
先《せん》ぞ
まっ先《さき》

生

5かく

ノ 𠂉 ⺧ 牛 生

れんしゅう

みじかく　ながく

よみかた

おん　セイ・ショウ

くん　いきる・いかす・いける・うまれる・うむ・(おう)・はえる・はやす・(き)・なま

つかいかた

人生《じんせい》　一年生《いちねんせい》
一生《いっしょう》
たん生《じょう》
生《い》きもの
生《なま》がし

❶ □に かんじを かきましょう。

(1) 音《おん》がくの □□《せんせい》。

(2) 一年《いちねん》□《せい》に なる。

(3) □《さき》に あるく。

(4) □《い》きものを せわする。

(5) まっ□《さき》に こたえる。

(6) 三月《さんがつ》□《う》まれの 子《こ》ども。

(7) れつの □《せん》とうに 立《た》つ。

(8) 人《ひと》の 一《いっ》□《しょう》。

1つ10てん【80てん】

スパイラルコーナー　□に かんじを かきましょう。

(1) □《あ》きかんを すてる。

(2) □《そう》ちょうに 目《め》ざめる。

1つ10てん【20てん】

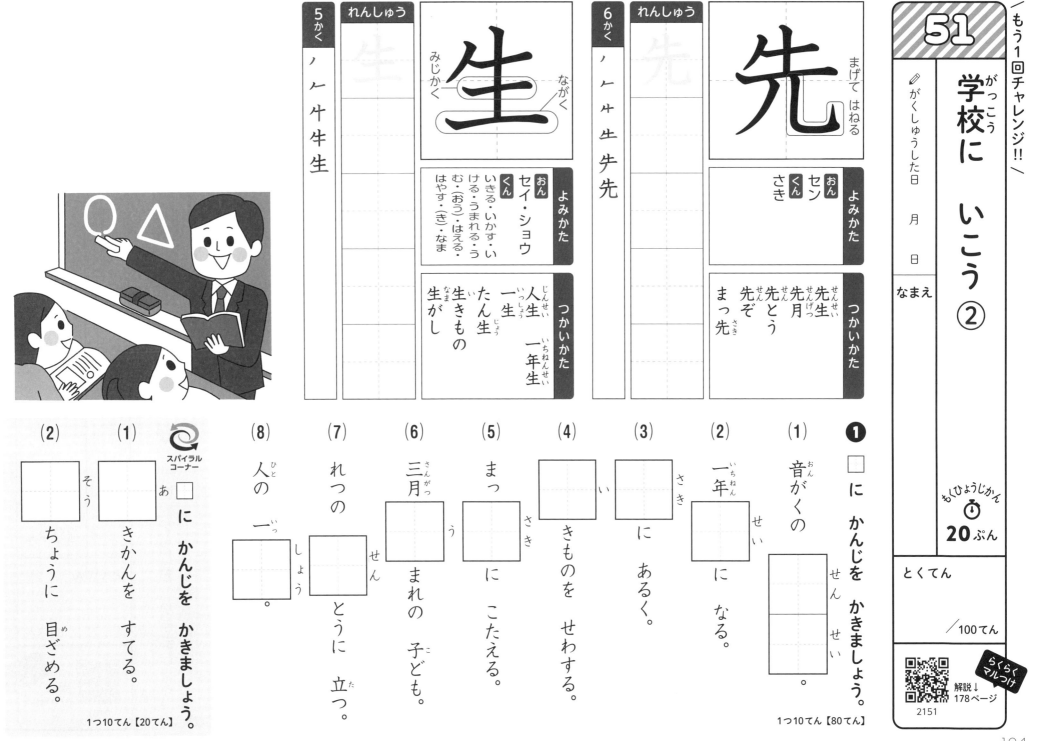

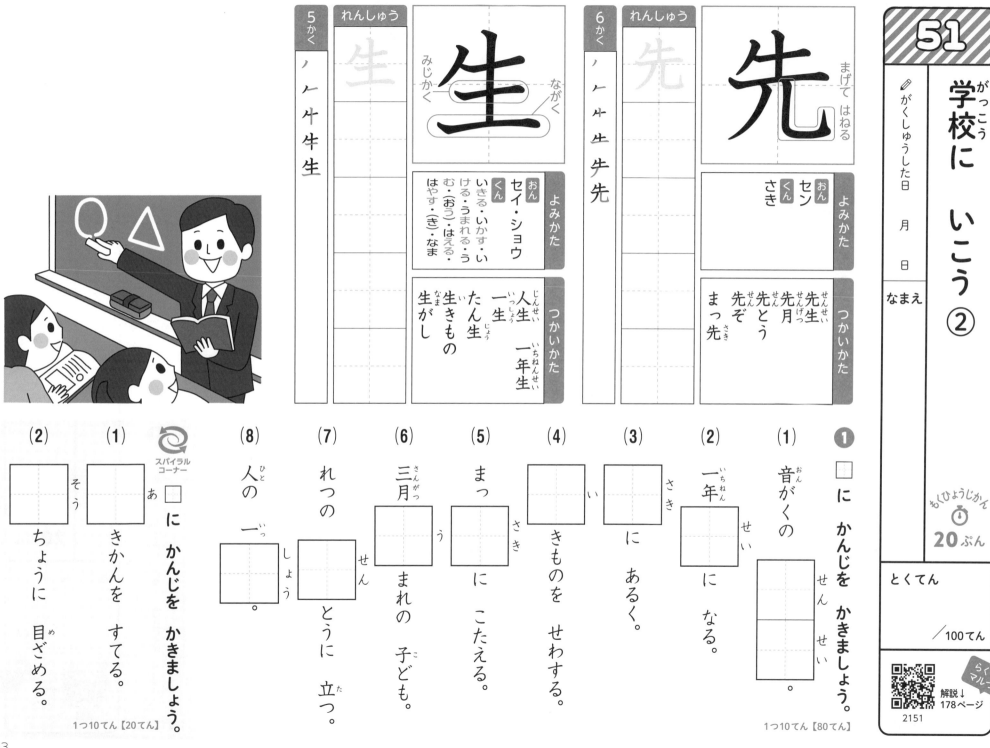

52

まとめの テスト 31

がくしゅうした日　月　日

なまえ

もくひょうじかん 20ぷん

とくてん　／100てん

解説↓178ページ

2152

らくらくマルつけ

1 （　）に ――せんの よみがなを かきましょう。

(1) 大《おお》きな 車に のる。（　　）

(2) はつ日《ひ》の出を 見《み》る。（　　）

(3) なつに 休かを とる。（　　）

(4) れきしを 学ぶ。（　　）

(5) は車が こわれる。（　　）

(6) 小学校に かよう。（　　）

(7) しごとを 休む。（　　）

(8) ビルから 出火する。（　　）

(9) 水《すい》車が まわる。（　　）

(10) ノートを てい出する。（　　）

(11) 四《よ》じに 下校する。（　　）

1つ5てん【55てん】

2 □に かんじを かきましょう。

(1) □《せん》ぞを しらべる。

(2) 人《じん》□《せい》について なやむ。

(3) □《さき》に すすむ。

(4) □《こ》どもむけの 本《ほん》。

(5) せいいっぱい □《い》きる。

(6) 王《おう》□《じ》さまと おひめさま。

(7) たん□《じょう》日《び》を いわう。

(8) 男《だん》□《し》の チーム。

(9) 草《くさ》が □《は》える。

1つ5てん【45てん】

もう1回チャレンジ!!

52

まとめの テスト 31

がくしゅうした日　月　日

なまえ

もくひょうじかん 20ぷん

とくてん　／100てん

解説↓ 178ページ

2152

らくらくマルつけ

❶ （　）に ――せんの よみがなを かきましょう。

(1) 大《おお》きな 車に のる。（　）

(2) はつ日《ひ》の出を 見《み》る。（　）

(3) なつに 休かを とる。（　）

(4) れきしを 学ぶ。（　）

(5) は車が こわれる。（　）

(6) 小学校に かよう。（　）

(7) しごとを 休む。（　）

(8) ビルから 出火する。（　）

(9) 水《すい》車が まわる。（　）

(10) ノートを てい出する。（　）

(11) 四《よ》じに 下校する。（　）

1つ5てん【55てん】

❷ □に かんじを かきましょう。

(1) □《せん》ぞを しらべる。

(2) 人《じん》□《せい》について なやむ。

(3) □《さき》に すすむ。

(4) □《こ》どもむけの 本《ほん》。

(5) せいいっぱい □《い》きる。

(6) 王《おう》□《じ》さまと おひめさま。

(7) たん□《じょう》日《び》を いわう。

(8) 男《だん》□《し》の チーム。

(9) 草《くさ》が □《は》える。

1つ5てん【45てん】

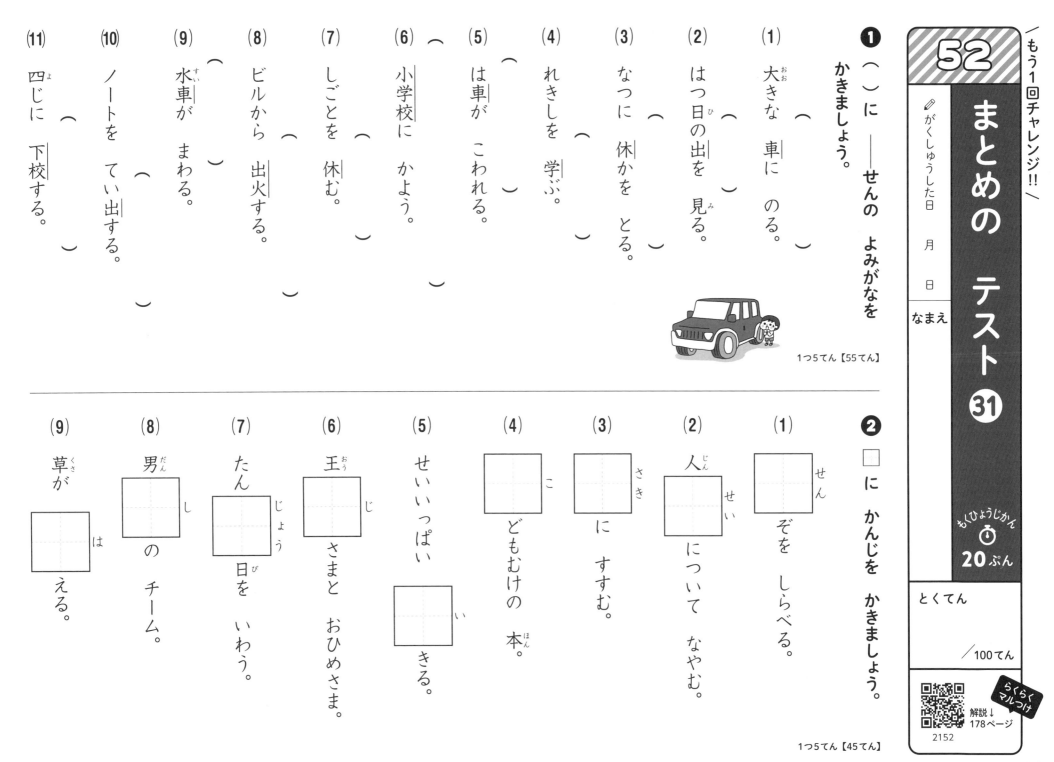

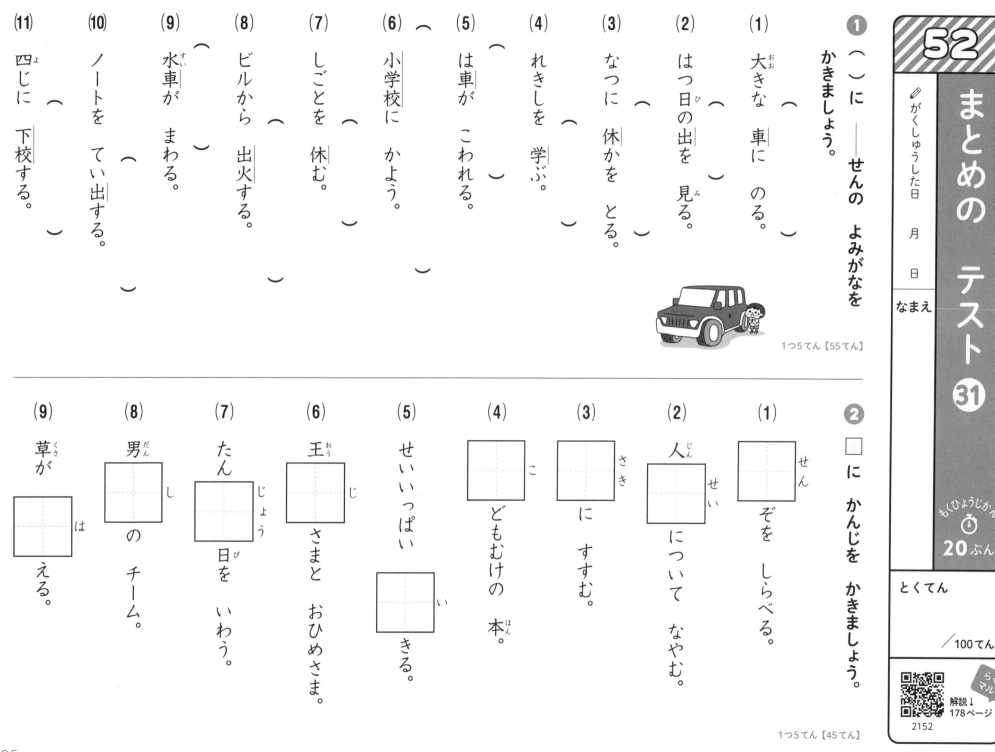

まとめの テスト 32

がくしゅうした日　月　日

なまえ

もくひょうじかん 20ぷん

とくてん　／100てん

らくらくマルつけ
解説↓178ページ
2153

❶ 上《うえ》と 下《した》を せんで むすんで できた かんじを かきましょう。 1つ5てん【40てん】

(1) 木・　・十 → □

(2) 一・　・丁 → □

(3) 日・　・交 → □

(4) 田・　・白 → □

❷ つぎの かんじは、ぜんぶで なんかく で かきますか。すうじを かんじで かきましょう。 1つ10てん【20てん】

(1) 子　（　　）かく

(2) 出　（　　）かく

❸ （　）に ——せんの よみがなを かきましょう。 1つ5てん【40てん】

(1) ① あたらしい じどう車。（　　）
② 大《おお》きな 車。（　　）

(2) ① 男子《だん》の チーム。（　　）
② 男《おとこ》の子が あつまる。（　　）

(3) ① 先月《げつ》の はなし。（　　）
② まっ先に かえる。（　　）

(4) ① しあわせな 一生。（　　）
② 生ごみを すてる。（　　）

もう1回チャレンジ!!

53

まとめの テスト 32

がくしゅうした日　月　日

なまえ

もくひょうじかん 20ぷん

とくてん

／100てん

解説↓ 178ページ

らくらくマルつけ

2153

❶ 上《うえ》と 下《した》を せんで むすんで できた かんじを かきましょう。 1つ5てん【40てん】

(1) 木・　・十 → □

(2) 一・　・丁 → □

(3) 日・　・交 → □

(4) 田・　・白 → □

❷ つぎの かんじは、ぜんぶで なんかく で かきますか。すうじを かんじで かきましょう。 1つ10てん【20てん】

(1) 子　（　　）かく

(2) 出　（　　）かく

❸ （　）に ——せんの よみがなを かきましょう。 1つ5てん【40てん】

(1) ① あたらしい じどう車。（　　）
② 大《おお》きな 車。（　　）

(2) ① 男《だん》子の チーム。（　　）
② 男《おとこ》の子が あつまる。（　　）

(3) ① 先月《げつ》の はなし。（　　）
② まっ先に かえる。（　　）

(4) ① しあわせな 一生。（　　）
② 生ごみを すてる。（　　）

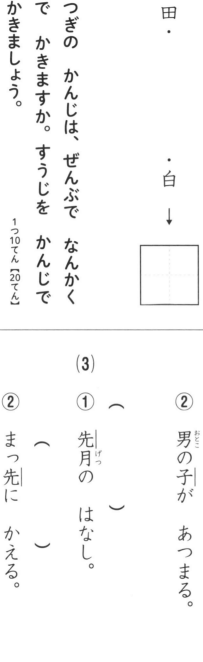

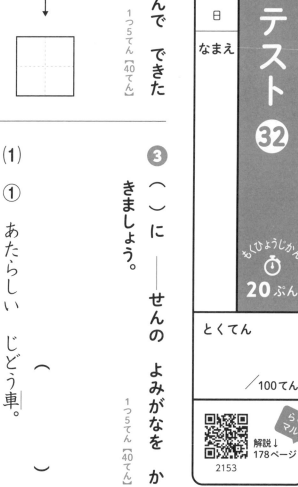

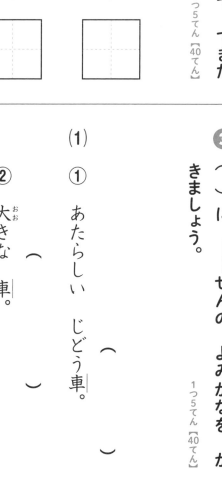

54 まとめの テスト ㉝

がくしゅうした日　月　日

なまえ

もくひょうじかん 20ぷん

とくてん　／100てん

解説↓ 179ページ

らくらくマルつけ

2154

1 （　）に ―せんの よみがなを かきましょう。

1つ5てん【55てん】

(1) 二《に》ひきの 子犬。（　　）

(2) かばんから 本《ほん》を 出す。（　　）

(3) 校かを うたう。（　　）

(4) よう子が おかしい。（　　）

(5) 人《ひと》より 先に いく。（　　）

(6) あさ 早《はや》く 出ぱつする。（　　）

(7) まごが 生まれる。（　　）

(8) 先生に あいさつする。（　　）

(9) 女《じょ》子トイレを そうじする。（　　）

(10) 校ていに ならぶ。（　　）

(11) おもい出に のこす。（　　）

2 □に かんじを かきましょう。

1つ5てん【45てん】

(1) でん□《しゃ》の じこくひょう。

(2) □□《にゅうがく》の 日《ひ》を むかえる。

(3) ひる□《やす》みが おわる。

(4) じてん□《しゃ》に のる。

(5) □《きゅう》日《じつ》に かいものを する。

(6) □□《だいがく》で べんきょうする。

(7) うば□《ぐるま》を おす。

(8) すこし □《やす》む。

(9) 一《ひと》つ 上《うえ》の □《がく》年《ねん》。

54 まとめの テスト㉝

がくしゅうした日　月　日

なまえ

もくひょうじかん 20ぷん

とくてん　／100てん

解説↓ 179ページ

2154

らくらくマルつけ

1 （　）に ――せんの よみがなを かきましょう。

1つ5てん【55てん】

(1) 二《に》ひきの 子犬。（　　）

(2) かばんから 本《ほん》を 出す。（　　）

(3) 校かを うたう。（　　）

(4) よう子が おかしい。（　　）

(5) 人《ひと》より 先に いく。（　　）

(6) あさ 早《はや》く 出ぱつする。（　　）

(7) まごが 生まれる。（　　）

(8) 先生に あいさつする。（　　）

(9) 女《じょ》子トイレを そうじする。（　　）

(10) 校ていに ならぶ。（　　）

(11) おもい出に のこす。（　　）

2 □に かんじを かきましょう。

1つ5てん【45てん】

(1) でん□《しゃ》の じこくひょう。

(2) □□《にゅうがく》の 日《ひ》を むかえる。

(3) ひる□《やす》みが おわる。

(4) じてん□《しゃ》に のる。

(5) □《きゅう》日《じつ》に かいものを する。

(6) □□《だいがく》で べんきょうする。

(7) うば□《ぐるま》を おす。

(8) すこし □《やす》む。

(9) 一《ひと》つ 上《うえ》の □《がく》年《ねん》。

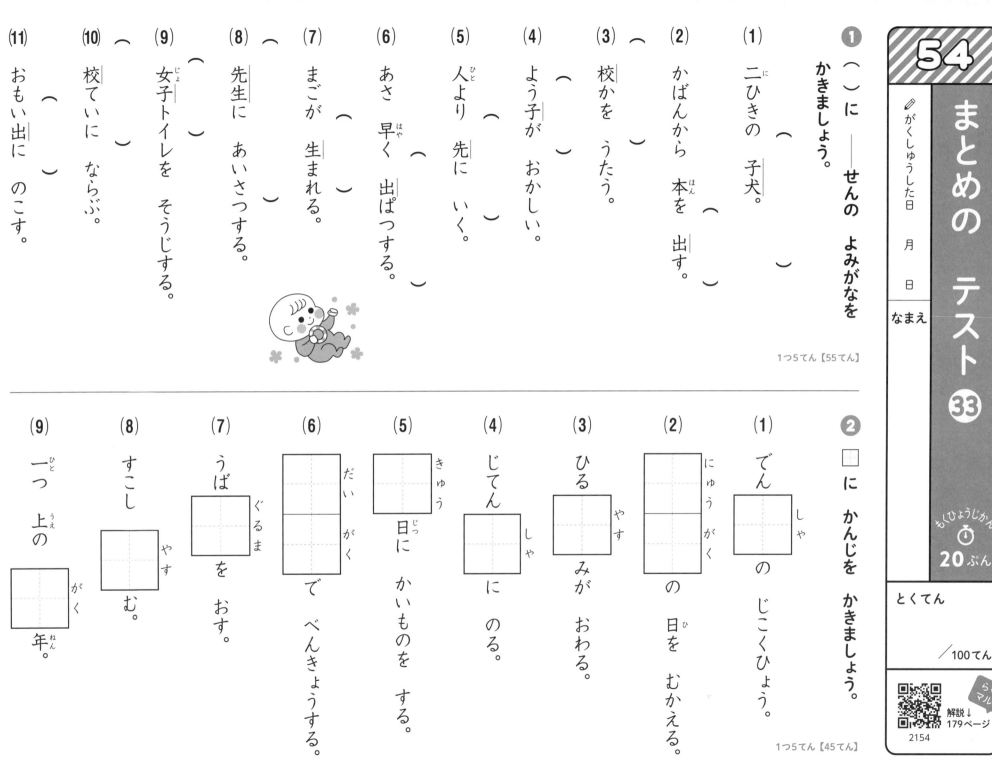

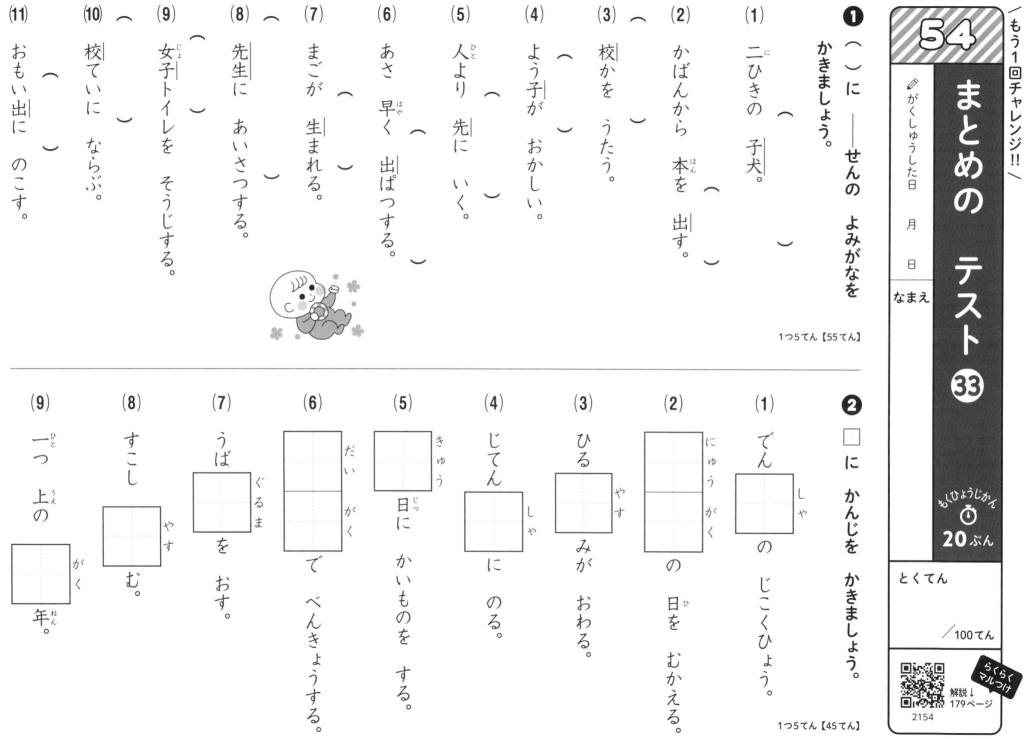

55

まとめの テスト 34

がくしゅうした日　　月　　日

なまえ

もくひょうじかん 20ぷん

とくてん　　　／100てん

解説↓ 179ページ

2155

らくらくマルつけ

❶ しりとりに なるように あとから かんじを えらび、□に かきましょう。（　）には その よみがなを かきましょう。 1つ5てん【30てん】

(1) 林《はやし》 → □ → 竹《たけ》

（　　　）

(2) 六《ろく》 → □ → 町《まち》 → □

（　　　）（　　　）

〈車　中　下　力　先〉

❷ （　）に ――せんの よみがなを かきましょう。 1つ5てん【25てん】

(1)
① 人《ひと》が 生きる。（　　　）
② 子犬《こいぬ》が 生まれる。（　　　）
③ つくしが 生える。（　　　）

(2)
① いえを 出る。（　　　）
② しゅくだいを 出す。（　　　）

❸ 二《に》じの ことばが できるように □に 入《はい》る かんじを あとから えらんで かきましょう。（　）に よみがなを かきましょう。①は たてに よみ、②は よこに よみます。 1つ5てん【45てん】

(1)

	①
	先
② 一	□

①（　　　）
②（　　　）

(2)

①	
② □	力
火	

①（　　　）
②（　　　）

(3)

①	
上	
② □	校

①（　　　）
②（　　　）

〈下　学　生　車　出〉

＼もう1回チャレンジ!!／

55 まとめの テスト 34

がくしゅうした日　月　日

なまえ

もくひょうじかん 20ぷん

とくてん　／100てん

解説↓ 179ページ

2155

らくらくマルつけ

❶ しりとりに なるように あとから かんじを えらび、□に かきましょう。（　）には その よみがなを かきましょう。

1つ5てん【30てん】

(1) 林《はやし》 → □ → 竹《たけ》

（　　）

(2) 六《ろく》 → □ → 町《まち》 → □

（　　）（　　）

〈車　中　下　力　先〉

❷ （　）に ——せんの よみがなを かきましょう。

1つ5てん【25てん】

(1)
① 人《ひと》が 生きる。（　　）
② 子犬《こいぬ》が 生まれる。（　　）
③ つくしが 生える。（　　）

(2)
① いえを 出る。（　　）
② しゅくだいを 出す。（　　）

❸ 二《に》じの ことばが できるように □に 入《はい》る かんじを あとから えらんで かき、（　）に よみがなを かきましょう。①は たてに よみ、②は よこに よみます。

1つ5てん【45てん】

(1) ① 先／□　② 一□
① （　　）② （　　）

(2) ① 力／□　② □火
① （　　）② （　　）

(3) ① 上／□　② □校
① （　　）② （　　）

〈下　学　生　車　出〉

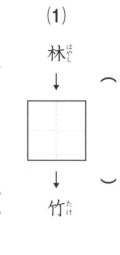

56

まとめの テスト 35

がくしゅうした日　月　日

なまえ

もくひょうじかん 20ぷん

とくてん　／100てん

解説↓ 179ページ

らくらくマルつけ

2156

1 かんじを ○に 入《い》れ、↓の むきに よむと、三《みっ》つの ことばが できます。入《はい》る かんじを あとから えらび、できた ことばを □に かき、（　）に よみがなを かきましょう。 1つ5てん【30てん】

入 → ○ → 生
　　　↓
　　　校

〈口　学　下〉

（　　）（　　）（　　）

2 ——せんを かんじと おくりがなで かきましょう。 1つ10てん【30てん】

(1) 木《こ》かげで やすむ。（　　）

(2) えいごを まなぶ。（　　）

(3) 赤《あか》ちゃんが うまれる。（　　）

3 ——せんを かんじで かきましょう。 1つ8てん【40てん】

きのうは えん足《そく》だった。①がっこうに しゅうごうして ②せんせいの はなしを きき、八《はち》じに ③しゅっぱつした。えきまで あるいて みんなで でん④しゃに のった。おひるには なかの よい 女《じょ》⑤しが あつまって おべんとうを たべた。

①（　　）　②（　　）

③（　　）　④（　　）

⑤（　　）

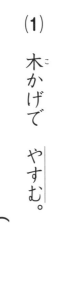

56 まとめの テスト 35

がくしゅうした日　月　日

なまえ

もくひょうじかん 20ぷん

とくてん　／100てん

解説↓ 179ページ

らくらくマルつけ

2156

1 かんじを ○に 入《い》れ、↓の むきに よむと、三《みっ》つの ことばが できます。入《はい》る かんじを あとから えらび、できた ことばを □に かき、（ ）に よみがなを かきましょう。 1つ5てん【30てん】

入 → ○ → 生
　　　↓
　　　校

〈口　学　下〉

（　　）（　　）（　　）

2 ——せんを かんじと おくりがなで かきましょう。 1つ10てん【30てん】

(1) 木《こ》かげで やすむ。（　　）

(2) えいごを まなぶ。（　　）

(3) 赤《あか》ちゃんが うまれる。（　　）

3 ——せんを かんじで かきましょう。 1つ8てん【40てん】

きのうは えん足《そく》だった。①がっこうに しゅうごうして ②せんせいの はなしを きき、八《はち》じに ③しゅっぱつした。えきまで あるいて みんなで でん④しゃに のった。おひるには なかの よい 女《じょ》⑤しが あつまって おべんとうを たべた。

①（　　）　②（　　）

③（　　）　④（　　）

⑤（　　）

57 こくごの じかん

がくしゅうした日　月　日

なまえ

もくひょうじかん 20ぷん

とくてん

／100てん

解説↓179ページ

2157

らくらくマルつけ

文

4かく

まっすぐ たてる

れんしゅう

よみかた
おん ブン モン
くん (ふみ)

つかいかた
さく文《ぶん》
文《ぶん》しょう
文学《ぶんがく》
かんそう文《ぶん》
ちゅう文《もん》

字

6かく

なかへ はねる

れんしゅう

よみかた
おん ジ
くん (あざ)

つかいかた
文字《もじ》
かん字《じ》
すう字《じ》
しゅう字《じ》
てん字《じ》

本

5かく

一 十 才 木 本

とめる

れんしゅう

よみかた
おん ホン
くん もと

つかいかた
二本《にほん》
手本《てほん》
本人《ほんにん》
本気《ほんき》
え本《ほん》

1 □に かんじを かきましょう。

(1) ながい □《ぶん》しょう。

(2) かん□《じ》を かく。

(3) □《ほん》を よむ。

(4) □《ぶん》中《ちゅう》の ことば。

(5) 手《て》□《ほん》を 見《み》る。

(6) □《も》□《じ》を かく。

(7) ピザを ちゅう□《もん》する。

(8) すう□《じ》が ならぶ。

1つ10てん【80てん】

スパイラルコーナー

□に かんじを かきましょう。

(1) おふろの ゆ□《げ》。

(2) □《おお》□《あめ》が ふる。

1つ10てん【20てん】

／もう1回チャレンジ!!／

57 こくごの じかん

がくしゅうした日　月　日

なまえ

もくひょうじかん 20ぷん

とくてん　／100てん

らくらくマルつけ

解説↓ 179ページ

2157

文

4かく

まっすぐ たてる

丶 亠 ナ 文

よみかた
おん ブン モン
くん （ふみ）

つかいかた
さく文《ぶん》
文《ぶん》しょう
文学《ぶんがく》
かんそう文《ぶん》
ちゅう文《もん》

れんしゅう

字

6かく

なかへ はねる

丶 丷 宀 宀 字 字

よみかた
おん ジ
くん （あざ）

つかいかた
文字《もじ》
かん字《じ》
すう字《じ》
しゅう字《じ》
てん字《じ》

れんしゅう

本

5かく

とめる

一 十 才 木 本

よみかた
おん ホン
くん もと

つかいかた
二本《にほん》
手本《てほん》
本人《ほんにん》
本気《ほんき》
え本《ほん》

れんしゅう

1 □に かんじを かきましょう。

(1) ながい □《ぶん》しょう。

(2) かん□《じ》を かく。

(3) □《ほん》を よむ。

(4) □《ぶん》中《ちゅう》の ことば。

(5) 手《て》□《ほん》を 見《み》る。

(6) □□《もじ》を かく。

(7) ピザを ちゅう□《もん》する。

(8) すう□《じ》が ならぶ。

1つ10てん【80てん】

スパイラルコーナー

□に かんじを かきましょう。

(1) おふろの ゆ□《げ》。

(2) □《おお》□《あめ》が ふる。

1つ10てん【20てん】

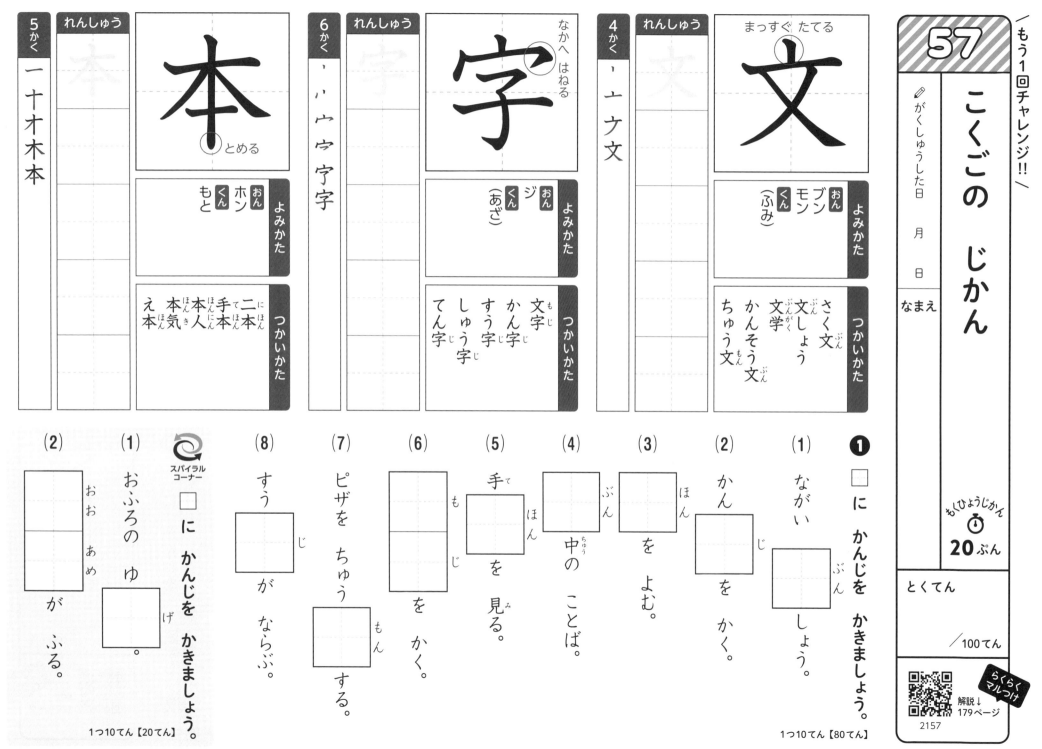

58

日《ひ》づけを かこう

がくしゅうした日　月　日

なまえ

もくひょうじかん 20ぷん

とくてん　／100てん

らくらくマルつけ

解説↓179ページ

2158

年

6かく

つける

れんしゅう

よみかた
おん ネン
くん とし

つかいかた
一年《いちねん》
きょ年《ねん》
らい年《ねん》
年上《としうえ》
お年玉《としだま》

月

4かく

はらう

れんしゅう

よみかた
おん ゲツ ガツ
くん つき

つかいかた
月《げつ》よう日《び》
一《いっ》か月《げつ》
正月《しょうがつ》
八月《はちがつ》
お月見《つきみ》

日

4かく

おなじ かんかく

れんしゅう

よみかた
おん ニチ ジツ
くん ひ か

つかいかた
日《にっ》き
休日《きゅうじつ》
がん日《じつ》
夕日《ゆうひ》
十日《とおか》

1 □に かんじを かきましょう。

(1) らい□《ねん》の なつ。

(2) 八《はち》□《がつ》の おもい出《で》。

(3) あたらしい □《とし》に なる。

(4) らい□《げつ》の よてい。

(5) 三月《さんがつ》□□《とおか》に あう。

(6) きょ□《ねん》の できごと。

(7) お□《つき》見《み》を する。

(8) □□《ゆうひ》が しずむ。

1つ10てん【80てん】

スパイラルコーナー

□に かんじを かきましょう。

(1) □《りき》さくが そろう。

(2) おふろに □《はい》る。

1つ10てん【20てん】

／もう1回チャレンジ!!／

58 日《ひ》づけを かこう

がくしゅうした日　月　日

なまえ

もくひょうじかん 20ぷん

とくてん　／100てん

解説↓ 179ページ
2158

らくらくマルつけ

年

6かく

ノ 𠂉 𠂉 𠂉 𠂉 年

れんしゅう

つける

よみかた
おん ネン
くん とし

つかいかた
一年《いちねん》
きょ年《ねん》
らい年《ねん》
年上《としうえ》
お年玉《としだま》

月

4かく

丿 冂 月 月

れんしゅう

はらう

よみかた
おん ゲツ ガツ
くん つき

つかいかた
月《げつ》よう日《び》
一《いっ》か月《げつ》
正月《しょうがつ》
八月《はちがつ》
お月見《つきみ》

日

4かく

丨 冂 日 日

れんしゅう

おなじかんかく

よみかた
おん ニチ ジツ
くん ひ か

つかいかた
日《にっ》き
休日《きゅうじつ》
がん日《じつ》
夕日《ゆうひ》
十日《とおか》

---

1 □に かんじを かきましょう。

(1) らい□《ねん》の なつ。

(2) 八《はち》□《がつ》の おもい出《で》。

(3) あたらしい □《とし》に なる。

(4) らい□《げつ》の よてい。

(5) 三月《さんがつ》□□《とおか》に あう。

(6) きょ□《ねん》の できごと。

(7) お□《つき》見《み》を する。

(8) □□《ゆうひ》が しずむ。

1つ10てん【80てん】

スパイラルコーナー

□に かんじを かきましょう。

(1) □《りき》さくが そろう。

(2) おふろに □《はい》る。

1つ10てん【20てん】

59 正《ただ》しく 名《な》まえを かこう

がくしゅうした日　月　日

なまえ

もくひょうじかん 20ぷん

とくてん

／100てん

解説↓ 180ページ

2159

らくらくマルつけ

名

6かく

ノ ク タ タ 名 名

れんしゅう

つける

よみかた
おん メイ ミョウ
くん な

つかいかた
名《めい》さく
し名《めい》
名字《みょうじ》
名《な》ふだ
名《な》まえ

正

5かく

一 T 下 正 正

れんしゅう

ながく

よみかた
おん セイ ショウ
くん ただしい ただす まさ

つかいかた
正《せい》かい
てい正《せい》
正月《しょうがつ》
正《しょう》めん
きそく正《ただ》しい
正《まさ》ゆめ

1 □に かんじを かきましょう。

1つ10てん【80てん】

(1) じぶんの □《な》まえ。

(2) □《ただ》しく こたえる。

(3) し□《めい》を たずねる。

(4) まちがいを てい□《せい》する。

(5) □□《みょうじ》を かく。

(6) □《まさ》に そのとおりだ。

(7) □《な》ふだを つける。

(8) クイズの □《せい》かい。

スパイラルコーナー

□に かんじを かきましょう。

1つ10てん【20てん】

(1) ビルの □《で》口《ぐち》。

(2) もうすぐ なつ□《やす》みだ。

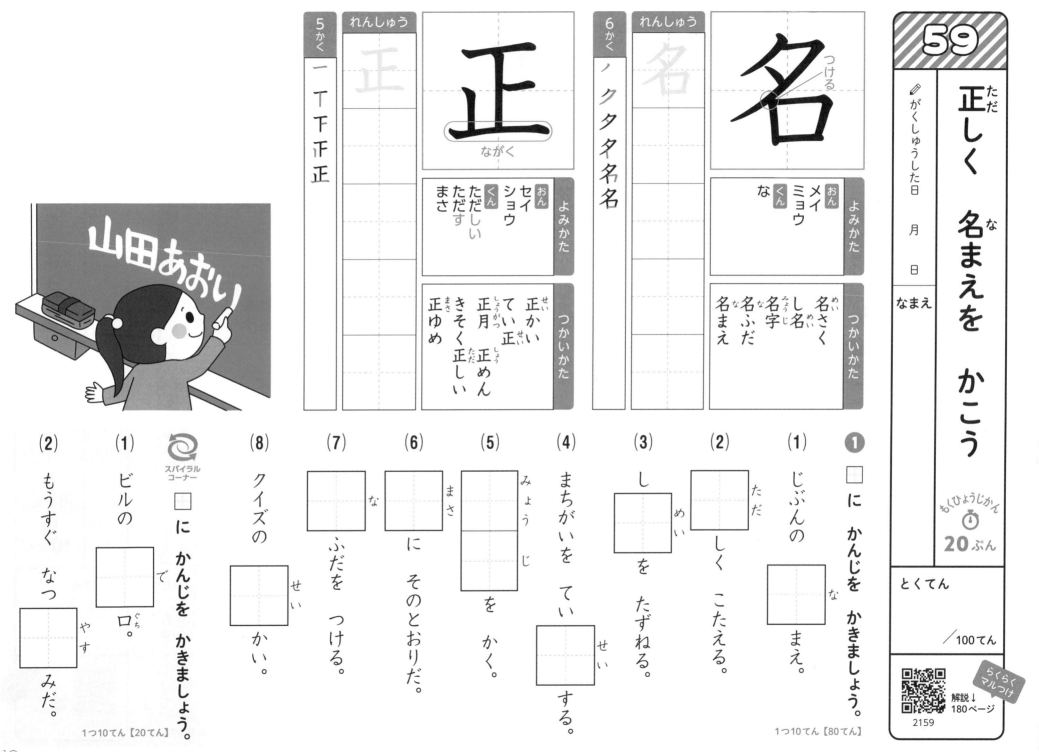

もう1回チャレンジ!!

59

正《ただ》しく 名《な》まえを かこう

がくしゅうした日　月　日

なまえ

もくひょうじかん 20ぷん

とくてん　／100てん

解説↓ 180ページ
2159

らくらくマルつけ

名　つける

6かく
ノ ク タ タ 名 名

れんしゅう

よみかた
おん　メイ　ミョウ
くん　な

つかいかた
名《めい》さく　し名《めい》　名字《みょうじ》　名《な》ふだ　名《な》まえ

正　ながく

5かく
一 丅 下 𤴓 正

れんしゅう

よみかた
おん　セイ　ショウ
くん　ただしい　ただす　まさ

つかいかた
正《せい》かい　てい正《せい》　正月《しょうがつ》　正《しょう》めん　きそく正《ただ》しい　正《まさ》ゆめ

❶ □に かんじを かきましょう。　1つ10てん【80てん】

(1) じぶんの □(な) まえ。

(2) □(ただ) しく こたえる。

(3) し □(めい) を たずねる。

(4) まちがいを てい □(せい) する。

(5) □□(みょうじ) を かく。

(6) □(まさ) に そのとおりだ。

(7) □(な) ふだを つける。

(8) クイズの □(せい) かい。

スパイラルコーナー

□に かんじを かきましょう。　1つ10てん【20てん】

(1) ビルの □(で) 口《ぐち》。

(2) もうすぐ なつ □(やす) みだ。

60

まとめの テスト 36

がくしゅうした日　月　日

なまえ

もくひょうじかん 20ぷん

とくてん

／100てん

解説↓ 180ページ

2160

らくらくマルつけ

1 （　）に ――せんの よみがなを かきましょう。

(1) かんそう文を かく。（　）

(2) 本気で とりくむ。（　）

(3) 年上の ともだち。（　）

(4) ぶあつい 本を よむ。（　）

(5) らい年の よていを 立《た》てる。（　）

(6) 文学を 学《まな》ぶ。（　）

(7) 二本の 木《き》の えだ。（　）

(8) お年玉《だま》を もらう。（　）

(9) 本人《にん》が せつめいする。（　）

(10) さく文の コンクール。（　）

(11) しゅう字を ならう。（　）

1つ5てん【55てん】

2 □に かんじを かきましょう。

(1) きれいな □《じ》を かく。

(2) まちがいを □《ただ》す。

(3) □《な》まえを よぶ。

(4) □《にっ》きを つける。

(5) お□□《しょうがつ》の ぎょうじ。

(6) がん□《じつ》を むかえる。

(7) あには つりの □《めい》人《じん》だ。

(8) □《せい》かくに おぼえる。

(9) みんなで お□《つき》見《み》を する。

1つ5てん【45てん】

もう1回チャレンジ!!

60

まとめの テスト 36

がくしゅうした日　月　日

なまえ

もくひょうじかん 20ぷん

とくてん

／100てん

解説↓ 180ページ

2160

らくらくマルつけ

❶ (　)に ――せんの よみがなを かきましょう。

(1) かんそう文を かく。(　)

(2) 本気で とりくむ。(　)

(3) 年上の ともだち。(　)

(4) ぶあつい 本を よむ。(　)

(5) らい年の よていを 立《た》てる。(　)

(6) 文学を 学《まな》ぶ。(　)

(7) 二本の 木《き》の えだ。(　)

(8) お年玉《だま》を もらう。(　)

(9) 本人《にん》が せつめいする。(　)

(10) さく文の コンクール。(　)

(11) しゅう字を ならう。(　)

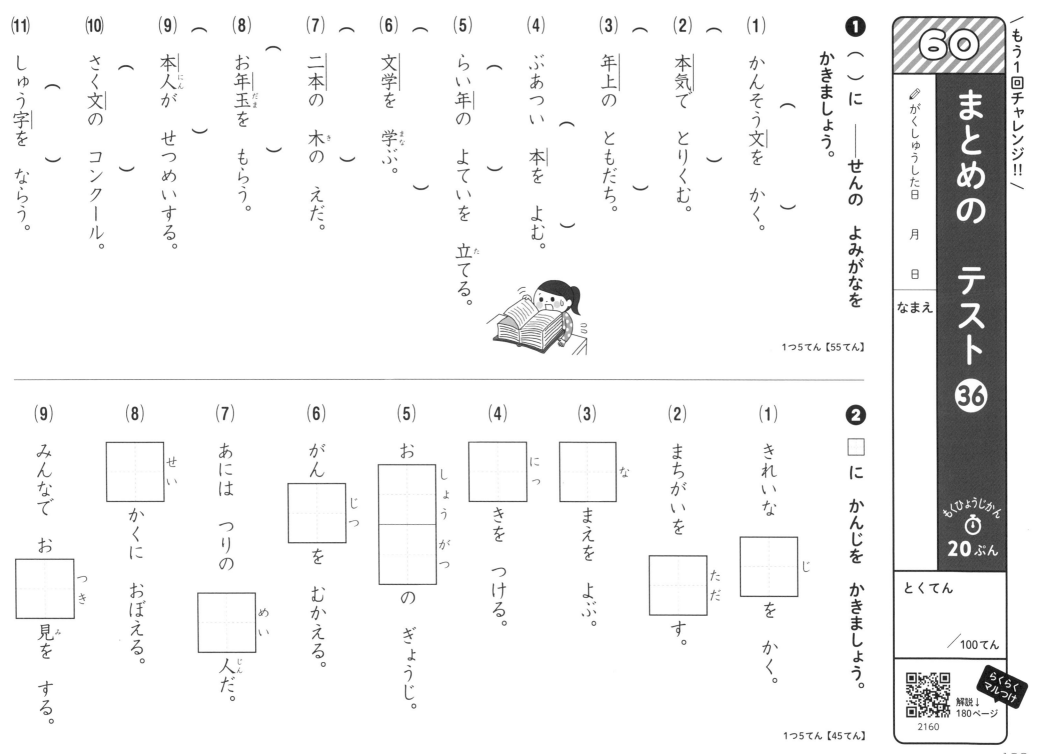

1つ5てん【55てん】

---

❷ □に かんじを かきましょう。

(1) きれいな □《じ》を かく。

(2) まちがいを □《ただ》す。

(3) □《な》まえを よぶ。

(4) □《にっ》きを つける。

(5) お□□《しょうがつ》の ぎょうじ。

(6) がん□《じつ》を むかえる。

(7) あには つりの □《めい》人《じん》だ。

(8) □《せい》かくに おぼえる。

(9) みんなで お□《つき》見《み》を する。

1つ5てん【45てん】

61

まとめの テスト 37

もくひょうじかん 20ぷん

がくしゅうした日　月　日

なまえ

とくてん　／100てん

解説↓ 180ページ

らくらくマルつけ

2161

1 カードを くみあわせて、二《に》じの ことばを 四《よっ》つ つくりましょう。（おなじ カードは 一《いち》どしか つかえません。）

1つ10てん【40てん】

日　生　正　字　休　月　文　先

2 つぎの かんじの やじるし↙の ぶぶんは なんかく目《め》に かきますか。すうじを かんじで かきましょう。

1つ10てん【20てん】

(1) 本　（　　）かく目

(2) 正　（　　）かく目

3 はんたいの いみの ことばを あとから えらび、かんじで かきましょう。(2)～(3)は おくりがなも かきましょう。

1つ10てん【40てん】

(1) 右《みぎ》 ↔ （　　）

(2) 大《おお》きい ↔ （　　）

(3) おそい ↔ （　　）

(4) 下《した》 ↔ （　　）

〈ひだり・はやい・うえ・ちいさい〉

61 まとめの テスト 37

がくしゅうした日　月　日

なまえ

もくひょうじかん 20ぷん

とくてん　／100てん

解説↓ 180ページ

2161

らくらくマルつけ

1 カードを くみあわせて、二《に》じの ことばを 四《よっ》つ つくりましょう。（おなじ カードは 一《いち》どしか つかえません。）

1つ10てん【40てん】

日　生　正　字　休　月　文　先

2 つぎの かんじの やじるし↙の ぶぶんは なんかく目《め》に かきますか。すうじを かんじで かきましょう。

1つ10てん【20てん】

(1) 本　（　　）かく目

(2) 正　（　　）かく目

3 はんたいの いみの ことばを あとから えらび、かんじで かきましょう。(2)～(3)は おくりがなも かきましょう。

1つ10てん【40てん】

(1) 右《みぎ》 ↔ （　　）

(2) 大《おお》きい ↔ （　　）

(3) おそい ↔ （　　）

(4) 下《した》 ↔ （　　）

〈 ひだり・はやい・うえ・ちいさい 〉

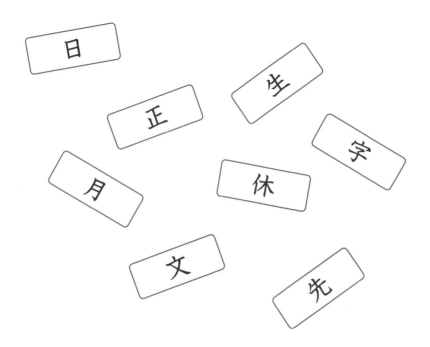

62

まとめの テスト 38

がくしゅうした日　月　日

なまえ

もくひょうじかん 20ぷん

とくてん　／100てん

らくらくマルつけ

解説↓180ページ

2162

1 （　）に ――せんの よみがなを かきましょう。

(1) 月日が すぎさる。（　）

(2) たてものの 正めん。（　）

(3) まい日 かいしゃへ いく。（　）

(4) あれは 正ゆめだった。（　）

(5) 木《もく》よう日の 夕《ゆう》がたに なる。（　）

(6) 一《いっ》か月まえの できごと。（　）

(7) 休日の よてい。（　）

(8) 正じきに こたえる。（　）

(9) 三日まえの はなし。（　）

(10) こんやは まん月だ。（　）

(11) 文字を おぼえる。（　）

1つ5てん【55てん】

2 □に かんじを かきましょう。

(1) お□《とし》よりと はなす。

(2) むずかしい □《ぶん》しょう。

(3) え□《ほん》を よむ。

(4) むずかしい かん□《じ》。

(5) □□《みょうじ》を つたえる。

(6) そばを ちゅう□《もん》する。

(7) 先生《せんせい》が 手《て》□《ほん》を 見《み》せる。

(8) □□《いちねん》が すぎる。

(9) ゆう□《めい》な か手《しゅ》が うたう。

1つ5てん【45てん】

もう1回チャレンジ!!

62 まとめの テスト 38

がくしゅうした日　月　日

なまえ

もくひょうじかん 20ぷん

とくてん　／100てん

解説↓ 180ページ

2162

らくらくマルつけ

1 （　）に ――せんの よみがなを かきましょう。

1つ5てん【55てん】

(1) 月日が すぎさる。（　　）

(2) たてものの 正めん。（　　）

(3) まい日 かいしゃへ いく。（　　）

(4) あれは 正ゆめだった。（　　）

(5) 木《もく》よう日の 夕《ゆう》がたに なる。（　　）

(6) 一《いっ》か月まえの できごと。（　　）

(7) 休日の よてい。（　　）

(8) 正じきに こたえる。（　　）

(9) 三日まえの はなし。（　　）

(10) こんやは まん月だ。（　　）

(11) 文字を おぼえる。（　　）

2 □に かんじを かきましょう。

1つ5てん【45てん】

(1) お□《とし》よりと はなす。

(2) むずかしい □《ぶん》しょう。

(3) え□《ほん》を よむ。

(4) むずかしい かん□《じ》。

(5) □□《みょうじ》を つたえる。

(6) そばを ちゅう□《もん》する。

(7) 先生《せんせい》が 手《て》□《ほん》を 見《み》せる。

(8) □□《いちねん》が すぎる。

(9) ゆう□《めい》な か手《しゅ》が うたう。

63

まとめの テスト 39

がくしゅうした日　　月　　日

なまえ

もくひょうじかん 20ぷん

とくてん　　／100てん

解説↓180ページ

2163

らくらくマルつけ

1 かんじの たしざんを しましょう。 1つ10てん【30てん】

(1) 夕 ＋ 口 ＝ □

(2) 日 ＋ 十 ＝ □

(3) 木 ＋ 木 ＝ □

2 まちがって いる かんじを ぬき出《だ》して、正《ただ》しく なおしましょう。 ぜんぶできて10てん【20てん】

(1) 字校《がっこう》へ いく。

□ → □

(2) 犬《いぬ》に ついての 木《ほん》を よむ。

□ → □

3 （　）に ——せんの よみがなを かきましょう。 1つ5てん【50てん】

(1) ① 一年が たつ。（　　）

② 年上の ともだち。（　　）

(2) ① 月よう日《び》に なる。（　　）

② お月見《み》を たのしむ。（　　）

(3) ① 名字を かく。（　　）

② 名まえを かく。（　　）

(4) ① 一日が おわる。（　　）

② 夕日を ながめる。（　　）

③ がん日の あさ。（　　）

④ 三《さん》月《がっ》十日の よてい。（　　）

まとめの テスト 39

がくしゅうした日　月　日

なまえ

もくひょうじかん 20ぷん

とくてん　／100てん

らくらくマルつけ
解説↓180ページ
2163

❶ かんじの たしざんを しましょう。　1つ10てん【30てん】

(1) 夕 ＋ 口 ＝ □

(2) 日 ＋ 十 ＝ □

(3) 木 ＋ 木 ＝ □

❷ まちがって いる かんじを ぬき出《だ》して、正《ただ》しく なおしましょう。　ぜんぶできて10てん【20てん】

(1) 字校《がっこう》へ いく。

□ → □

(2) 犬《いぬ》に ついての 木《ほん》を よむ。

□ → □

❸ （　）に ――せんの よみがなを かきましょう。　1つ5てん【50てん】

(1) ① 一年が たつ。（　）　② 年上の ともだち。（　）

(2) ① 月よう日《び》に なる。（　）　② お月見《み》を たのしむ。（　）

(3) ① 名字を かく。（　）　② 名まえを かく。（　）

(4) ① 一日が おわる。（　）　② 夕日を ながめる。（　）　③ がん日の あさ。（　）　④ 三月《さんがつ》十日の よてい。（　）

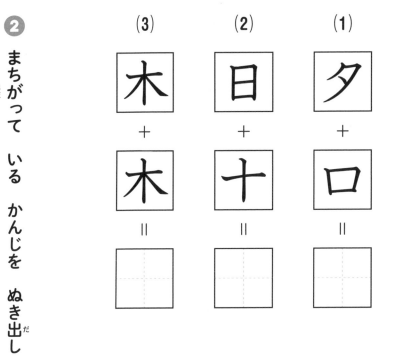

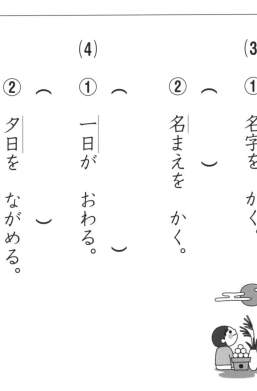

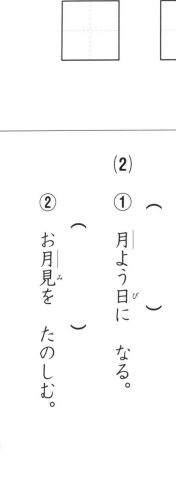

64 まとめの テスト 40

がくしゅうした日　月　日

なまえ

もくひょうじかん 20ぷん

とくてん

／100てん

解説↓ 180ページ

2164

らくらくマルつけ

1 二《に》じの ことばが できるように □ に 入《はい》る かんじを あとから えらんで かき、（　）に よみがなを かきましょう。①は たてに よみ、②は よこに よみます。
1つ5てん【60てん】

(1) ① □天　② 大□
①（　　　）　②（　　　）

(2) ① □校　② 文□
①（　　　）　②（　　　）

(3) ① □日　② 年□
①（　　　）　②（　　　）

(4) ① □気　② 日□
①（　　　）　②（　　　）

〔 本　雨　月　字　学　正 〕

2 ——せんを かんじで かきましょう。
1つ10てん【40てん】

もうしこみようしに つぎの ことを ①ただしく かいて ください。

・きょうの ②ひづけ

・じゅうしょ

・③なまえ

かきおわったら はこに ④いれて ください。

①（　　　）　②（　　　）

③（　　　）　④（　　　）

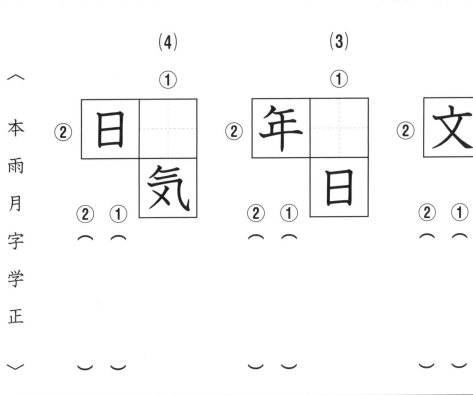

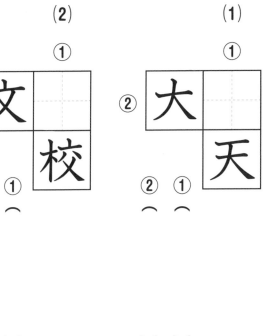

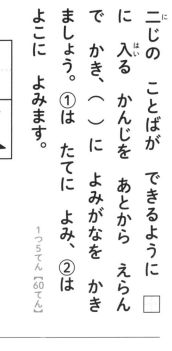

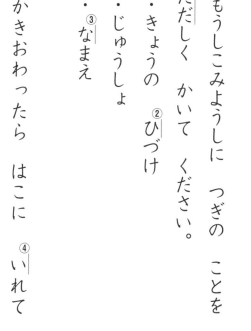

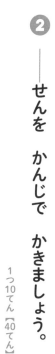

もう1回チャレンジ!!

64 まとめの テスト 40

がくしゅうした日　月　日

なまえ

もくひょうじかん 20ぷん

とくてん　／100てん

解説↓ 180ページ　らくらくマルつけ

2164

1 二《に》じの ことばが できるように □に 入《はい》る かんじを あとから えらんで かき、（ ）に よみがなを かきましょう。①は たてに よみ、②は よこに よみます。 1つ5てん【60てん】

(1) ①（□天）②（大□）
①（　　　）
②（　　　）

(2) ①（□校）②（文□）
①（　　　）
②（　　　）

(3) ①（□日）②（年□）
①（　　　）
②（　　　）

(4) ①（□気）②（日□）
①（　　　）
②（　　　）

〔 本　雨　月　字　学　正 〕

2 ――せんを かんじで かきましょう。 1つ10てん【40てん】

もうしこみようしに つぎの ことを ①ただしく かいて ください。
・きょうの ②ひづけ
・じゅうしょ
・③なまえ
かきおわったら はこに ④いれて ください。

①（　　　）
②（　　　）
③（　　　）
④（　　　）

65

たくさんの 人《ひと》

がくしゅうした日　月　日

なまえ

もくひょうじかん 20ぷん

とくてん
／100てん

解説↓ 181ページ
らくらくマルつけ
2165

人

2かく

ノ 人

くっつける

よみかた
おん ジン ニン
くん ひと

つかいかた
名人《めいじん》
人《にん》ずう
人《にん》ぎょう
人手《ひとで》
★大人《おとな》

男

7かくれんしゅう

はらう

よみかた
おん ダン ナン
くん おとこ

つかいかた
男《だん》せい
男女《だんじょ》
ちょう男《なん》
大男《おおおとこ》
男《おとこ》の子《こ》

女

3かく

く 女 女

すこし つきだす
とめる

よみかた
おん ジョ (ニョ)(ニョウ)
くん おんな (め)

つかいかた
女《じょ》せい
女王《じょおう》
しょう女《じょ》
天女《てんにょ》
女《おんな》の子《こ》

1 □に かんじを かきましょう。

(1) たくさんの □《ひと》が いる。
(2) □□《だんじょ》に わかれる。
(3) □《にん》ずうを かぞえる。
(4) わかい □《おとこ》。
(5) たくさんの □《おんな》の子《こ》。
(6) □□《だんし》の チーム。
(7) 十《じっ》さいの しょう□《じょ》。
(8) □《にん》ぎょうで あそぶ。

1つ10てん【80てん】

スパイラルコーナー

□に かんじを かきましょう。

(1) □《こう》ちょう先生《せんせい》に あう。
(2) あすは □□《にゅうがく》しきだ。

1つ10てん【20てん】

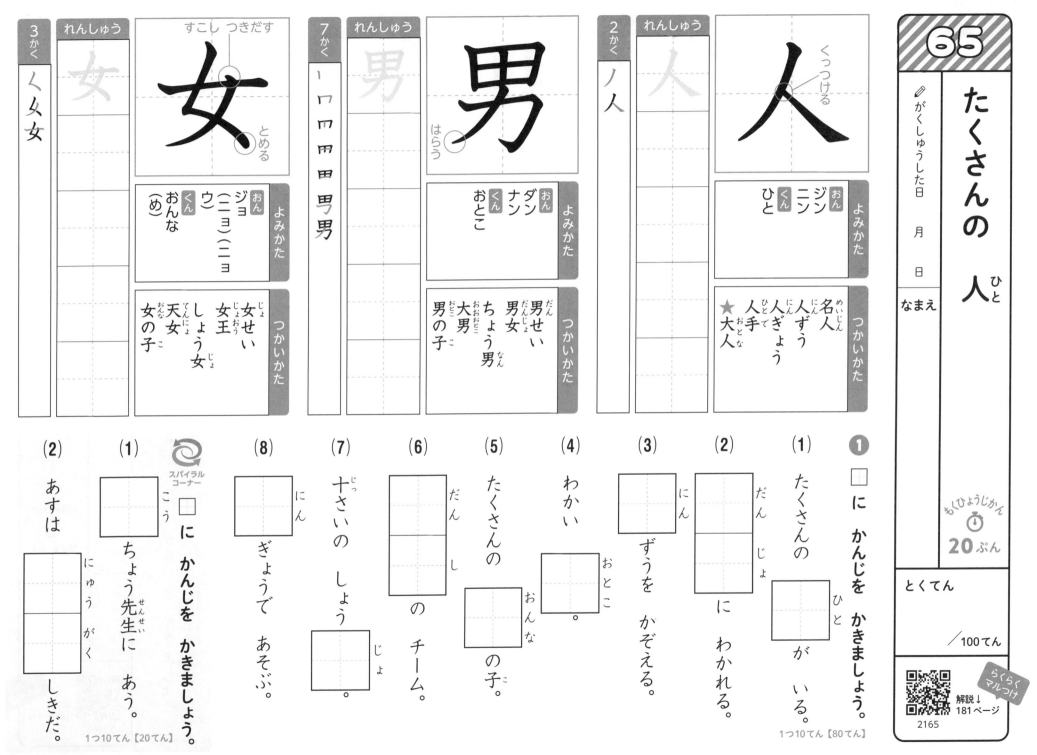

もう1回チャレンジ!!

65

たくさんの 人《ひと》

がくしゅうした日　月　日

なまえ

もくひょうじかん 20ぷん

とくてん

／100てん

解説↓ 181ページ

らくらくマルつけ

2165

人 2かく
ノ 人
くっつける

よみかた
おん ジン　ニン
くん ひと

つかいかた
名人《めいじん》
人《にん》ずう
人《にん》ぎょう
人手《ひとで》
★大人《おとな》

男 7かく
（ひつじゅん）… 男
はらう

よみかた
おん ダン　ナン
くん おとこ

つかいかた
男《だん》せい
男女《だんじょ》
ちょう男《なん》
大男《おおおとこ》
男《おとこ》の子《こ》

女 3かく
く 女 女
すこし つきだす
とめる

よみかた
おん ジョ（ニョ）（ニョウ）
くん おんな（め）

つかいかた
女《じょ》せい
女王《じょおう》
しょう女《じょ》
天女《てんにょ》
女《おんな》の子《こ》

1 □に かんじを かきましょう。

(1) たくさんの □《ひと》 が いる。
(2) □□《だんじょ》 に わかれる。
(3) □《にん》 ずうを かぞえる。
(4) わかい □《おとこ》。
(5) たくさんの □《おんな》 の子《こ》。
(6) □□《だんし》 の チーム。
(7) 十《じっ》さいの しょう □《じょ》。
(8) □《にん》 ぎょうで あそぶ。

1つ10てん【80てん】

スパイラルコーナー

□に かんじを かきましょう。

(1) □《こう》 ちょう先生《せんせい》に あう。
(2) あすは □□《にゅうがく》 しきだ。

1つ10てん【20てん】

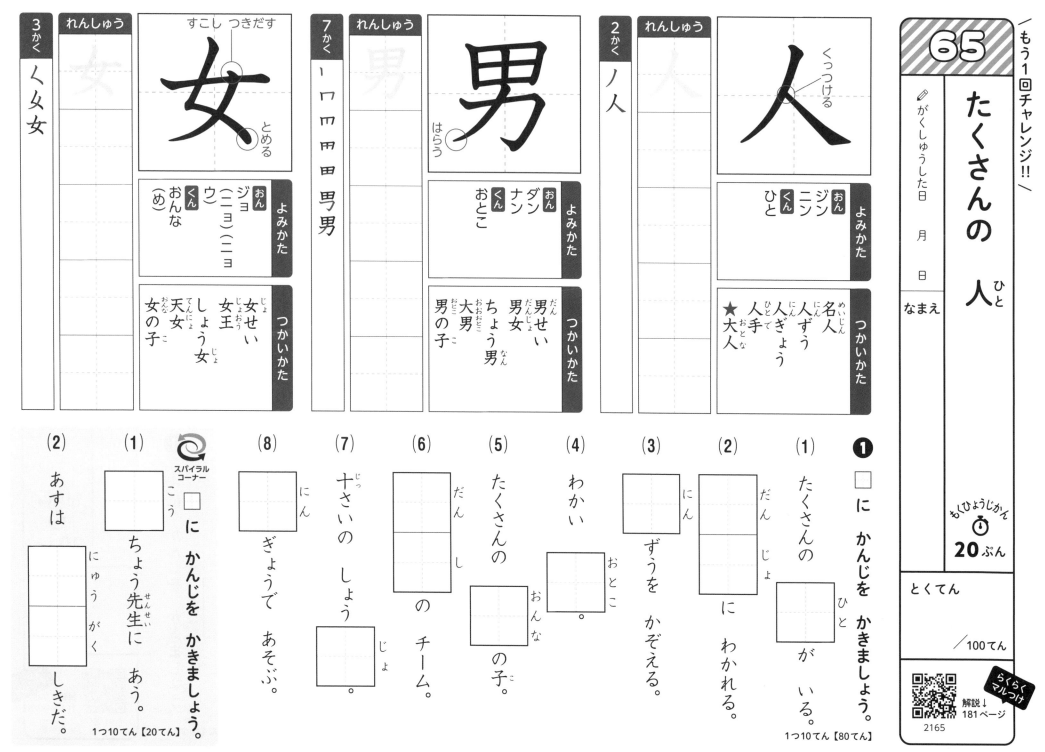

66

人《ひと》の かお

がくしゅうした日　月　日

なまえ

もくひょうじかん 20ぷん

とくてん

／100てん

解説↓ 181ページ

2166

らくらくマルつけ

目

5かく

れんしゅう　一 𠃌 月 月 目

おなじ かんかく

よみかた

おん モク（ボク）

くん め（ま）

つかいかた

目《もく》てき
目《もく》ひょう
目玉《めだま》
目立《めだ》つ
目《め》ぐすり

耳

6かく

れんしゅう　一 丅 下 下 耳 耳

さゆうに つきだす

よみかた

おん （ジ）

くん みみ

つかいかた

耳《じ》びか
耳《みみ》たぶ
耳《みみ》もと
空耳《そらみみ》
耳《みみ》なり

口

3かく

れんしゅう

したを せまく

よみかた

おん コウ ク

くん くち

つかいかた

人口《じんこう》
口《く》ちょう
早口《はやくち》
出口《でぐち》
口《くち》ぶえ

1 □に かんじを かきましょう。

(1) 大《おお》きな □《め》。

(2) □《みみ》を すます。

(3) □《くち》を あける。

(4) □《め》玉《だま》やきを つくる。

(5) きびしい □《く》ちょう。

(6) □《もく》ひょうを 立《た》てる。

(7) □《みみ》もとで ささやく。

(8) □□《はやくち》で はなす。

1つ10てん【80てん】

スパイラルコーナー

□に かんじを かきましょう。

(1) たん□《じょう》日《び》の プレゼント。

(2) □□《せんげつ》の できごと。

1つ10てん【20てん】

もう1回チャレンジ!!

66 人《ひと》の かお

がくしゅうした日　月　日

なまえ

もくひょうじかん 20ぷん

とくてん　／100てん

らくらくマルつけ

解説↓ 181ページ

2166

目

5かく

れんしゅう

おなじ かんかく

よみかた
おん モク （ボク）
くん め （ま）

つかいかた
目《もく》てき
目《め》ひょう
目玉《めだま》
目立《めだ》つ
目《め》ぐすり

耳

6かく

れんしゅう

さゆうに つきだす

よみかた
おん （ジ）
くん みみ

つかいかた
耳《じ》びか
耳《みみ》たぶ
耳《みみ》もと
空耳《そらみみ》
耳《みみ》なり

口

3かく

れんしゅう

したを せまく

よみかた
おん コウ ク
くん くち

つかいかた
人口《じんこう》
口《く》ちょう
早口《はやくち》
出口《でぐち》
口《くち》ぶえ

1 □に かんじを かきましょう。

(1) 大《おお》きな □《め》。
(2) □《みみ》を すます。
(3) □《くち》を あける。
(4) □《め》玉《だま》やきを つくる。
(5) きびしい □《く》ちょう。
(6) □《もく》ひょうを 立《た》てる。
(7) □《みみ》もとで ささやく。
(8) □□《はやくち》で はなす。

1つ10てん【80てん】

スパイラルコーナー

□に かんじを かきましょう。

(1) たん□《じょう》日《び》の プレゼント。
(2) □□《せんげつ》の できごと。

1つ10てん【20てん】

67

見《み》る・きく

がくしゅうした日　月　日

なまえ

もくひょうじかん 20ぷん

とくてん　／100てん

解説↓ 181ページ

2167

らくらくマルつけ

見

7かく

丨 冂 冃 月 目 月 見

まげて はねる

れんしゅう

よみかた

おん　ケン

くん　みる　みえる　みせる

つかいかた

見学《けんがく》

はっ見《けん》

い見《けん》

花見《はなみ》

見本《みほん》

音

9かく

丶 亠 十 立 立 产 音 音 音

まっすぐ たてる

れんしゅう

よみかた

おん　オン（イン）

くん　おと　ね

つかいかた

音《おん》がく

音《おん》どく

はつ音《おん》

足音《あしおと》

音《ね》いろ

1 □に かんじを かきましょう。

(1) テレビを □《み》る。

(2) 大《おお》きな □《おと》が する。

(3) こうばを □□《けんがく》 する。

(4) □《おん》がくを きく。

(5) か石《せき》を はっ□《けん》する。

(6) ふえの □《ね》いろ。

(7) お手本《てほん》を □《み》せる。

(8) 本を □《おん》どくする。

1つ10てん【80てん】

スパイラルコーナー

□に かんじを かきましょう。

(1) さく□《ぶん》を かんがえる。

(2) 二《に》□《ほん》の ひも。

1つ10てん【20てん】

もう１回チャレンジ!!

67 見《み》る・きく

がくしゅうした日　月　日

なまえ

もくひょうじかん 20ぷん

とくてん　／100てん

らくらくマルつけ　解説↓ 181ページ　2167

見

7かく

丨 冂 冃 月 目 貝 見

れんしゅう

まげて はねる

よみかた
- おん　ケン
- くん　みる　みえる　みせる

つかいかた
- 見学《けんがく》
- はっ見《けん》
- い見《けん》
- 花見《はなみ》
- 見本《みほん》

音

9かく

丶 亠 亠 立 立 产 音 音 音

れんしゅう

まっすぐ たてる

よみかた
- おん　オン（イン）
- くん　おと　ね

つかいかた
- 音《おん》がく
- 音《おん》どく
- はつ音《おん》
- 足音《あしおと》
- 音《ね》いろ

1 □に かんじを かきましょう。　1つ10てん【80てん】

(1) テレビを □《み》る。

(2) 大《おお》きな □《おと》が する。

(3) こうばを □□《けんがく》 する。

(4) □《おん》がくを きく。

(5) か石《せき》を はっ□《けん》する。

(6) ふえの □《ね》いろ。

(7) お手本《てほん》を □《み》せる。

(8) 本を □《おん》どくする。

スパイラルコーナー

□に かんじを かきましょう。　1つ10てん【20てん】

(1) さく□《ぶん》を かんがえる。

(2) 二《に》□《ほん》の ひも。

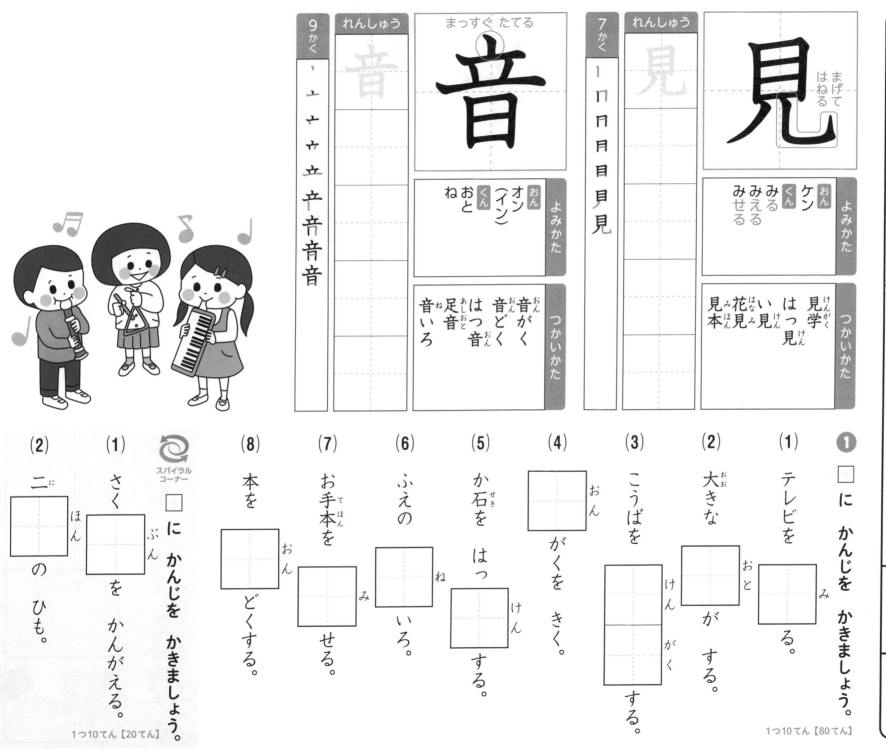

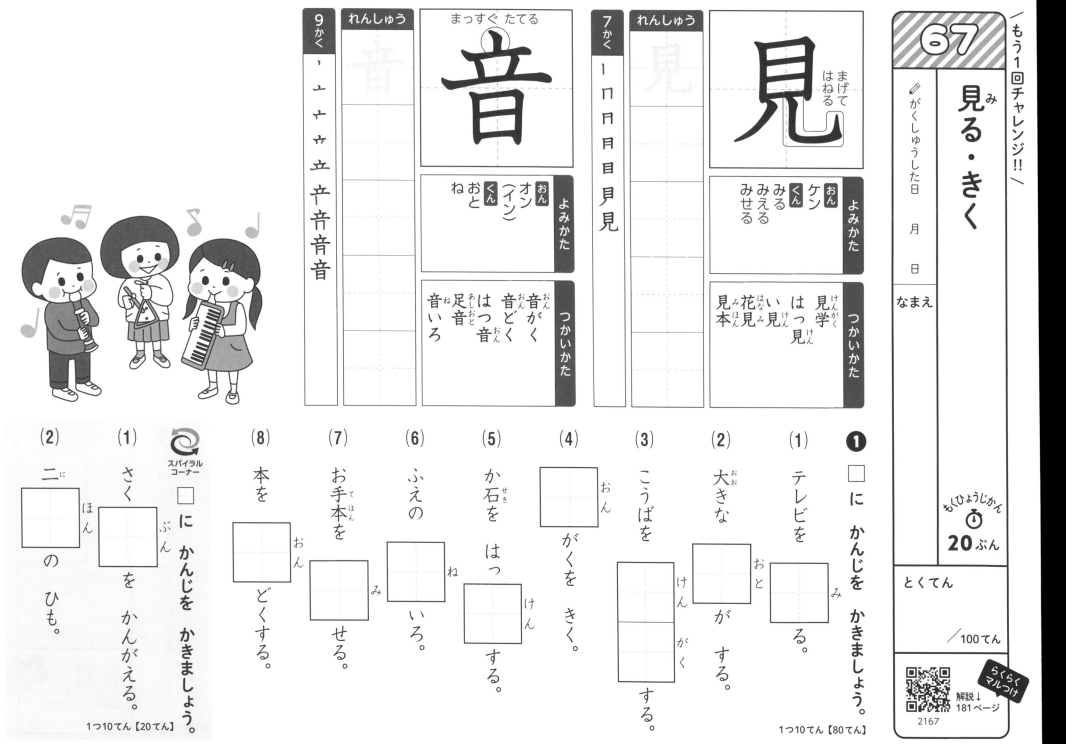

68

まとめの テスト 41

がくしゅうした日　月　日

なまえ

もくひょうじかん 20ぷん

とくてん　／100てん

解説↓ 181ページ　2168

らくらくマルつけ

1 （　）に ――せんの よみがなを かきましょう。

1つ5てん【55てん】

(1) 力《ちから》の つよい 大男。（　　）

(2) あの 人は だれですか。（　　）

(3) 女王《おう》さまと けらい。（　　）

(4) 目ぐすりを さす。（　　）

(5) アメリカ人の ともだち。（　　）

(6) 人手《で》が たりない。（　　）

(7) ちょう男は 大学生《だいがくせい》だ。（　　）

(8) 目てきを たっせいする。（　　）

(9) 町《まち》の 人口が ふえる。（　　）

(10) 男せいの こえ。（　　）

(11) 大人と 子《こ》ども。（　　）

2 □に かんじを かきましょう。

1つ5てん【45てん】

(1) ていねいな □《く》ちょう。

(2) □《みみ》かざりを つける。

(3) □《くち》ぶえを ふく。

(4) うみが □《み》える へや。

(5) 足《あし》□《おと》が きこえる。

(6) □□《そらみみ》だったようだ。

(7) えいごの はつ□《おん》。

(8) みんなの い□《けん》を きく。

(9) ピアノの □《ね》いろ。

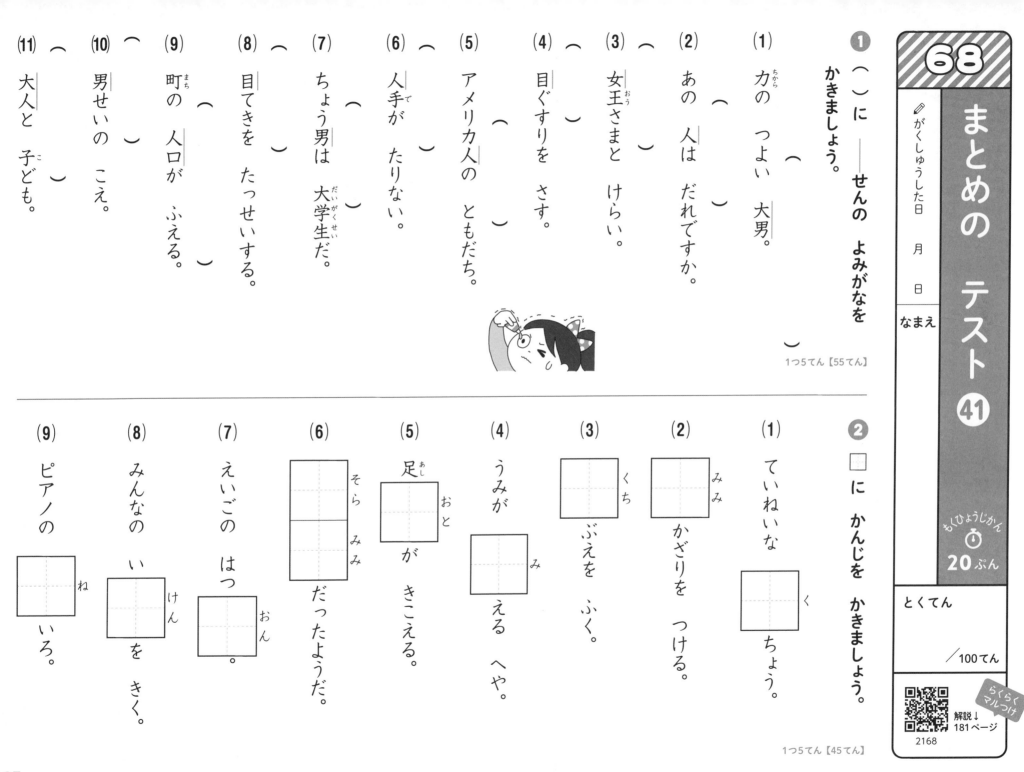

もう1回チャレンジ!!

68

まとめの テスト 41

がくしゅうした日　月　日

なまえ

もくひょうじかん 20ぷん

とくてん　／100てん

解説↓ 181ページ

2168

らくらくマルつけ

❶ （　）に ―― せんの よみがなを かきましょう。　1つ5てん【55てん】

(1) 力《ちから》の つよい 大男。（　　）

(2) あの 人は だれですか。（　　）

(3) 女王《おう》さまと けらい。（　　）

(4) 目ぐすりを さす。（　　）

(5) アメリカ人の ともだち。（　　）

(6) 人手《で》が たりない。（　　）

(7) ちょう男は 大学生《だいがくせい》だ。（　　）

(8) 目てきを たっせいする。（　　）

(9) 町《まち》の 人口が ふえる。（　　）

(10) 男せいの こえ。（　　）

(11) 大人と 子《こ》ども。（　　）

❷ □に かんじを かきましょう。　1つ5てん【45てん】

(1) ていねいな □《く》ちょう。

(2) □《みみ》かざりを つける。

(3) □《くち》ぶえを ふく。

(4) うみが □《み》える へや。

(5) 足《あし》□《おと》が きこえる。

(6) □《そら》□《みみ》だったようだ。

(7) えいごの はつ□《おん》。

(8) みんなの い□《けん》を きく。

(9) ピアノの □《ね》いろ。

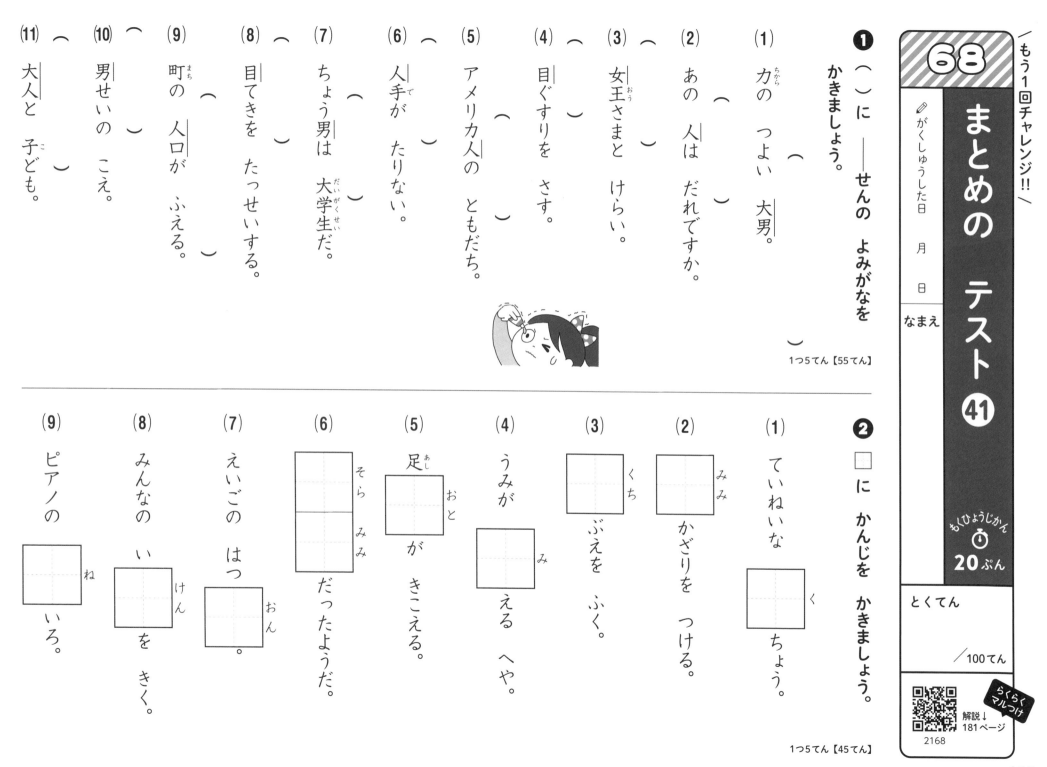

69 まとめの テスト 42

がくしゅうした日　月　日

なまえ

もくひょうじかん 20ぷん

とくてん　／100てん

解説↓ 181ページ 2169

らくらく マルつけ

1 かんじの 〈上《うえ》の ぶぶん〉と 〈下《した》の ぶぶん〉の カードを くみあわせて、かんじを 四《よっ》つ かきましょう。（おなじ カードは 一《いち》どしか つかえません。）

1つ10てん【40てん】

〈上の ぶぶん〉　立　田　艹　⺍

〈下の ぶぶん〉　日　子　力　早

2 つぎの かんじの やじるし↙の ぶぶんは なんかく目《め》に かきますか。すうじを かんじで かきましょう。

1つ10てん【20てん】

(1) 耳　（　　）かく目

(2) 女　（　　）かく目

3 二《に》じの ことばの かんじしりとりに なるように、□に 入《はい》る かんじを それぞれ 〈 〉から えらんで かきましょう。

1つ5てん【40てん】

(1) 小↓ ①→上↓ ②→校　〈下 右 川 竹〉

(2) 草↓ ①→見↓ ②→生　〈月 花 先 学〉

(3) 下↓ ①→名↓ ②→口　〈村 人 町 田〉

(4) 花↓ ①→山↓ ②→人　〈林 村 大 火〉

69 まとめの テスト 42

がくしゅうした日　　月　　日

なまえ

もくひょうじかん 20ぷん

とくてん　　／100てん

解説↓181ページ

2169

らくらくマルつけ

❶ かんじの 〈上《うえ》の ぶぶん〉と 〈下《した》の ぶぶん〉の カードを くみあわせて、かんじを 四《よっ》つ かきましょう。（おなじ カードは 一《いち》どしか つかえません。）

1つ10てん【40てん】

〈上の ぶぶん〉　〈下の ぶぶん〉

立　田　艹　⺍冖　子　日　力　早

□　□　□　□

❷ つぎの かんじの やじるし↙の ぶぶんは なんかく目《め》に かきますか。すうじを かんじで かきましょう。

1つ10てん【20てん】

(1) 耳　（　　）かく目

(2) 女　（　　）かく目

❸ 二《に》じの ことばの かんじしりとりに なるように、□に 入《はい》る かんじを それぞれ〈 〉から えらんで かきましょう。

1つ5てん【40てん】

(1) 小→①→上、①→②→校

① □　② □

〈下 右 川 竹〉

(2) 草→①→見、①→②→生

① □　② □

〈月 花 先 学〉

(3) 下→①→名、①→②→口

① □　② □

〈村 人 町 田〉

(4) 花→①→山、①→②→人

① □　② □

〈林 村 大 火〉

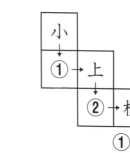

まとめの テスト 43

がくしゅうした日　月　日

なまえ

もくひょうじかん 20ぷん

とくてん

／100てん

解説↓ 182ページ

2170

らくらくマルつけ

1 （　）に ——せんの よみがなを かきましょう。

(1) 耳なりが する。（　）

(2) えんそくの 下見を する。（　）

(3) 音がくの じゅぎょう。（　）

(4) やっと 口を ひらいた。（　）

(5) ピアノの 音いろ。（　）

(6) デパートの 入《い》り口。（　）

(7) 大《おお》きな 音が する。（　）

(8) かいしゃを 見学する。（　）

(9) 耳たぶを さわる。（　）

(10) わたしは 日本人だ。（　）

(11) まわりを 見わたす。（　）

1つ5てん【55てん】

2 □に かんじを かきましょう。

(1) □□《ごにん》の おきゃくさま。

(2) □□《だんじょ》に わける。

(3) たび□《びと》を もてなす。

(4) □《にん》げんと どうぶつ。

(5) □□《じょし》の チーム。

(6) □《もく》ひょうを ノートに かく。

(7) □《おとこ》の きょうだい。

(8) □《おんな》ものの ようふく。

(9) □《め》立《だ》つ いろの シャツ。

1つ5てん【45てん】

＼もう1回チャレンジ!!／

70

まとめの テスト 43

がくしゅうした日　月　日

なまえ

もくひょうじかん 20ぷん

とくてん　／100てん

解説↓182ページ

らくらくマルつけ

2170

❶ （　）に ——せんの よみがなを かきましょう。　1つ5てん【55てん】

(1) 耳なりが する。（　）

(2) えんそくの 下見を する。（　）

(3) 音がくの じゅぎょう。（　）

(4) やっと 口を ひらいた。（　）

(5) ピアノの 音いろ。（　）

(6) デパートの 入《い》り口。（　）

(7) 大《おお》きな 音が する。（　）

(8) かいしゃを 見学する。（　）

(9) 耳たぶを さわる。（　）

(10) わたしは 日本人だ。（　）

(11) まわりを 見わたす。（　）

❷ □に かんじを かきましょう。　1つ5てん【45てん】

(1) □□《ごにん》の おきゃくさま。

(2) □□《だんじょ》に わける。

(3) たび□《びと》を もてなす。

(4) □《にん》げんと どうぶつ。

(5) □□《じょし》の チーム。

(6) □《もく》ひょうを ノートに かく。

(7) □《おとこ》の きょうだい。

(8) □《おんな》ものの ようふく。

(9) □《め》立《だ》つ いろの シャツ。

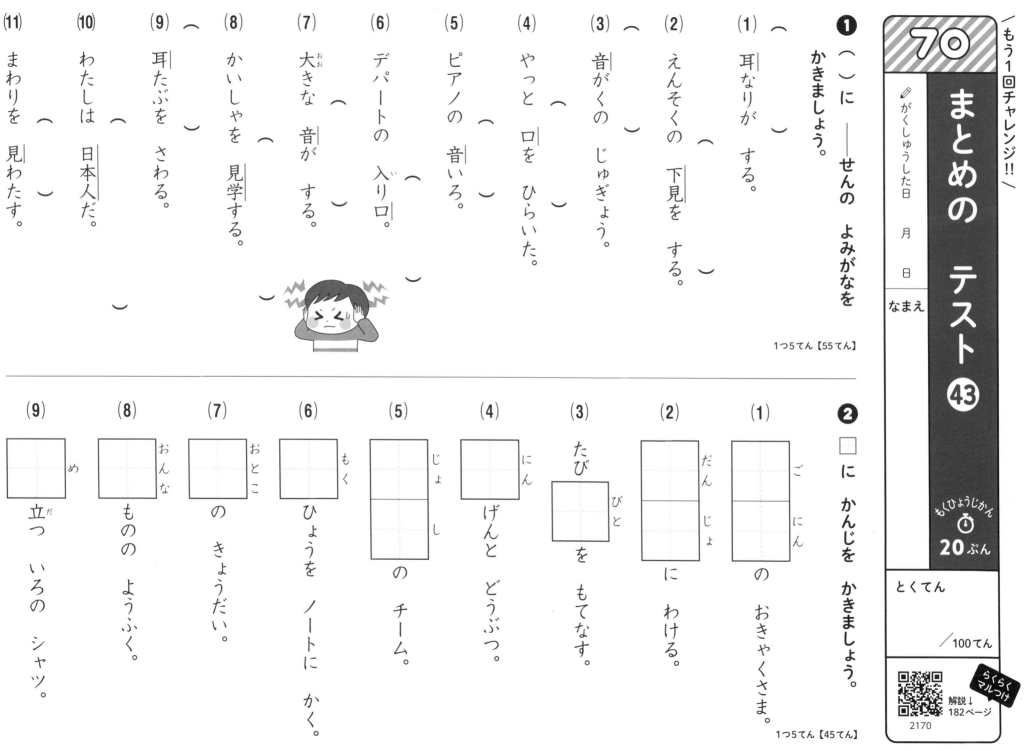

71 まとめの テスト 44

✎がくしゅうした日　月　日

なまえ

もくひょうじかん 20ぷん

とくてん　／100てん

らくらくマルつけ　解説↓182ページ　2171

1 かんじを ○に 入《い》れ、↓の むきに よむと、三《みっ》つの ことばが できます。入《はい》る かんじを あとから えらび、できた ことばを □に かき、（　）に よみがなを かきましょう。　1つ5てん【60てん】

(1)

大 ↓ ○

名 → ○ ← 本

(2)

大 → ○ → 子

○ ↓ 女

〈 男　竹　人　空 〉

2 （　）に ―せんの よみがなを かきましょう。　1つ5てん【40てん】

(1) ① 目ひょうを かんがえる。（　）
② クラスで 目立《だ》つ。（　）

(2) ① 人口が ふえる。（　）
② 出口を さがす。（　）

(3) ① 音がくを きく。（　）
② 足《あし》音が きこえる。（　）

(4) ① 人ずうを しらべる。（　）
② たくさんの 人。（　）

もう1回チャレンジ!!

71

まとめの テスト 44

がくしゅうした日　月　日

なまえ

もくひょうじかん 20ぷん

とくてん　／100てん

らくらくマルつけ

解説↓ 182ページ

2171

❶ かんじを ○に 入《い》れ、↓の むきに よむと、三《みっ》つの ことばが できます。入《はい》る かんじを あとから えらび、できた ことばを □に かき、（ ）に よみがなを かきましょう。 1つ5てん【60てん】

(1)

大
↓
名→○←本

□（　　）　□（　　）　□（　　）

(2)

大→○→子
↓
女

□（　　）　□（　　）　□（　　）

〈男　竹　人　空〉

❷ （ ）に ――せんの よみがなを かきましょう。 1つ5てん【40てん】

(1) ① （　　）目ひょうを かんがえる。
② （　　）クラスで 目立《だ》つ。

(2) ① （　　）人口が ふえる。
② （　　）出口を さがす。

(3) ① （　　）音がくを きく。
② （　　）足《あし》音が きこえる。

(4) ① （　　）人ずうを しらべる。
② （　　）たくさんの 人。

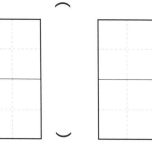

72

まとめの テスト 45

がくしゅうした日　　月　　日

なまえ

もくひょうじかん 20ぷん

とくてん　　／100てん

解説↓ 182ページ 2172

らくらくマルつけ

1 カードを くみあわせて、二《に》じの ことばを 四《よっ》つ つくりましょう。（おなじ カードは 一《いち》どしか つかえません。） 1つ10てん【40てん】

早　男　花　空　見　口　大　女

2 ――せんを かんじで かきましょう。 1つ10てん【60てん】

きょう ①がっこうで ②おんがくの じかんに ③だんしと ④じょしで うたを うたった。みんな、まえを ⑤みて 大《おお》きな ⑥くちを あけて うたった。

①（　　）　②（　　）

③（　　）　④（　　）

⑤（　　）　⑥（　　）

もう1回チャレンジ!!

72 まとめの テスト 45

がくしゅうした日　月　日

なまえ

もくひょうじかん 20ぷん

とくてん　／100てん

らくらくマルつけ
解説↓182ページ
2172

1 カードを くみあわせて、二《に》じの ことばを 四《よっ》つ つくりましょう。（おなじ カードは 一《いち》どしか つかえません。）

1つ10てん【40てん】

早　男　花　空　見　口　大　女

□□　□□

□□　□□

2 ——せんを かんじで かきましょう。

1つ10てん【60てん】

きょう ①がっこうで ②おんがくの じかんに ③だんしと ④じょしで うたを うたった。みんな、まえを ⑤みて 大《おお》きな ⑥くちを あけて うたった。

①（　　）　②（　　）

③（　　）　④（　　）

⑤（　　）　⑥（　　）

73 人《ひと》の からだや うごき

がくしゅうした日　月　日

なまえ

もくひょうじかん 20ぷん

とくてん ／100てん

らくらくマルつけ 解説↓182ページ 2173

手

4かく

一 二 三 手

れんしゅう

はらう　まるく して はねる

よみかた
おん シュ
くん て　(た)

つかいかた
せん手《しゅ》
か手《しゅ》
手《しゅ》わ
右《みぎ》手《て》
手《て》がみ

足

7かく

丨 口 口 ⼝ 𠯁 ⺆ 足

れんしゅう

みぎに ながく はらう

よみかた
おん ソク
くん あし　たりる　たる　たす

つかいかた
一足《いっそく》［ひとあし］
えん足《そく》
手足《てあし》
足音《あしおと》
足《た》しざん

立

5かく

丶 亠 亣 立 立

れんしゅう

まっすぐ たてる

よみかた
おん リツ　(リュウ)
くん たつ　たてる

つかいかた
き立《りつ》
じ立《りつ》
どく立《りつ》
立《たち》ば
立《た》てふだ

1 □に かんじを かきましょう。

(1) □《て》を つなぐ。

(2) □《あし》を 上《あ》げる。

(3) きゅうに □《た》ち上がる。

(4) □□《いっそく》の くつ。

(5) ぜんいん き□《りつ》する。

(6) □□《てあし》を のばす。

(7) けいかくを □《た》てる。

(8) □《て》がみを かく。

1つ10てん【80てん】

スパイラルコーナー

□に かんじを かきましょう。

(1) まるい □《つき》が 出《で》る。

(2) 休《きゅう》□《じつ》の よてい。

1つ10てん【20てん】

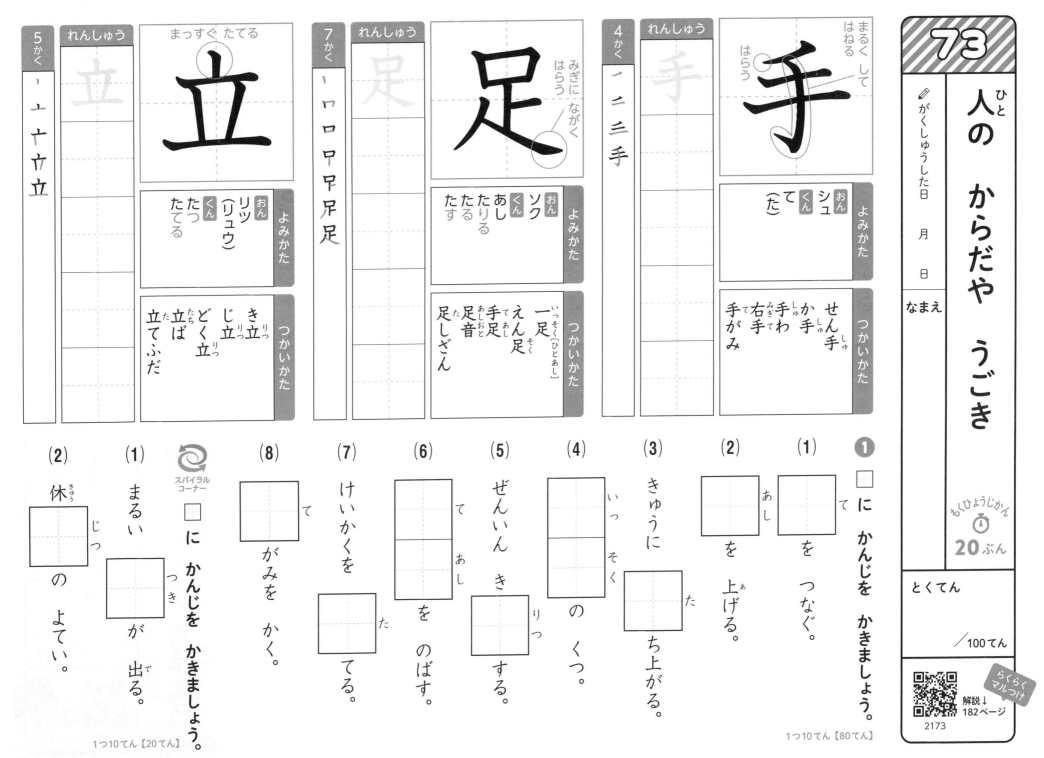

もう1回チャレンジ!!

73

人《ひと》の からだや うごき

がくしゅうした日　月　日

なまえ

もくひょうじかん 20ぷん

とくてん　／100てん

解説↓ 182ページ 2173

らくらくマルつけ

手

4かく

一 二 三 手

れんしゅう

まるく して はねる

はらう

よみかた
おん シュ
くん て （た）

つかいかた
せん手《しゅ》
か手《しゅ》
手《しゅ》わ
右手《みぎて》
手《て》がみ

足

7かく

丨 ㇕ 口 ⺊ 早 𠯁 足

れんしゅう

みぎに はらう

ながく

よみかた
おん ソク
くん あし たりる たる たす

つかいかた
一足《いっそく》［ひとあし］
えん足《そく》
手足《てあし》
足音《あしおと》
足《た》しざん

立

5かく

丶 亠 六 立 立

れんしゅう

まっすぐ たてる

よみかた
おん リツ （リュウ）
くん たつ たてる

つかいかた
き立《りつ》
じ立《りつ》
どく立《りつ》
立《たち》ば
立《た》てふだ

1 □に かんじを かきましょう。

(1) □《て》を つなぐ。

(2) □《あし》を 上《あ》げる。

(3) きゅうに □《た》ち上がる。

(4) □□《いっそく》の くつ。

(5) ぜんいん き□《りつ》する。

(6) □□《てあし》を のばす。

(7) けいかくを □《た》てる。

(8) □《て》がみを かく。

1つ10てん【80てん】

スパイラルコーナー

□に かんじを かきましょう。

(1) まるい □《つき》が 出《で》る。

(2) 休《きゅう》□《じつ》の よてい。

1つ10てん【20てん】

74

つりを しよう

がくしゅうした日　月　日

なまえ

もくひょうじかん 20ぷん

とくてん

／100てん

解説↓182ページ

2174

らくらくマルつけ

水

4かく

亅 才 水

あける

れんしゅう

よみかた

おん スイ

くん みず

つかいかた

水中《すいちゅう》

水《すい》えい

水《すい》どう

水車《すいしゃ》

水《みず》ぎ

糸

6かく

く 幺 幺 糸 糸 糸

おる

れんしゅう

よみかた

おん シ

くん いと

つかいかた

金糸《きんし》

糸《いと》くず

け糸《いと》

糸車《いとぐるま》

つり糸《いと》

貝

7かく

丨 冂 冃 月 目 目 貝

はらう

とめる

れんしゅう

よみかた

おん ―

くん かい

つかいかた

貝《かい》がら

まき貝《がい》

ほら貝《がい》

貝《かい》ばしら

さくら貝《がい》

1 □に かんじを かきましょう。

(1) □《みず》が つめたい。

(2) つり□《いと》を たらす。

(3) うみべで □《かい》を ひろう。

(4) □□《すいちゅう》の さかな。

(5) きれいな □《かい》がら。

(6) プールで □《すい》えいを する。

(7) □□《きんし》で ぬった はた。

(8) □《みず》ぎに きがえる。

1つ10てん【80てん】

スパイラルコーナー

□に かんじを かきましょう。

(1) 二《に》□《めい》の おきゃくさま。

(2) □□《しょうがつ》の おせち。

1つ10てん【20てん】

74 つりを しよう

がくしゅうした日　月　日

なまえ

もくひょうじかん 20ぷん

とくてん　／100てん

解説↓182ページ

2174

らくらくマルつけ

水（4かく）

丨 才 水

あける

よみかた
おん　スイ
くん　みず

つかいかた
水中《すいちゅう》
水《すい》えい
水《すい》どう
水車《すいしゃ》
水《みず》ぎ

れんしゅう

糸（6かく）

く 幺 幺 糸 糸 糸

おる

よみかた
おん　シ
くん　いと

つかいかた
金糸《きんし》
糸《いと》くず
け糸《いと》
糸車《いとぐるま》
つり糸《いと》

れんしゅう

貝（7かく）

丨 冂 冃 月 目 貝 貝

はらう　とめる

よみかた
おん　―
くん　かい

つかいかた
貝《かい》がら
まき貝《がい》
ほら貝《がい》
貝《かい》ばしら
さくら貝《がい》

れんしゅう

❶ □に かんじを かきましょう。　1つ10てん【80てん】

(1) □《みず》が つめたい。

(2) つり□《いと》を たらす。

(3) うみべで □《かい》を ひろう。

(4) □□《すいちゅう》の さかな。

(5) きれいな □《かい》がら。

(6) プールで □《すい》えいを する。

(7) □□《きんし》で ぬった はた。

(8) □《みず》ぎに きがえる。

スパイラルコーナー

□に かんじを かきましょう。　1つ10てん【20てん】

(1) 二《に》□《めい》の おきゃくさま。

(2) □□《しょうがつ》の おせち。

75

王《おう》さまの くらし

がくしゅうした日　月　日

なまえ

もくひょうじかん 20ぷん

とくてん

／100てん

解説↓ 183ページ

2175

らくらくマルつけ

王

4かく

一 丅 干 王

れんしゅう

いちばん ながく

みじかく

よみかた

おん オウ

くん —

つかいかた

王《おう》さま

こく王《おう》

女王《じょおう》

王子《おうじ》

王女《おうじょ》

玉

5かく

一 丅 干 王 玉

れんしゅう

てんの いちに ちゅうい

よみかた

おん ギョク

くん たま

つかいかた

玉《ぎょく》ざ

水玉《みずたま》

目玉《めだま》やき

一円玉《いちえんだま》

しゃぼん玉《だま》

1 □に かんじを かきましょう。

(1) がいこくの □《おう》 さま。

(2) □《たま》 の くびかざり。

(3) うまに のった □□《おうじ》。

(4) □《ぎょく》 ざに すわる。

(5) □□《じょおう》 さまの めいれい。

(6) □□《みずたま》 もようの ふく。

(7) ある くにの □□《おうじょ》。

(8) 五《ご》まいの □□□《いちえんだま》。

1つ10てん【80てん】

スパイラルコーナー

□に かんじを かきましょう。

(1) しょうぎの □□《めいじん》。

(2) ちょう □《なん》 は 中学生《ちゅうがくせい》だ。

1つ10てん【20てん】

もう1回チャレンジ!!

75 王《おう》さまの くらし

がくしゅうした日　月　日

なまえ

もくひょうじかん 20ぷん

とくてん　／100てん

らくらくマルつけ

解説↓ 183ページ

2175

王

いちばん ながく

みじかく

4かく

一 丁 干 王

れんしゅう

よみかた

おん オウ

くん ―

つかいかた

王《おう》さま

こく王《おう》

女王《じょおう》

王子《おうじ》

王女《おうじょ》

玉

てんの いちに ちゅうい

5かく

一 丁 干 王 玉

れんしゅう

よみかた

おん ギョク

くん たま

つかいかた

玉《ぎょく》ざ

水玉《みずたま》

目玉《めだま》やき

一円玉《いちえんだま》

しゃぼん玉《だま》

1 □に かんじを かきましょう。

(1) がいこくの □《おう》 さま。

(2) □《たま》 の くびかざり。

(3) うまに のった □□《おうじ》。

(4) □《ぎょく》 ざに すわる。

(5) □□《じょおう》 さまの めいれい。

(6) □□《みずたま》 もようの ふく。

(7) ある くにの □□《おうじょ》。

(8) 五《ご》まいの □□□《いちえんだま》。

1つ10てん【80てん】

スパイラルコーナー

□に かんじを かきましょう。

(1) しょうぎの □□《めいじん》。

(2) ちょう □《なん》 は 中学生《ちゅうがくせい》だ。

1つ10てん【20てん】

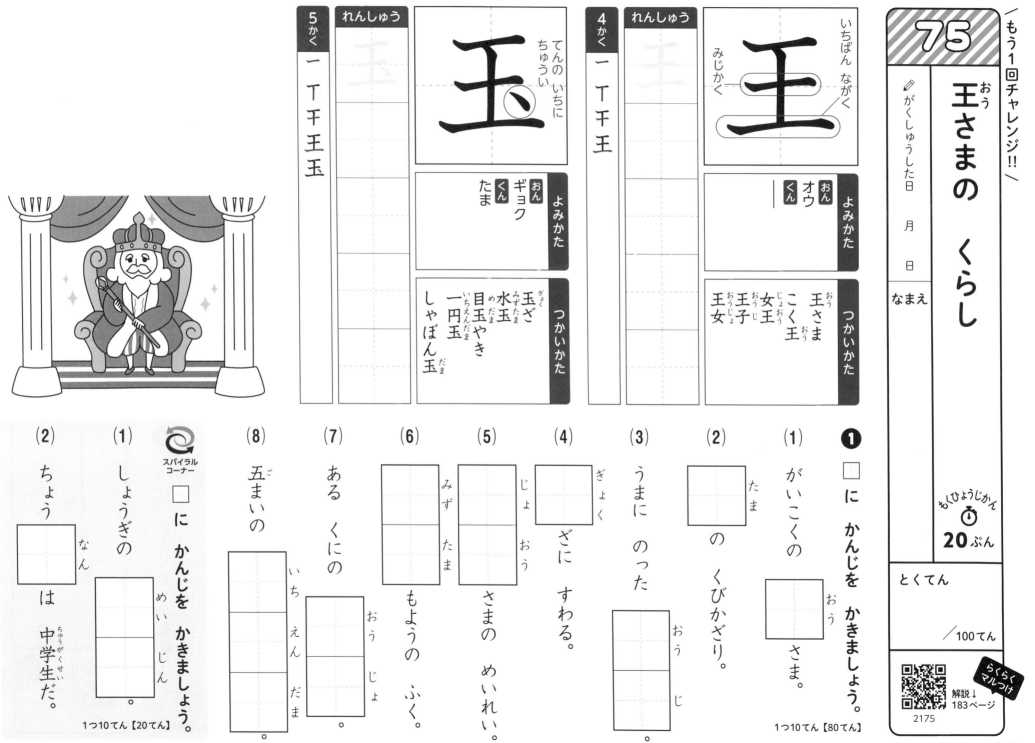

76

まとめの テスト 46

がくしゅうした日　月　日

なまえ

もくひょうじかん 20ぷん

とくてん　／100てん

解説↓
183ページ
2176

らくらくマルつけ

1 （　）に ――せんの よみがなを かきましょう。

(1) 水どうの じゃ口《ぐち》。（　）（　）

(2) 手わで はなす。（　）

(3) おやから どく立する。（　）

(4) くつが 二足 ある。（　）（　）

(5) 手足を うごかす。（　）

(6) 立てふだの 文字《もじ》を よむ。（　）

(7) つめたい 水を のむ。（　）

(8) あしたは えん足だ。（　）

(9) じ立した 大人《おとな》。（　）

(10) やきゅうの せん手。（　）

(11) 足しざんを する。（　）

1つ5てん【55てん】

2 □に かんじを かきましょう。

(1) お金《かね》が □《た》りない。

(2) け□《いと》の セーター。

(3) ほら□《がい》を ふく。

(4) こく□《おう》が めいれいする。

(5) しゃぼん□《だま》を とばす。

(6) ホタテの □《かい》ばしら。

(7) □□《いとぐるま》を まわす。

(8) あさごはんの □□《めだま》やき。

(9) □《ぎょく》ざに つく。

1つ5てん【45てん】

＼もう1回チャレンジ!!／

76 まとめの テスト 46

がくしゅうした日　月　日

なまえ

もくひょうじかん 20ぷん

とくてん　／100てん

らくらくマルつけ

解説↓183ページ

2176

❶ （　）に ——せんの よみがなを かきましょう。

1つ5てん【55てん】

(1) 水どうの じゃ口《ぐち》。（　）（　）

(2) 手わで はなす。（　）

(3) おやから どく立する。（　）

(4) くつが 二足 ある。（　）

(5) 手足を うごかす。（　）

(6) 立てふだの 文字《もじ》を よむ。（　）

(7) つめたい 水を のむ。（　）

(8) あしたは えん足だ。（　）

(9) じ立した 大人《おとな》。（　）

(10) やきゅうの せん手。（　）

(11) 足しざんを する。（　）

❷ □に かんじを かきましょう。

1つ5てん【45てん】

(1) お金《かね》が □《た》りない。

(2) け□《いと》の セーター。

(3) ほら□《がい》を ふく。

(4) こく□《おう》が めいれいする。

(5) しゃぼん□《だま》を とばす。

(6) ホタテの □《かい》ばしら。

(7) □□《いとぐるま》を まわす。

(8) あさごはんの □□《めだま》やき。

(9) □《ぎょく》ざに つく。

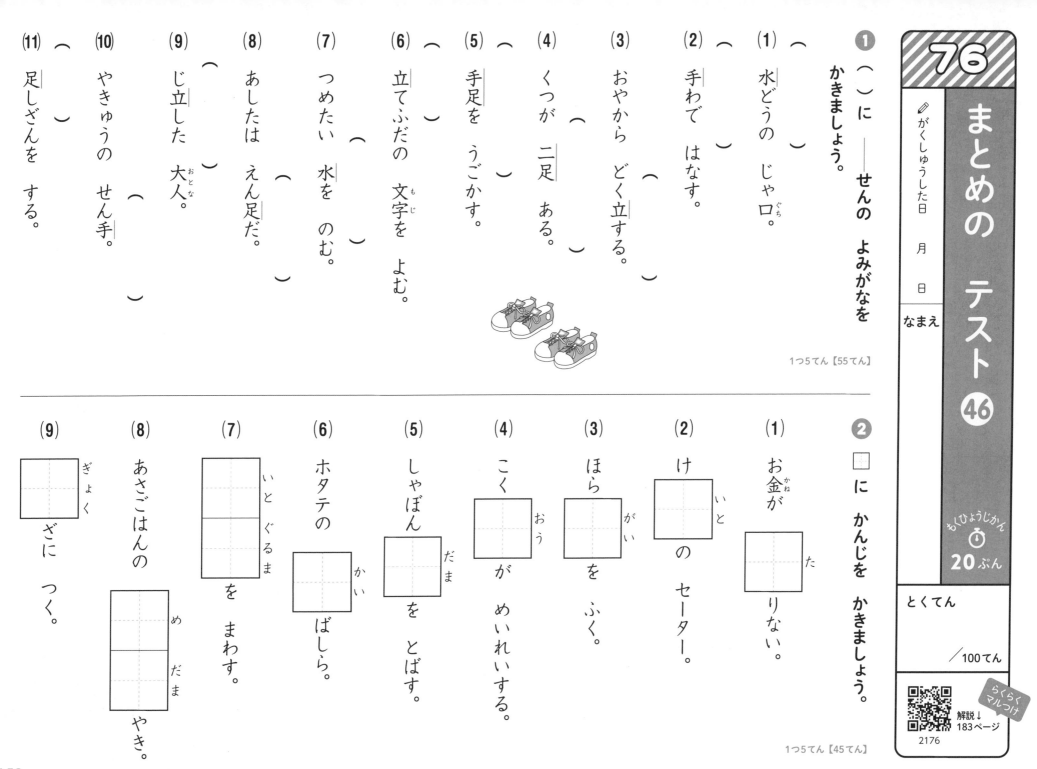

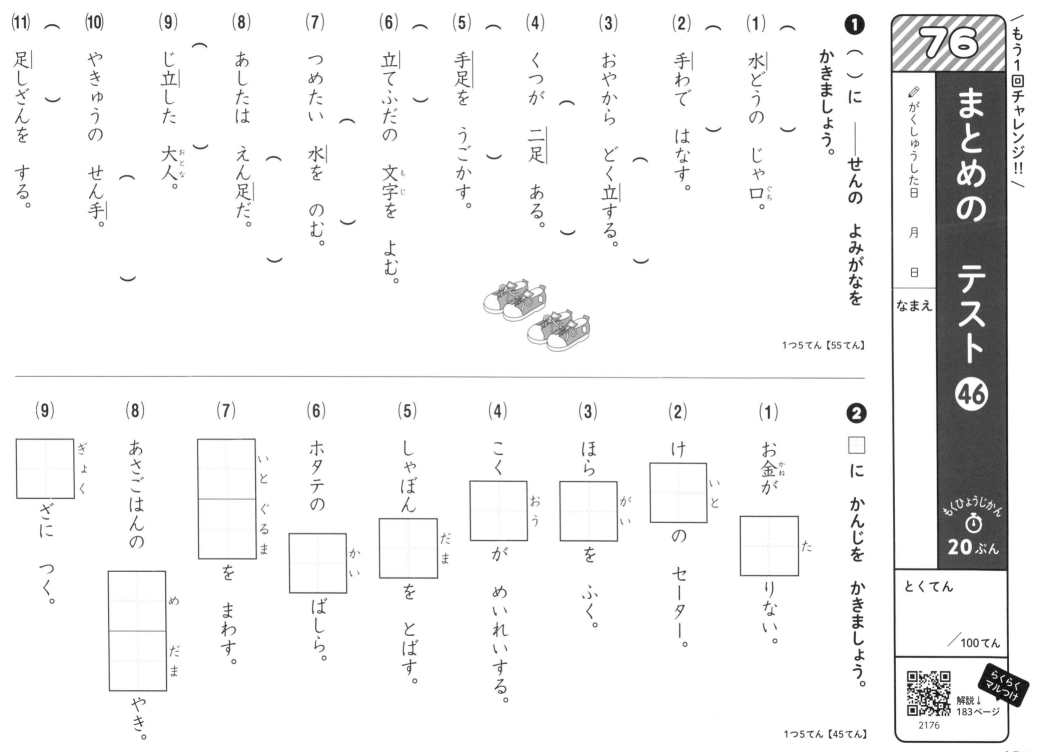

77

まとめの テスト 47

がくしゅうした日　月　日

なまえ

もくひょうじかん 20ぷん

とくてん

／100てん

解説↓ 183ページ

2177

らくらくマルつけ

❶ つぎの かんじに たてか よこの 一（ぼう）や てんなどを 一《ひと》つ くわえて 正《ただ》しい かんじに しましょう。 1つ10てん【20てん】

(1) 水《みず》 王《たま》 もようの ふく。
↓ □

(2) 日《め》 を 大《おお》きく ひらく。
↓ □

❷ つぎの かんじは ぜんぶで なんかく で かきますか。すうじを かんじで かきましょう。 1つ10てん【20てん】

(1) 水　（　　）かく

(2) 糸　（　　）かく

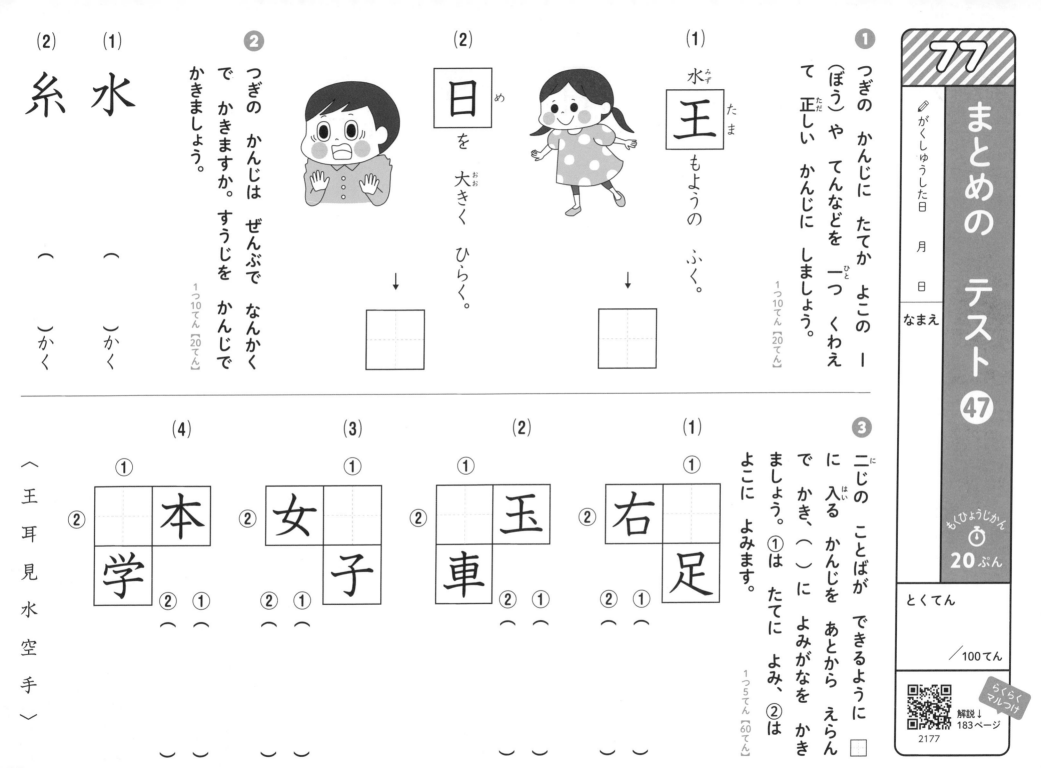

❸ 二《に》じの ことばが できるように □ に 入《はい》る かんじを あとから えらんで かき、（　）に よみがなを かきましょう。①は たてに よみ、②は よこに よみます。 1つ5てん【60てん】

(1)
右	□
	足

①（　　）②（　　）

(2)
□	玉
車	

①（　　）②（　　）

(3)
女	□
	子

①（　　）②（　　）

(4)
□	本
学	

①（　　）②（　　）

〈王　耳　見　水　空　手〉

もう1回チャレンジ!!

77

まとめの テスト 47

もくひょうじかん 20ぷん

がくしゅうした日 月 日

なまえ

とくてん ／100てん

解説↓ 183ページ

2177

らくらくマルつけ

❶ つぎの かんじに たてか よこの 一(ぼう)や てんなどを 一《ひと》つ くわえて 正《ただ》しい かんじに しましょう。 1つ10てん【20てん】

(1) 水《みず》 王《たま》 もようの ふく。 → □

(2) 日《め》 を 大《おお》きく ひらく。 → □

❷ つぎの かんじは ぜんぶで なんかくで かきますか。すうじを かんじで かきましょう。 1つ10てん【20てん】

(1) 水 (　　)かく

(2) 糸 (　　)かく

❸ 二《に》じの ことばが できるように □に 入《はい》る かんじを あとから えらんで かき、(　)に よみがなを かきましょう。①は たてに よみ、②は よこに よみます。 1つ5てん【60てん】

(1)

右	□ ①
	足

① (　　) ② (　　)

(2)

□ ①	玉
車	

① (　　) ② (　　)

(3)

女	□ ①
	子

① (　　) ② (　　)

(4)

□ ①	本
学	

① (　　) ② (　　)

〈 王 耳 見 水 空 手 〉

78

まとめの テスト 48

がくしゅうした日　月　日

なまえ

もくひょうじかん 20ぷん

とくてん
／100てん

解説↓
183ページ
2178

らくらくマルつけ

1 （　）に ――せんの よみがなを かきましょう。

(1) 川《かわ》の 水を くむ。（　　）

(2) 赤《あか》い 糸で ぬう。（　　）

(3) 女王さまに つかえる。（　　）

(4) 百円玉を かぞえる。（　　）

(5) 糸くずを はらう。（　　）

(6) 水中に もぐる。（　　）

(7) まき貝を ひろう。（　　）

(8) 金糸で ぬった きもの。（　　）

(9) きれいな さくら貝。（　　）

(10) 水玉もようの かさ。（　　）

(11) 学校《がっこう》の そう立きねん日《び》。（　　）

1つ5てん【55てん】

2 □に かんじを かきましょう。

(1) □《たち》ばが かわる。

(2) □□《みぎて》を あげる。

(3) □《あし》なみを そろえる。

(4) にが□《て》な さんすう。

(5) 大《おお》きな □□《あしおと》が する。

(6) か□《しゅ》の コンサート。

(7) □□《どそく》で 上《あ》がる。

(8) □《て》がみを うけとる。

(9) けっかに まん□《ぞく》する。

1つ5てん【45てん】

78 まとめの テスト 48

がくしゅうした日　月　日

なまえ

もくひょうじかん 20ぷん

とくてん　／100てん

解説↓ 183ページ

2178

らくらくマルつけ

1 （ ）に ――せんの よみがなを かきましょう。

1つ5てん【55てん】

(1) 川《かわ》の 水を くむ。（　　）

(2) 赤《あか》い 糸で ぬう。（　　）

(3) 女王さまに つかえる。（　　）

(4) 百円玉を かぞえる。（　　）

(5) 糸くずを はらう。（　　）

(6) 水中に もぐる。（　　）

(7) まき貝を ひろう。（　　）

(8) 金糸で ぬった きもの。（　　）

(9) きれいな さくら貝。（　　）

(10) 水玉もようの かさ。（　　）

(11) 学校《がっこう》の そう立きねん日《び》。（　　）

2 □に かんじを かきましょう。

1つ5てん【45てん】

(1) □《たち》ばが かわる。

(2) □□《みぎて》を あげる。

(3) □《あし》なみを そろえる。

(4) にが□《て》な さんすう。

(5) 大《おお》きな □□《あしおと》が する。

(6) か□《しゅ》の コンサート。

(7) □□《どそく》で 上《あ》がる。

(8) □《て》がみを うけとる。

(9) けっかに まん□《ぞく》する。

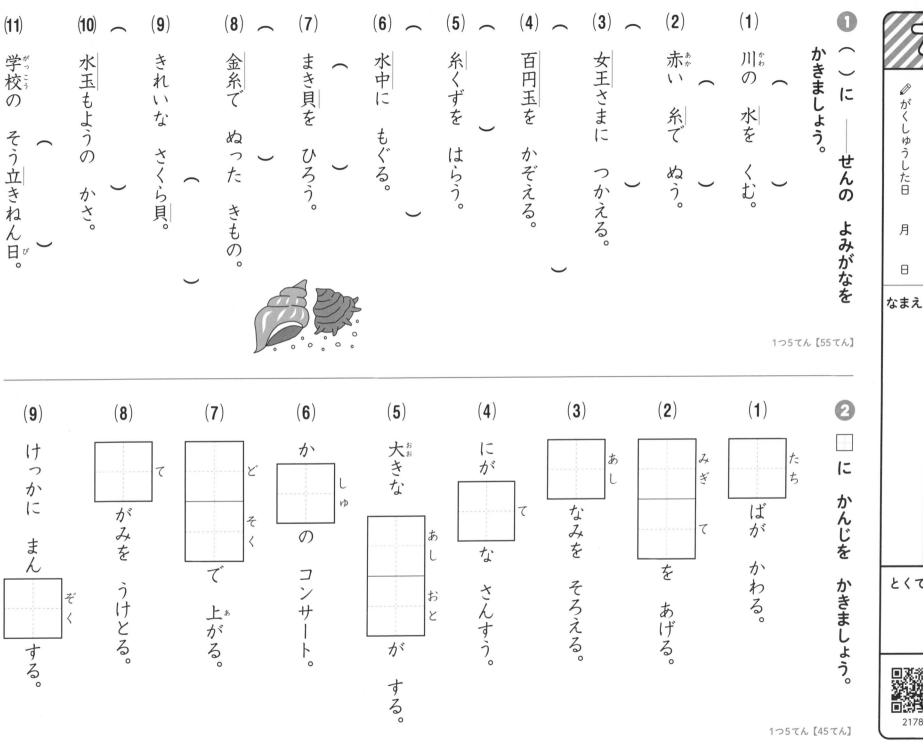

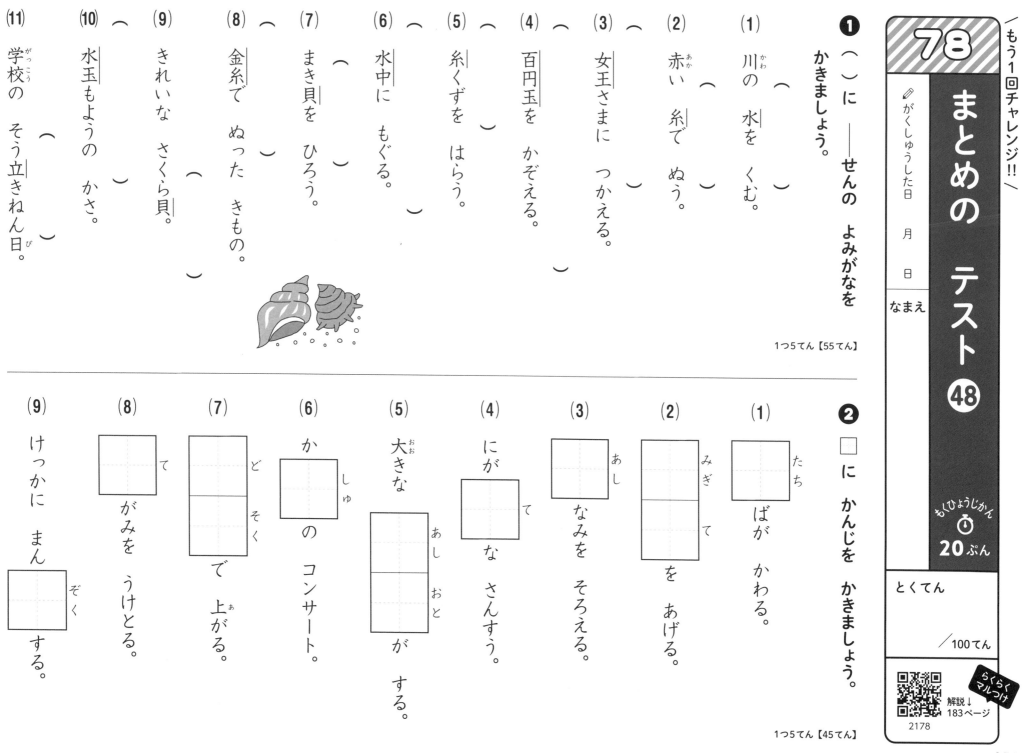

79

まとめの テスト 49

がくしゅうした日　月　日

なまえ

もくひょうじかん 20ぷん

とくてん　／100てん

解説↓ 183ページ
2179
らくらくマルつけ

1 かんじの たしざんを しましょう。 1つ10てん【30てん】

(1) 田 ＋ 力 ＝ □

(2) 立 ＋ 日 ＝ □

(3) 木 ＋ 林 ＝ □

2 やじるしの ほうこうに よんで 二《に》じの ことばが 四《よっ》つ できるように、□に 入《はい》る かんじを あとから えらんで かきましょう。 1つ10てん【20てん】

(1) 左 ↓ □ ↓ 音　　右 → □ → 首《くび》

(2) 大 ↓ □ ↓ 耳　　青 → □ → 気

〔 空　白　足　口 〕

3 ——せんを かんじで かきましょう。 1つ10てん【50てん】

おとうさんと うみへ さかなつりに いった。①みずに ②いとを たらして じっと まった。おとうさんは 三《さん》びき、ぼくは 一《いっ》ぴき つれた。ずっと すわって いて つかれたので ③たち上《あ》がって ④あしを のばした。はまべで きれいな ⑤かいがらも ひろった。

①（　　）

②（　　）

③（　　）

④（　　）

⑤（　　）

もう1回チャレンジ!!

79 まとめの テスト 49

がくしゅうした日　月　日

なまえ

もくひょうじかん 20ぷん

とくてん　／100てん

らくらくマルつけ　解説↓ 183ページ

2179

❶ かんじの たしざんを しましょう。 1つ10てん【30てん】

(1) 田 ＋ 力 ＝ □

(2) 立 ＋ 日 ＝ □

(3) 木 ＋ 林 ＝ □

❷ やじるしの ほうこうに よんで 二《に》じの ことばが 四《よっ》つ できるように、□に 入《はい》る かんじを あとから えらんで かきましょう。 1つ10てん【20てん】

(1) 左 ↓ □ ↓ 音　　右 → □ → 首《くび》

(2) 大 ↓ □ ↓ 耳　　青 → □ → 気

〔 空　白　足　口 〕

❸ ――せんを かんじで かきましょう。 1つ10てん【50てん】

おとうさんと うみへ さかなつりに いった。①みずに つり②いとを たらして じっと まった。おとうさんは 三《さん》びき、ぼくは 一《いっ》ぴき つれた。ずっと すわって いて つかれたので ③たち上《あ》がって ④あしを のばした。はまべで きれいな ⑤かいがらも ひろった。

①（　　）

②（　　）

③（　　）

④（　　）

⑤（　　）

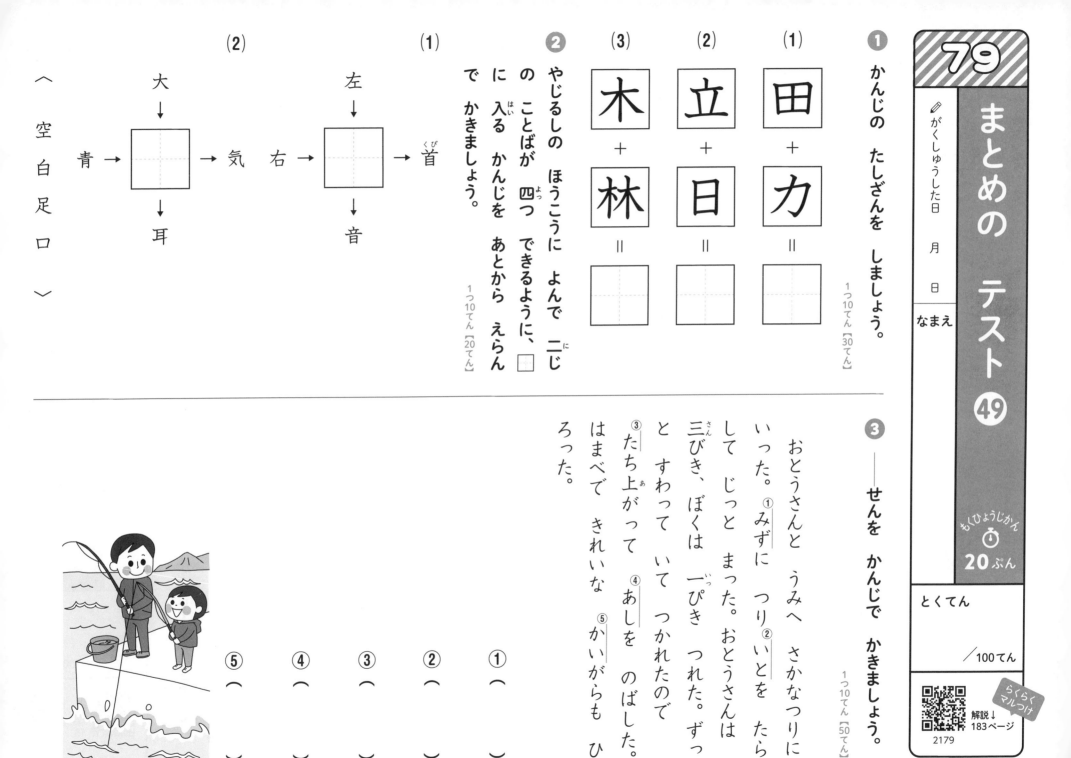

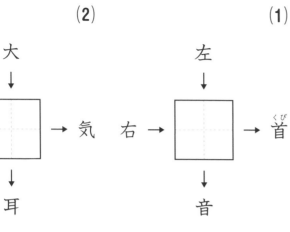

80

まとめの テスト 50

がくしゅうした日　月　日

なまえ

もくひょうじかん 20ぷん

とくてん　／100てん

解説↓183ページ

2180

らくらくマルつけ

❶ カードを くみあわせて、二《に》じの ことばを 四《よっ》つ つくりましょう。（おなじ カードは 一《いち》どしか つかえません。）

1つ5てん【20てん】

足　車　王　林　子　手　水　森

❷（　）に ——せんの よみがなを かきましょう。

1つ10てん【80てん】

(1)
① 水えいを ならう。（　）
② 水を のむ。（　）

(2)
① 金糸で ぬう。（　）
② 糸くずを とる。（　）

(3)
① か手に なりたい。（　）
② 右手を にぎる。（　）

(4)
① 一足の くつを かう。（　）
② 足の サイズ。（　）

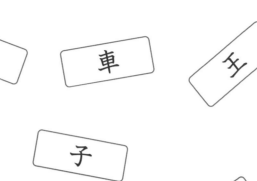

＼もう1回チャレンジ!!／

80

まとめの テスト 50

がくしゅうした日　月　日

なまえ

もくひょうじかん 20ぷん

とくてん　／100てん

らくらくマルつけ　解説↓183ページ

2180

❶ カードを くみあわせて、二《に》じの ことばを 四《よっ》つ つくりましょう。（おなじ カードは 一《いち》どしか つかえません。）

1つ5てん【20てん】

足　車　王　林　子　手　水　森

❷ （　）に ――せんの よみがなを かきましょう。

1つ10てん【80てん】

(1) ① 水えいを ならう。（　）
② 水を のむ。（　）

(2) ① 金糸で ぬう。（　）
② 糸くずを とる。（　）

(3) ① か手に なりたい。（　）
② 右手を にぎる。（　）

(4) ① 一足の くつを かう。（　）
② 足の サイズ。（　）

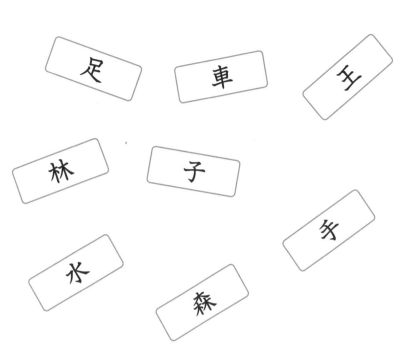

81

そうふくしゅう+先《さき》どり ①

がくしゅうした日　月　日

なまえ

もくひょうじかん 20ぷん

とくてん ／100てん

解説↓184ページ

らくらくマルつけ

2181

❶ はんたいの いみの ことばを かんじで かきましょう。 1つ10てん【30てん】

(1) 左 ↕ □

(2) 上 ↕ □

(3) 男 ↕ □

❷ □に あう かんじを 〈 〉から えらんで、かきましょう。 1つ5てん【20てん】

(1) か〈日・火〉

① 三《みっ》□が すぎる。

② いえが □じに なる。

(2) せい〈生・正〉

① クイズに □かいする。

② げん気《き》な 学《がく》□。

❸ □に かんじを かきましょう。 1つ5てん【20てん】

(1) □《あか》しんごうで とまる。

(2) □《あお》い うみで およぐ。

(3) □《しろ》い シャツを きる。

(4) □《きん》いろの リボンを かける。

❹ （　）に ――せんの よみがなを かきましょう。 1つ6てん【30てん】

(1) 学校《がっこう》へ 行く。（　）

(2) ぼくは 七《なな》才だ。（　）

(3) おもしろいと 思う。（　）

(4) 心が はずむ。（　）

(5) お店で かいものを する。（　）

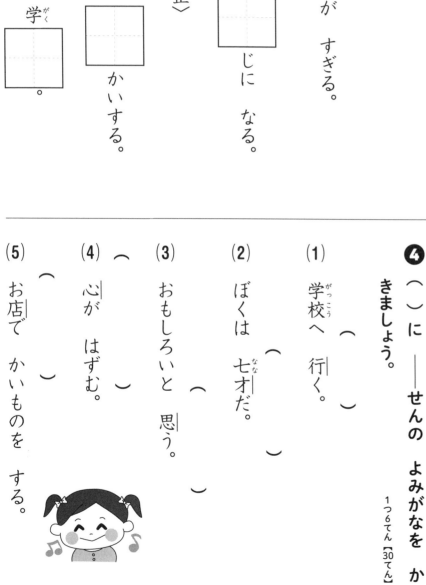

もう1回チャレンジ!!

81

そうふくしゅう＋先《さき》どり①

もくひょうじかん 20ぷん

がくしゅうした日　月　日

なまえ

とくてん
／100てん

らくらくマルつけ
解説↓184ページ
2181

1 はんたいの いみの ことばを かんじで かきましょう。 1つ10てん【30てん】

(1) 左 ↔ □

(2) 上 ↔ □

(3) 男 ↔ □

2 □に あう かんじを 〈 〉から えらんで、かきましょう。 1つ5てん【20てん】

(1) か〈日・火〉

① 三《みっ》□が すぎる。

② いえが □じに なる。

(2) せい〈生・正〉

① クイズに □かいする。

② げん気《き》な 学《がく》□。

3 □に かんじを かきましょう。 1つ5てん【20てん】

(1) □《あか》しんごうで とまる。

(2) □《あお》い うみで およぐ。

(3) □《しろ》い シャツを きる。

(4) □《きん》いろの リボンを かける。

4 （ ）に ——せんの よみがなを かきましょう。 1つ6てん【30てん】

(1) 学校《がっこう》へ 行く。（　　）

(2) ぼくは 七才《なな》だ。（　　）

(3) おもしろいと 思う。（　　）

(4) 心が はずむ。（　　）

(5) お店で かいものを する。（　　）

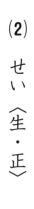

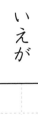

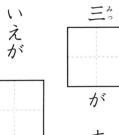

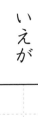

82 そうふくしゅう＋先《さき》どり②

もくひょうじかん 20ぷん

がくしゅうした日　月　日

なまえ

とくてん　／100てん

らくらくマルつけ　解説↓184ページ　2182

❶ かくれて いる ぶぶんに 入《はい》る かんじを あとの カードから えらんで かきましょう。　1つ10てん【30てん】

(1) □交　□寸

(2) 干（上に□）　立（下に□）

(3) □丁　力（上に□）

木　日　田

❷ □に かんじを かきましょう。　1つ5てん【20てん】

(1) □《め》を ひらいて よく 見《み》る。

(2) □《くち》を 大《おお》きく あける。

(3) □《みみ》を すませて きく。

(4) □□《てあし》を のばす。

❸ ―せんを かんじと おくりがなで かきましょう。　1つ10てん【20てん】

(1) あめが ここのつ ある。（　　）

(2) からだを やすめる。（　　）

❹ （　）に ―せんの よみがなを かきましょう。　1つ6てん【30てん】

(1) 父と 出《で》かける。（　　）

(2) 百点を とる。（　　）

(3) 太い えんぴつ。（　　）

(4) 今から 出かける。（　　）

(5) ごはんを 作る。（　　）

82

そうふくしゅう＋先《さき》どり②

もくひょうじかん 20ぷん

がくしゅうした日　月　日

なまえ

とくてん　／100てん

解説↓ 184ページ

2182

らくらくマルつけ

❶ かくれて いる ぶぶんに 入《はい》る かんじを あとの カードから えらんで かきましょう。 1つ10てん【30てん】

(1) □交 □寸 □

(2) □十 立□ □

(3) □丁 □力 □

木　日　田

❷ □に かんじを かきましょう。 1つ5てん【20てん】

(1) □《め》を ひらいて よく 見《み》る。

(2) □《くち》を 大《おお》きく あける。

(3) □《みみ》を すませて きく。

(4) □《て》□《あし》を のばす。

❸ ——せんを かんじと おくりがなで かきましょう。 1つ10てん【20てん】

(1) あめが ここのつ ある。（　　）

(2) からだを やすめる。（　　）

❹ （　）に ——せんの かんじの よみがなを かきましょう。 1つ6てん【30てん】

(1) 父と 出《で》かける。（　　）

(2) 百点を とる。（　　）

(3) 太い えんぴつ。（　　）

(4) 今から 出かける。（　　）

(5) ごはんを 作る。（　　）

83

そうふくしゅう＋先《さき》どり③

もくひょうじかん 20ぷん

がくしゅうした日　月　日

なまえ

とくてん　／100てん

らくらくマルつけ

解説↓184ページ

2183

1 はんたいの いみの ことばを かんじで かきましょう。　1つ10てん【30てん】

(1) あと ↔ □（さき）

(2) すわる ↔ □（た）つ

(3) 小《ちい》さい ↔ □（おお）きい

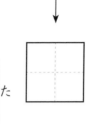

2 まちがって いる かんじを ぬき出《だ》して、正《ただ》しく なおしましょう。　ぜんぶできて10てん【20てん】

(1) 小学校《しょうがっこう》の 人学《にゅうがく》しき。　□ → □

(2) 空木《くうき》を すいこむ。　□ → □

3 （　）に ――せんの よみがなを かきましょう。　1つ5てん【20てん】

(1) 草花を 見《み》る。（　　）

(2) 竹林の 中《なか》に 入《はい》る。（　　）

(3) 小犬が かけまわる。（　　）

(4) 水田が ひろがる。（　　）

4 □に かんじを かきましょう。　1つ6てん【30てん】

(1) 本《ほん》を 二《に》□（かい） よむ。

(2) □（とも）だちと あそぶ。

(3) いえの □（そと）に 出《で》る。

(4) □（あに）は 六年生《ろくねんせい》だ。

(5) おはようと □（い）う。

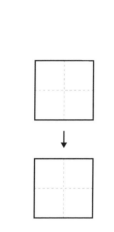

もう1回チャレンジ!!

83

そうふくしゅう＋先《さき》どり③

もくひょうじかん 20ぷん

がくしゅうした日　月　日

なまえ

とくてん　／100てん

らくらくマルつけ　解説↓184ページ　2183

❶ はんたいの いみの ことばを かんじで かきましょう。 1つ10てん【30てん】

(1) あと ↔ □《さき》

(2) すわる ↔ □《た》つ

(3) 小《ちい》さい ↔ □《おお》きい

❷ まちがって いる かんじを ぬき出《だ》して、正《ただ》しく なおしましょう。 ぜんぶできて10てん【20てん】

(1) 小学校《しょうがっこう》の 人学《にゅうがく》しき。 □→□

(2) 空木《くうき》を すいこむ。 □→□

❸ （ ）に ――せんの よみがなを かきましょう。 1つ5てん【20てん】

(1) 草花を 見《み》る。（　　）

(2) 竹林の 中《なか》に 入《はい》る。（　　）

(3) 小犬が かけまわる。（　　）

(4) 水田が ひろがる。（　　）

❹ □に かんじを かきましょう。 1つ6てん【30てん】

(1) 本《ほん》を 二《に》□《かい》 よむ。

(2) □《とも》だちと あそぶ。

(3) いえの □《そと》に 出《で》る。

(4) □《あに》は 六年生《ろくねんせい》だ。

(5) おはようと □《い》う。

漢字ギガドリル　小学1年

こたえ

わからなかった問題は、ポイントの解説をよく読んで、確認させてください。

1　すうじ①　3ページ

❶
(1) 一　(2) 二　(3) 三
(4) 一　(5) 二　(6) 三
(7) 一　(8) 三　(9) 一
(10) 二

ポイント

❶ (1)「一」には「イチ」「イツ」という音読みと、「ひと」「ひと（つ）」という訓読みがあります。後に続く言葉によって、読み方が変わることに注意させましょう。

(2)「二」には「ニ」という音読みと、「ふた」「ふた（つ）」という訓読みがあります。「一人」「二人」には、「一人」「二人」という熟字訓《じゅくじくん》（特別な読み方の熟語）もあります。

(3)「三」には「サン」という音読みと、「み」「み（つ）」「みっ（つ）」の訓読みがあります。

2　すうじ②　5ページ

❶
(1) 四　(2) 五　(3) 六
(4) 四　(5) 五　(6) 六
(7) 四　(8) 五　(9) 四
(10) 六

ポイント

❶ (1)「四」には「シ」という音読みと、「よっ（つ）」「よん」などの訓読みがあります。「四」は、字の形にも注意させましょう。四画目は、右に曲げて書きます。

(2)「五」には「ゴ」という音読みと、「いつ」「いつ（つ）」の訓読みがあります。筆順・画数にも注意させましょう。

(3)「六」には「ロク」という音読みと、「むっ（つ）」「むい」などの訓読みがあります。

3　すうじ③　7ページ

❶
(1) 七　(2) 八　(3) 七
(4) 八　(5) 七　(6) 八
(7) 七五三　(8) 八　(9) 七
(10) 八

ポイント

❶ (1)「七」には、「シチ」という音読みと、「なな」「なな（つ）」「なの」という訓読みがあります。

(2)「八」には、「ハチ」という音読みと、「やっ（つ）」「よう」などの訓読みがあります。

4　まとめの　テスト①　9ページ

❶
(1) いち　(2) に　(3) さん
(4) し　(5) いつ　(6) いっ
(7) ふた　(8) みっ　(9) ひと
(10) よ　(11) いつ

❷
(1) 七　(2) 八　(3) 六
(4) 八　(5) 六　(6) 七
(7) 六　(8) 七　(9) 八

ポイント

❶ (6)「いっ」と音がつまります。

(7)「〜つ」という数え方をするときの読み方に注意させましょう。

(8)「三日」「四日」など、「日《か》」のつく場合の読み方に注意させましょう。

❷ (3)「六」の四画目は、はらわず、止めます。

5　まとめの　テスト②　11ページ

❶
(1) 五　(2) 一　(3) 三
(4) 四　(5) 二

❷
(1) 四　(2) 六　(3) 五
(4) 八　(5) 七

ポイント

❶❷ 数を漢数字で書けるようにさせましょう。漢数字は、「〜人」「〜こ」「〜時」「〜月」などと一緒に使われることが多いです。

6 まとめの テスト❸ 13ページ

❶ (1) ご (2) なの (3) むい (4) はち (5) なな (6) いつ (7) やっ (8) ろく (9) ご (10) しちごさん (11) ろく

❷ (1) 三 (2) 三 (3) 一 (4) 四 (5) 三 (6) 四 (7) 二 (8) 一 (9) 二

ポイント

❶ (7)「八つ」は「やっ（つ）」と音がつまります。(10)「七五三」は「七」を「なな」ではなく「しち」と読みます。

❷ (2)日付や日数を表す「三日」は「みっか」と読みますが、「三日月」は「みかづき」と読みます。(4)「四」の四画目は右に曲げて書きます。

7 まとめの テスト❹ 15ページ

❶ (1) 一 (2) 三 (3) 四 (4) 五 (5) 七

❷ (1) ① し ② よ ③ よん (2) ① に ② ふた (3) ① ろく ② むっ (4) ① はち ② やっ ③ よう

ポイント

❶ 数えるものによって、後につく語が変わることにも注意させましょう。「～こ」「～本」「～まい」「～だい」などがあります。また、「～メートル」「～キロ」など、単位がつくこともあります。

❷ 同じ漢数字のさまざまな読み方に気をつけさせましょう。(1)③「さい」が後につくときは、「一（いっ）さい」「八（はっ）さい」と音がつまることもあります。

8 まとめの テスト❺ 17ページ

❶ (1)（ひと）一つ (2)（ふた）二つ (3)（みっ）三つ (4)（よっ）四つ (5)（いつ）五つ

❷ ① よ ② はち ③ なの ④ さん ⑤ ご

ポイント

❶「～つ」がつく場合の、それぞれの読み方に注意させましょう。

❷ ①「四人」の場合は「よ」と読みます。「四本」などの場合は「よん」と読みます。

9 すうじ④ 19ページ

❶ (1) 九 (2) 十 (3) 百 (4) 九 (5) 十 (6) 百 (7) 九 (8) 十 (9) 百 (10) 九

ポイント

❶ (1)「九」には「ク」のほかに「キュウ」という音読みがあります。「九月」などは「ク」、「九ふん（分）」などは「キュウ」と読みます。「九」は、字の形にも注意させましょう。二画目は、曲げて上にはねます。(2)「十」の音読みは「ジュウ」のほかに「ジッ」があります。後に続く語によって変わるので注意させましょう。

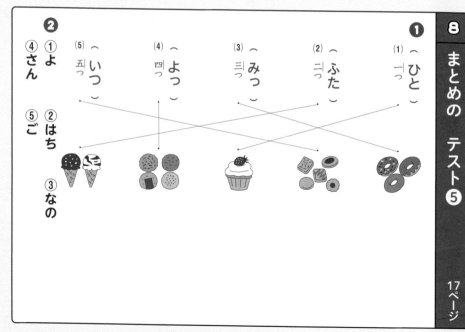

10 お金を かぞえよう　21ページ

❶
(1)千円　(2)金　(3)百円
(4)金　(5)千　(6)円
(7)金　(8)千　(9)金
(10)千

ポイント
❶ (1)「千」には「セン」という音読みと、「ち」という訓読みがあります。
(2)「金」には「かね」のほかに「かな」という訓読みもあります。音読みは「キン」「コン」です。

11 いちを あらわそう①　23ページ

❶
(1)上　(2)下　(3)上
(4)下　(5)上下　(6)上
(7)下　(8)下

(1)一
(2)三

間違えたら、見直しましょう。 ≫3ページ

ポイント
❶ (1)「上」には「うえ」「かみ」「あ(げる)」「のぼ(る)」など、多くの訓読みがあります。音読みは「ジョウ」です。
(2)「下」には、「した」「しも」「さ(げる)」「くだ(る)」「お(りる)」など、多くの訓読みがあります。音読みは「カ」「ゲ」です。

12 まとめの テスト⑥　25ページ

❶
(1)**ここの**　(2)**じゅう**　(3)**ひゃく**
(4)**せんえん**　(5)**きゅう**　(6)**じっ**
(7)**ひゃく**　(8)**せん**　(9)**とお**
(10)**ここの**　(11)**ち**

❷
(1)上　(2)金　(3)下
(4)金　(5)上　(6)円
(7)金　(8)上　(9)下

ポイント
❶ (6)「十」は「十本」の場合は「じっ」と読みます。
❷ (1)「上」は、筆順に注意させましょう。縦ぼうを一画目に書きます。

13 まとめの テスト⑦　27ページ

❶
(1)①上　②下
(2)①下　②上

❷
(1)①**きゅう**　②**く**
(2)①**じゅう**　②**とお**
(3)①**せん**　②**ち**

ポイント
❶ 反対の位置関係を表す漢字であることをとらえさせましょう。
❷ (1)①「九」は、「九こ」の場合は「きゅう」と読みます。ほかに「九さつ」「九回」なども「きゅう」と読みます。

14 まとめの テスト⑧　29ページ

❶
(1)**がね**　(2)**ごえん**　(3)**きん**
(4)**ごん**　(5)**きん**　(6)**げ**
(7)**に、あ**　(8)**さ**　(9)**かみ**
(10)**じょう**　(11)**じょうげ**

❷
(1)下　(2)上　(3)下
(4)百　(5)九　(6)千
(7)九　(8)十　(9)千

ポイント
❶ (1)「がね」と濁《にご》ります。
(4)「金」を「ごん」と読むことに注意させましょう。
(9)反対の意味の「川下」も合わせて、読み方に注意させましょう。
❷ (11)反対の意味の漢字を組み合わせた熟語は、ほかに「左右」「大小」などがあります。
(5)「九」は、二画目の最後を曲げて上へはねます。

15 まとめの テスト⑨　31ページ

❶
(1)九　(2)八　(3)十
(4)千　(5)百

❷
(1)**きん**
(2)**かね**
(3)**かな**

❸
(1)下
(2)下げる

ポイント
❶ (2)「八日」は「ようか」と読みます。
❷ 「きん」「かね」「かな」と、言葉によって読み方が変わることに注意させましょう。

16 まとめの テスト⑩ 33ページ

❶ (1)二百円、十 (2)上、金、千円

❷ (1)**じょうげ** (2)**うわ** (3)**か**

❸ (1)七つ (2)九つ

ポイント

❶ お金の大きさを「漢数字」＋「円」で書かせましょう。

❷ (2)「上」の「うわ」という読み方に注意させましょう。「上ばき」なども「うわ」と読みます。

❸ 送りがなが「つ」であることに注意させましょう。

17 ちずを 見よう 35ページ

❶ (1)町 (2)村 (3)田 (4)町 (5)田 (6)村 (7)下町 (8)田

(1)四 (2)六

間違えたら、見直しましょう。 ≫5ページ

ポイント

❶ (1)「町」の音読みは「チョウ」、訓読みは「まち」です。
(2)「村」の音読みは「ソン」、訓読みは「むら」です。
(3)「田」の音読みは「デン」、訓読みは「た」です。

18 大きさを くらべよう 37ページ

❶ (1)大 (2)中 (3)小 (4)大小 (5)中 (6)大 (7)小 (8)中

(1)七 (2)八

間違えたら、見直しましょう。 ≫7ページ

ポイント

❶ (2)「中」の音読みは「チュウ」「ジュウ」、訓読みは「なか」です。
(3)「小」の訓読みは「ちい（さい）」のほかに「こ」「お」があります。
(4)「大」の音読みは「ダイ」「タイ」です。「大せつ（大切）」などは「タイ」と読みます。

19 いちを あらわそう② 39ページ

❶ (1)左 (2)右 (3)左右 (4)左 (5)右 (6)左 (7)右 (8)左

(1)九 (2)十

間違えたら、見直しましょう。 ≫19ページ

ポイント

❶ (1)「左」の音読みは「サ」、訓読みは「ひだり」です。
(2)「右」の音読みは「ウ」「ユウ」、訓読みは「みぎ」です。

20 まとめの テスト⑪ 41ページ

❶ (1)**ちい** (2)**そん** (3)**でん** (4)**おお** (5)**むら** (6)**た** (7)**だい** (8)**ちょうそん** (9)**ちゅう** (10)**ちょう** (11)**たい**

❷ (1)大 (2)中 (3)左右 (4)中 (5)小 (6)右 (7)左 (8)小 (9)小[子]

ポイント

❶ (3)「田」を「でん」と読む言葉には、ほかに「水田」などがあります。

❷ (5)「小学校」の「しょう」、(8)「小川」の「お」、(9)「小犬」の「こ」は同じ字であることに注意させましょう。

21 まとめの テスト⑫ 43ページ

❶
(1) 田 ― 丁 → 町
(2) ナ ― 口 → 右
(3) 一 ― 白 → 百

❷ (1)一 (2)二 (3)一

❸ (1)①**ちょう** ②**したまち** (2)①**そん** ②**むら** (3)①**ちゅう** ②**なか** (4)①**しょう** ②**こ**

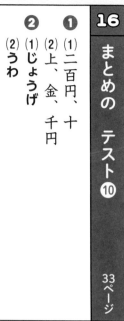

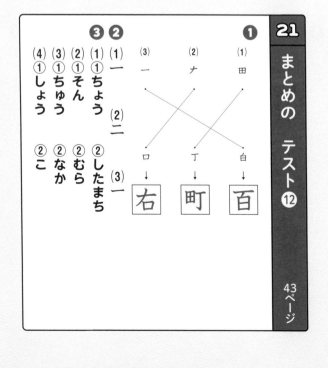

ポイント

❶ 漢字の部分に注目させましょう。
(1)は左右に組み合わせて「町」ができます。
(2)は「ナ」の右下に「口」を組み合わせて「右」ができます。
(3)は「白」の上に「一」をつけて「百」ができます。

❷ (3)「小」は、まん中の縦ぼうを一画目に書きます。

❸ 同じ漢字の違う読み方に注意させましょう。それぞれ①が音読み、②が訓読みです。

22 まとめの テスト⑬

45ページ

❶
(1)なか (2)しょう (3)ひだり
(4)う (5)ちゅう (6)ちい
(7)みぎ (8)こ (9)なか
(10)ひだり (11)おお

❷
(1)大 (2)町 (3)田
(4)大 (5)下町 (6)村
(7)田 (8)村 (9)町

ポイント

❶ (4)「右」には「ウ」「ユウ」の音読みがあります。「右せつ(右折)」などの場合は「ウ」、「左右」などの場合は「ユウ」と読みます。

❷ (5)「下町」は「下」も「町」も訓読みで読む熟語です。

23 まとめの テスト⑭

47ページ

❶ (1)中、小 (2)大、下

❷ ①ちゅう ②みぎ ③た

❸ (1)下・じょうげ (2)左・さゆう
(3)小・だいしょう

ポイント

❶ 大きさや、位置関係を表す漢字です。

❸ 「上がる」↔「下がる」、「大きい」↔「小さい」といった反対の意味の言葉を確認させましょう。

24 まとめの テスト⑮

49ページ

❶ (1)十 (2)大 (3)田

❷ (1)二 (2)一

❸ ①町 ②中 ③大きい
④右 ⑤小さい

ポイント

❶ (1)縦のぼうを加えます。
(2)横のぼうを加えます。
(3)縦のぼうを加えます。

❷ 「左」「右」は、筆順に注意が必要な漢字です。「左」は横画を、「右」は左はらいを一画目に書きます。

❸ ③⑤は、送りがなも正しく書けるようにさせましょう。

25 しぜん①

51ページ

❶
(1)山 (2)小川 (3)森
(4)山 (5)森 (6)川
(7)山 (8)川

(1)円 (2)金

間違えたら、見直しましょう。≫21ページ

ポイント

❶ (1)「山」の音読みは「サン」、訓読みは「やま」です。「サン」と読む言葉には「山中」「と山(登山)」、「やま」と読む言葉には「山みち(山道)」「山のぼり(山登り)」などがあります。
(2)「川」の訓読みは「かわ」で、「川ぎし(川岸)」などの言葉があります。
(3)「森」の音読みは「シン」、訓読みは「もり」です。「木」が二つで「林」、三つで「森」になることにも注目させましょう。

26 しぜん②

53ページ

❶
(1)林 (2)竹 (3)小石
(4)竹林 (5)石 (6)林
(7)竹 (8)石

(1)上 (2)下

間違えたら、見直しましょう。≫23ページ

ポイント

❶ (1)「林」の音読みは「リン」、訓読みは「はやし」です。「リン」と読む言葉には「山林」、「はやし」と読む言葉には「ぞう木林(雑木林)」などがあります。
(2)「竹」の音読みは「チク」、訓読みは「たけ」です。「チク」と読む言葉には「竹林」、「たけ」と読む言葉には「竹うま(竹馬)」などがあります。
(3)「石」の音読みは「セキ」「シャク」、訓読みは「いし」です。「セキ」と読む言葉には「石ゆ(石油)」、「シャク」と読む言葉には「じ石(磁石)」、「いし」と読む言葉には「小石」などがあります。

27 しぜん③
55ページ

❶ (1)土 (2)火山 (3)土 (4)火 (5)土 (6)火 (7)土 (8)火

❷ (1)村 (2)田

間違えたら、見直しましょう。≫35ページ

ポイント

❶ (1)「土」の音読みは「ド」「ト」、訓読みは「つち」です。「ド」と読む言葉には「ねん土」、「ト」と読む言葉には「土ち（土地）」などがあります。「土」は、上の横ぼうを一画目に書きます。

(2)「火」の音読みは「カ」、訓読みは「ひ」です。「カ」と読む言葉には「火じ（火事）」、「ひ」と読む言葉には「火花」などがあります。

28 まとめのテスト⑯
57ページ

❶ (1)び (2)やま (3)かわ (4)しんりん (5)さんちゅう (6)かわ (7)りん (8)もり (9)ばやし (10)か (11)ど

❷ (1)竹林 (2)石 (3)土 (4)火 (5)石 (6)土 (7)山 (8)竹 (9)石

ポイント

❶ (1)「火」は、「花火」の場合は「ひ（び）」、(10)「火じ」の場合は「か」と読むことに注意させましょう。

(4)「森林」は、似た意味の漢字を組み合わせた熟語です。「森」も「林」も音読みで読みます。

29 まとめのテスト⑰
59ページ

❶ (1)山 (2)川 (3)石 (4)竹

❷ (1)石、こいし (2)林、しんりん (3)火、び

ポイント

❶ 自然や風景に関係する漢字であることにも注目させましょう。

❷ 二字の熟語を作る問題です。絵と合うように漢字を選ばせましょう。

30 まとめのテスト⑱
61ページ

❶ (1)たけ (2)こいし (3)と (4)か (5)つち (6)ひ (7)しゃく (8)ど (9)び (10)たけ (11)せっ

❷ (1)林 (2)山 (3)川 (4)森林 (5)山林 (6)川 (7)森 (8)林 (9)山

ポイント

❶ (3)「土ち」は「と」、(8)「土よう日」は「ど」と、「土」の読み方が変わることに注意させましょう。

(7)「じ石」の場合、「石」は「しゃく」と読みます。

31 まとめのテスト⑲
63ページ

❶ (1)①しんりん ②もり (2)①さんちゅう ②やま (3)①か ②ひ

❷ (1)中 (2)土

❸ (1)二 (2)一

ポイント

❶ 同じ漢字の違う読み方に注意させましょう。それぞれ①は音読み、②は訓読みで読みます。

❷ (1)縦のぼうを加えて「中」にします。(2)横のぼうを加えて「土」にします。

❸ (2)「土」は、上の横ぼうを一画目に書きます。

32 まとめのテスト⑳
65ページ

❶ (1) ①森林 ②山中 ③山林

①しんりん ②さんちゅう ③さんりん

(2) ①上下 ②小川 ③川上

①じょうげ ②おがわ ③かわかみ

❷ ①森 ②川 ③土 ④石 ⑤火

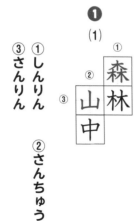

❶ ポイント
同じ漢字を使う二字の熟語を作る問題です。(2)「上」の読み方が「じょう」「かみ」と変わることに注意させましょう。

33 さまざまな いろ

67ページ

❶ (1)赤 (2)白 (3)青 (4)赤 (5)白 (6)赤 (7)白 (8)青

↺ (1)大 (2)小

間違えたら、見直しましょう。 ≫37ページ

❶ ポイント
(1)「赤」の音読みは「セキ」、訓読みは「あか」などです。「セキ」と読む言葉には「赤どう（赤道）」などがあります。
(2)「白」の音読みは「ハク」、訓読みは「しろ」などです。「ハク」と読む言葉には「白し（白紙）」「白まい（白米）」などがあります。
(3)「青」の音読みは「セイ」、訓読みは「あお」などです。「セイ」と読む言葉には「青しゅん（青春）」「青年」などがあります。

34 しょくぶつ

69ページ

❶ (1)花 (2)草 (3)木 (4)草 (5)大木 (6)草花 (7)木 (8)花

↺ (1)左右 (2)右

間違えたら、見直しましょう。 ≫39ページ

❶ ポイント
(1)「花」の音読みは「カ」、訓読みは「はな」です。「カ」と読む言葉には「花だん」「かい花（開花）」などがあります。
(2)「草」の音読みは「ソウ」、訓読みは「くさ」です。「ソウ」と読む言葉には「ざっ草（雑草）」「や草（野草）」などがあります。「花」も「草」も、部首はくさかんむりです。
(3)「木」の音読みは「ボク」「モク」、訓読みは「き」「こ」です。「ボク」と読む言葉には「大木」、「モク」と読む言葉には「木よう日（木曜日）」などがあります。

35 生きもの

71ページ

❶ (1)犬 (2)虫 (3)犬 (4)虫 (5)犬 (6)虫 (7)犬 (8)虫

↺ (1)山 (2)川

間違えたら、見直しましょう。 ≫51ページ

❶ ポイント
(1)「犬」の音読みは「ケン」、訓読みは「いぬ」です。「ケン」と読む言葉には「ばん犬（番犬）」、「いぬ」と読む言葉には「子犬」などがあります。
(2)「虫」の音読みは「チュウ」、訓読みは「むし」です。「チュウ」と読む言葉には「がい虫（害虫）」「こん虫」などがあります。

36 まとめの テスト ㉑

73ページ

❶ (1)か (2)しろ (3)せい (4)か (5)あか (6)あおむし (7)あか (8)はく (9)あお (10)はな (11)あか

❷ (1)草 (2)虫 (3)犬 (4)木 (5)草 (6)木 (7)犬 (8)虫 (9)木

❶ ポイント
(1)(10)「花」の違う読み方に注意させましょう。
(2)(8)「白」の違う読み方に注意させましょう。
(3)(6)(9)は「青」の違う読み方に注意させましょう。
❷ (2)(8)「虫」の音読みは「チュウ」、訓読みは「むし」です。
(4)(6)(9)どれも「木」と書くことに注意させましょう。

37 まとめの テスト ㉒

75ページ

❶ (1)青 (2)白 (3)花 (4)木

❷ (1)①たいぼく ②こ (2)①ちゅう ②むし (3)①けん ②いぬ

❶ ポイント
色や自然を表す漢字を確認させましょう。
❷ ①は音読み、②は訓読みで読みます。

38 まとめの テスト㉓ 77ページ

❶ (1)ななくさ (2)もく (3)いぬ (4)ちゅう (5)き (6)くさばな (7)こいぬ (8)むし (9)たいぼく (10)けん (11)せき

❷ (1)白 (2)花 (3)青 (4)赤 (5)白 (6)赤 (7)青 (8)花 (9)白

ポイント

❶ (4)「よう虫(幼虫)」は「ちゅう」、(8)「すず虫」は「むし」と読み方が変わることに注意させましょう。

❷ (1)(5)(9)は読み方が違いますが「白」と書くことに注意させましょう。

39 まとめの テスト㉔ 79ページ

❶ (1)虫 (2)白、犬 (3)赤

❷ (1)上・うえ (2)白・しろ、草・くさ

❸ (1)木 (2)花 (3)草

ポイント

❷ □の上下の読み方に注意して選びます。(1)「う」で始まり「え」で終わる読み方の漢字を選びます。(2)一つ目は、「し」で始まり「ろ」で終わる読み方の漢字を選びます。二つ目は「く」で始まる読み方の漢字を選びます。

40 まとめの テスト㉕ 81ページ

❶ (1)犬 (2)百

❷ (1)三 (2)四

❸ ①土 ②花 ③犬 ④白 ⑤青 ⑥虫

ポイント

❶ (1)右上に点を加えて「犬」にします。(2)上に横ぼうを加えて「百」にします。それぞれ、筆順を確認させましょう。

❷ (1)「木」は、横ぼう→縦ぼう→左はらい→右はらい、の順に書きます。(2)「赤」は、上の「土」を書いてから、矢印の画を書きます。

41 夕がたの 空 83ページ

❶ (1)空 (2)夕 (3)早 (4)夕 (5)空 (6)夕 (7)早 (8)空

(1)竹 (2)石

間違えたら、見直しましょう。 ≫53ページ

ポイント

❶ (1)「空」の音読みは「クウ」、訓読みは「そら」「から」「あ(く)」などです。「クウ」と読む言葉には「空気」「空かん(空間)」、「そら」と読む言葉には「空いろ(空色)」などがあります。(2)「夕」の訓読みは「ゆう」です。「ゆう」と読む言葉には「夕がた(夕方)」「夕やけ(夕焼け)」などがあります。

42 天気の へんか 85ページ

❶ (1)天気 (2)雨 (3)雨天 (4)気 (5)雨 (6)天 (7)気 (8)天

(1)土 (2)火

間違えたら、見直しましょう。 ≫55ページ

ポイント

❶ (1)「天」の音読みは「テン」、訓読みは「あま」です。「テン」と読む言葉には「天気」「天さい(天才)」などがあります。上の横ぼうを長めに書きます。(4)「気」の音読みは「キ」「ケ」です。「キ」と読む言葉には「空気」、「ケ」と読む言葉には「気はい(気配)」などがあります。

43 力を 入れよう 87ページ

❶ (1)力 (2)入 (3)力 (4)入 (5)力 (6)入 (7)力 (8)入

(1)白 (2)青

間違えたら、見直しましょう。 ≫67ページ

ポイント

❶ (1)「力」の音読みは「リョク」「リキ」、訓読みは「ちから」です。「リョク」と読む言葉には「学力」「たい力(体力)」、「リキ」と読む言葉には「力さく(力作)」などがあります。

(2)「入」の音読みは「ニュウ」、訓読みは「い(る)」「はい(る)」などです。「ニュウ」と読む言葉には「入学」などがあります。

44 まとめの テスト 26 89ページ

❶ (1)**あま** (2)**あ** (3)**ゆう** (4)**はや** (5)**てん** (6)**あおぞら** (7)**ゆう** (8)**そう** (9)**てんき** (10)**い** (11)**りょく**

❷ (1)気 (2)入 (3)力 (4)雨 (5)入 (6)力 (7)気 (8)大雨 (9)気

ポイント

❶❷ (2)(6)「空」の違う読み方に注意させましょう。

❷ (6)「のう力(能力)」は、物事をなしとげることができる力という意味です。

(9)「ゆ気(湯気)」の場合、「気」は「げ」と濁《にご》って読みます。

45 まとめの テスト 27 91ページ

❶ (1)夕・**ゆう** (2)雨・**あめ** (3)入・**にゅう**

❷ (1)①**はい** ②**い** (2)①**から** ②**あ**

❸ (1)村・村 (2)空・空

ポイント

❷「入」も「空」も、複数の訓読みがある漢字です。送りがななどによって読み方を区別できるようにさせましょう。

❸ (1)「山村」「村人」という言葉ができます。

46 まとめの テスト 28 93ページ

❶ (1)**け** (2)**あま** (3)**りょく** (4)**い** (5)**き** (6)**にゅう** (7)**ちから** (8)**うてん** (9)**き** (10)**はい** (11)**くうちゅう**

❷ (1)空 (2)天 (3)空 (4)早 (5)夕 (6)空 (7)夕 (8)早 (9)天

ポイント

❶ (1)「気はい(気配)」は、なんとなく感じられる様子という意味です。

❷ (1)「そら」、(3)「あ(く)」、(6)「から」はどれも「空」と書きます。

47 まとめの テスト 29 95ページ

❶ (1)気 ①**くうき** ②**てんき** (2)雨 ①**うてん** ②**おおあめ** (3)花 ①**はなび** ②**くさばな** (4)林 ①**しんりん** ②**さんりん**

❷ ①早 ②花 ③力 ④入 ⑤土 ⑥夕 ⑦雨 ⑧気

ポイント

❶ 同じ漢字を使う熟語を作る問題です。□に漢字を当てはめて、二つの言葉ができるか確かめさせましょう。

❷ ④「入」は、形の似た「人」との違いに注意させましょう。

48 まとめの テスト 30 97ページ

❶ 青、花、空、早
(順番はちがっていても○)

❷ (1)六 (2)四

❸ (1)①**てんき** ②**あま** (2)①**うてん** ②**おおあめ** (3)①**りょく** ②**ちから** (4)①**くうき** ②**おおぞら**

ポイント

❶「艹」の下に合わせられるものを下から探すと、「化」が見つかります。このように一つずつ組み合わせていきましょう。

❸ 同じ漢字の違う読み方に注意させましょう。それぞれ①は音読み、②は訓読みで読みます。

49 車で 出かけよう 99ページ

❶ (1)車 (2)出 (3)休 (4)出 (5)休 (6)車 (7)出 (8)休

❷ (1)花 (2)木

間違えたら、見直しましょう。 ≫69ページ

ポイント

❶ (1)「車」の音読みは「シャ」、訓読みは「くるま」です。「シャ」と読む言葉には「でん車（電車）」「水車」などがあります。

(3)「休」の音読みは「キュウ」、訓読みは「やす（む）」などです。「キュウ」と読む言葉には「休けい」「休か」などがあります。

50 学校に いこう① 101ページ

❶ (1)学校 (2)子 (3)学 (4)校 (5)校 (6)子 (7)学 (8)子

❷ (1)犬 (2)虫

間違えたら、見直しましょう。 ≫71ページ

ポイント

❶ (1)「学」の音読みは「ガク」、訓読みは「まな（ぶ）」です。「ガク」と読む言葉には「学年」「学生」「見学」などがあります。上の三つの点の向きに注意させましょう。

(4)「校」の音読みは「コウ」です。「学校」「下校」などの言葉があります。

51 学校に いこう② 103ページ

❶ (1)先生 (2)生 (3)先 (4)生 (5)先 (6)生 (7)先 (8)生

❷ (1)空 (2)早

間違えたら、見直しましょう。 ≫83ページ

ポイント

❶ (1)「先」の音読みは「セン」、訓読みは「さき」です。「セン」と読む言葉には「先生」「先とう（先頭）」などがあります。

(2)「生」の音読みは「セイ」「ショウ」、訓読みは「い（きる）」「う（む）」「は（える）」などです。「セイ」と読む言葉には「人生」、「ショウ」と読む言葉には「一生」などがあります。

52 まとめの テスト㉛ 105ページ

❶ (1)**くるま** (2)**で** (3)**きゅう** (4)**まな** (5)**ぐるま** (6)**しょうがっこう** (7)**やす** (8)**しゅっか** (9)**しゃ** (10)**しゅつ** (11)**げこう**

❷ (1)先 (2)生 (3)先 (4)子 (5)生 (6)子 (7)生 (8)子 (9)生

ポイント

❶ (1)(5)「くるま」という訓読み、(9)「シャ」という音読みを確認させましょう。

(2)「で（る）」という訓読み、(8)(10)「シュツ」という音読みに注意させましょう。

(3)「キュウ」という音読み、(7)「やす（む）」という訓読みを確認させましょう。

❷ (5)「生きる」、(9)「生える」という送りがなの違いに注意させましょう。

53 まとめの テスト㉜ 107ページ

❶

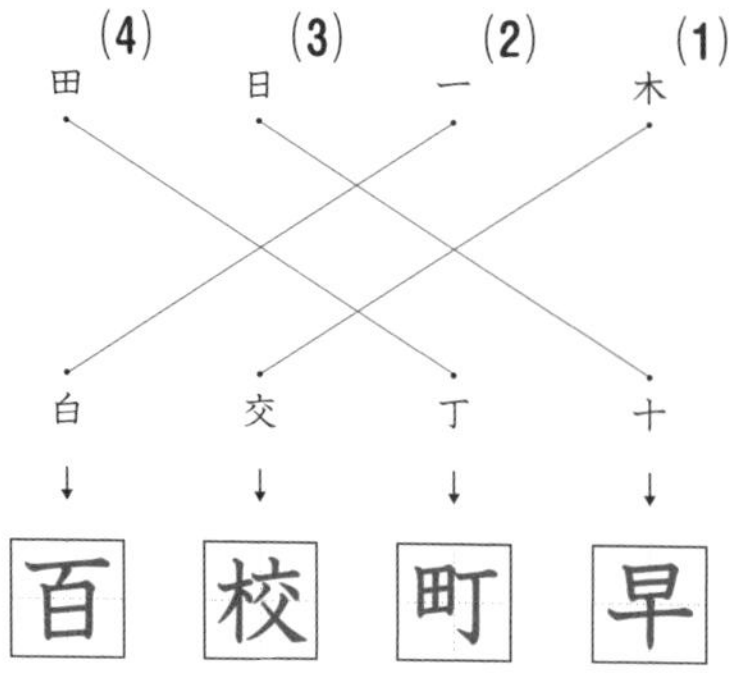

❷ (1)三 (2)五

❸ (1)①**しゃ** ②**くるま** (2)①**し** ②**こ** (3)①**せん** ②**さき** (4)①**いっしょう** ②**なま**

ポイント

❶ (1)左がわが「木」、右がわが「交」で「校」となります。

❷ 筆順にも注意させましょう。

(2)「出」は真ん中の縦ぼうを一画目に書きます。

❸ ①は音読み、②は訓読みで読みます。

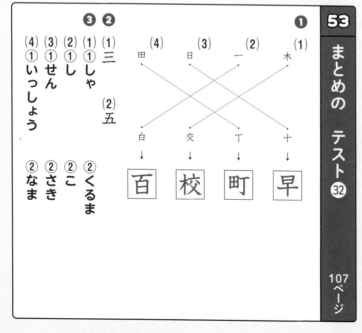

54 まとめの テスト㉝ 109ページ

❶ (1)こいぬ (2)だ (3)こう
(4)す (5)さき (6)しゅっ
(7)う (8)せんせい (9)し
(10)こう (11)で

❷ (1)車 (2)入学 (3)休
(4)車 (5)休 (6)大学
(7)車 (8)休 (9)学

ポイント

❶ (1)「こ」という訓読み、(4)「ス」という音読み、(9)「シ」という音読みに注意させましょう。

❷ (1)(4)(7)は同じ「車」という字を書きます。

55 まとめの テスト㉞ 111ページ

❶ (1)下・した (2)車・くるま、力・ちから

❷ (1)①い ②う ③は
(2)①で ②だ

❸ (1)生 ①せんせい ②いっしょう
(2)出 ①しゅっか ②しゅつりょく
(3)下 ①じょうげ ②げこう

ポイント

❶ (1)「し」で始まり「た」で終わる読み方の漢字を選びます。

❷ (1)「生」は「い（きる）」「う（まれる）」「は（える）」など多くの訓読みがある漢字です。送りがなで読み分けるようにさせましょう。

❸ (1)は、①と②で「生」の読み方が変わることに注意させましょう。

56 まとめの テスト㉟ 113ページ

❶ 入学・にゅうがく
学生・がくせい
学校・がっこう
（順番はちがっていても○）

❷ (1)休む (2)学ぶ (3)生まれる

❸ ①学校 ②先生 ③出
④車 ⑤子

ポイント

❶ ○に漢字を当てはめて、熟語ができるか確かめさせましょう。

❷ 送りがなを正しく書けるようにさせましょう。
(3)「生れる」と書かないように注意させましょう。

57 こくごの じかん 115ページ

❶ (1)文 (2)字 (3)本
(4)文 (5)本 (6)文字
(7)文 (8)字

(1)気 (2)大雨

間違えたら、見直しましょう。≫85ページ

ポイント

❶ (1)「文」の音読みは「ブン」「モン」です。「ブン」と読む言葉には「さく文（作文）」、「モン」と読む言葉には「ちゅう文（注文）」などがあります。
(2)「字」の音読みは「ジ」です。「ジ」と読む言葉には「すう字（数字）」「しゅう字（習字）」などがあります。
(3)「本」の音読みは「ホン」、訓読みは「もと」です。「ホン」と読む言葉には「手本」「本気」「本人」などがあります。二画目の縦ぼうの最後は、はねずに止めることにも注意させましょう。

58 日づけを かこう 117ページ

❶ (1)年 (2)月 (3)年
(4)月 (5)十日 (6)年
(7)月 (8)夕日

(1)力 (2)入

間違えたら、見直しましょう。≫87ページ

ポイント

❶ (2)「月」の音読みは「ゲツ」「ガツ」、訓読みは「つき」です。「ゲツ」と読む言葉には「月よう日（月曜日）」、「ガツ」と読む言葉には「正月」などがあります。一画目は軽くはらい、二画目の最後ははねます。
(5)「日」の音読みは「ニチ」「ジツ」、訓読みは「ひ」「か」です。「ジツ」と読む言葉には「休日」、「ひ」と読む言葉には「夕日」などがあります。中の横画は、上下が同じくらいの間隔になるように書きます。

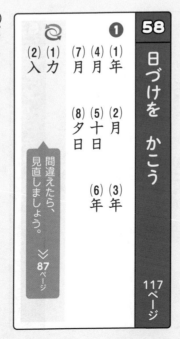

59 正しく　名まえを　かこう　119ページ

❶ (1)名　(2)正　(3)名　(4)正　(5)名字　(6)正　(7)名　(8)正

(1)出　(2)休

間違えたら、見直しましょう。 ≫99ページ

ポイント

❶ (1)「名」の音読みは「メイ」「ミョウ」、訓読みは「な」です。「メイ」と読む言葉には「し名（氏名）」、「ミョウ」と読む言葉には「名字」などがあります。

(2)「正」の音読みは「セイ」「ショウ」、訓読みは「ただ(しい)」「まさ」などです。「セイ」と読む言葉には「正かい（正解）」、「ショウ」と読む言葉には「正月」「正めん（正面）」などがあります。筆順にも注意させましょう。

60 まとめの　テスト 36　121ページ

❶ (1)ぶん　(2)ほんき　(3)としうえ　(4)ほん　(5)ねん　(6)ぶんがく　(7)にほん　(8)とし　(9)ほん　(10)ぶん　(11)じ

❷ (1)字　(2)正　(3)名　(4)日　(5)正月　(6)日　(7)名　(8)正　(9)月

ポイント

❶ 「年」は、(3)「年上」(8)「お年玉」の場合は「とし」、(5)「らい年（来年）」の場合は「ねん」と読みます。

❷ (2)「正す」、(8)「正かく」は、「正しい」という漢字の意味にも注意させましょう。

(6)「がん日（元日）」は、一年の最初の日、一月一日のことです。「ジツ」と読むことに注意させましょう。

61 まとめの　テスト 37　123ページ

❶ 文字、休日、正月、先生（順番はちがっていても◯）

❷ (1)二　(2)四

❸ (1)左　(2)小さい　(3)早い　(4)上

ポイント

❶ 「字」と組み合わせられるのは「文」、「先」と組み合わせられるのは「生」、というふうに、組み合わせて言葉ができる漢字を探していきましょう。

❸ (2)「小さい」は送りがなに注意させましょう。

62 まとめの　テスト 38　125ページ

❶ (1)つきひ　(2)しょう　(3)にち　(4)まさ　(5)び　(6)げつ　(7)きゅうじつ　(8)しょう　(9)みっか　(10)げつ　(11)もじ

❷ (1)年　(2)文　(3)本　(4)字　(5)名字　(6)文　(7)本　(8)一年　(9)名

ポイント

❶ (1)(3)(5)(7)(9)は、「日」のさまざまな読み方に注意させましょう。

❷ (5)の「みょう」、(9)の「めい」は同じ「名」という字です。

(6)「文」は、「ちゅう文（注文）」の場合は「もん」と読みます。

63 まとめの　テスト 39　127ページ

❶ (1)名　(2)早　(3)林

❷ (1)字・学　(2)木・本

❸ (1)①いちねん　②としうえ　(2)①げつ　②つき　(3)①みょうじ　②な　(4)①いちにち　②ゆうひ　③じつ　④とおか

ポイント

❷ (1)形の似ている「字」「学」に注意させましょう。

(2)「木」に一画加えて「本」と直します。

❸ (1)〜(3)は、①が音読み、②が訓読みです。

(4)「日」には多くの読みがあるので、使い方を確認させましょう。

64 まとめの　テスト 40　129ページ

❶ (1)雨　①うてん　②おおあめ　(2)学　①がっこう　②ぶんがく　(3)月　①つきひ　②ねんげつ　(4)本　①ほんき　②にほん[にっぽん]

❷ ①正　②日　③名　④入

ポイント

❶ □に漢字を入れてみて、二つの言葉ができるものを選びます。

(1)は、「雨」の読み方が「う」「あめ」と変わることに注意させましょう。

(3)は、「月」の読み方が「つき」「げつ」と変わることに注意させましょう。

65 たくさんの 人 131ページ

❶
(1)人 (2)男女 (3)人
(4)男 (5)女 (6)男子
(7)女 (8)人

❷
(1)校
(2)入学

間違えたら、見直しましょう。≫101ページ

ポイント

❶ (1)「人」の音読みは「ジン」「ニン」、訓読みは「ひと」です。「ジン」と読む言葉には「名人」、「ニン」と読む言葉には「人ずう（人数）」などがあります。
(2)「男」の音読みは「ダン」「ナン」、訓読みは「おとこ」です。「ダン」と読む言葉には「男子」、「ナン」と読む言葉には「ちょう男（長男）」などがあります。
「女」の音読みは「ジョ」、訓読みは「おんな」です。「ジョ」と読む言葉には「女子」「しょう女（少女）」などがあります。

66 人の かお 133ページ

❶
(1)目 (2)耳 (3)口
(4)目 (5)口 (6)目
(7)耳 (8)早口

❷
(1)生
(2)先月

間違えたら、見直しましょう。≫103ページ

ポイント

❶ (1)「目」の音読みは「モク」、訓読みは「め」です。「モク」と読む言葉には「目てき（目的）」などがあります。
(2)「耳」の訓読みは「みみ」です。「空耳」などの言葉があります。五画目の横ぼうは、右に突き出します。六画目ははねずに止めます。
(3)「口」の音読みは「コウ」「ク」、訓読みは「くち」です。「コウ」と読む言葉には「人口」、「ク」と読む言葉には「口ちょう（口調）」などがあります。

67 見る・きく 135ページ

❶
(1)見 (2)音 (3)見学
(4)音 (5)見 (6)音
(7)見 (8)音

❷
(1)文
(2)本

間違えたら、見直しましょう。≫115ページ

ポイント

❶ (1)「見」の音読みは「ケン」、訓読みは「み（る）」などです。「ケン」と読む言葉には「見学」「い見（意見）」などがあります。

68 まとめの テスト41 137ページ

❶
(1)おおおとこ (2)ひと (3)じょ
(4)め (5)じん (6)ひと
(7)なん (8)もく (9)じんこう
(10)だん (11)おとな

❷
(1)口 (2)耳 (3)口
(4)見 (5)音 (6)空耳
(7)音 (8)見 (9)音

ポイント

❶ (1)(7)(10)は、「男」の異なる読み方に注意させましょう。
(11)「大人」は、熟字訓（特別な読み方をする熟語）です。
❷ (5)「おと」、(7)「おん」、(9)「ね」は同じ「音」という漢字です。

69 まとめの テスト42 139ページ

❶ 男、音、学、草（順番はちがっていても○）

❷❸
(1)五 (2)三
(1)①川 ②下
(2)①花 ②学
(3)①町 ②人
(4)①火 ②村

ポイント

❶ 「艹」の下に合わせられるものを下から探すと、「子」が見つかります。「田」の下に合わせられるものを下から探すと、「力」が見つかります。このように一つずつ組み合わせていきましょう。
❷❸ (2)「女」は「く→ノ→一」の順に書きます。
共通して当てはまる漢字を探します。言葉によって、読み方が変わる漢字もあるので、注意させましょう。
(3)「町」は、「下町」「町名」で読み方が変わります。
(4)「火」は、「花火」「火山」で読み方が変わります。「村」も、「山村」「村人」で読み方が変わります。

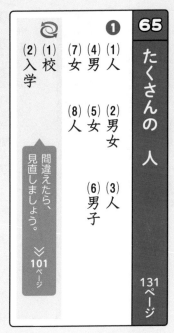

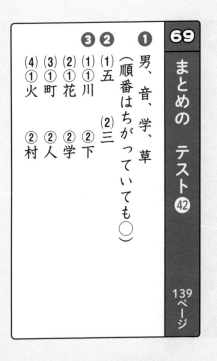

70 まとめの テスト 43 141ページ

❶ (1)みみ (2)したみ (3)おん (4)くち (5)ね (6)ぐち (7)おと (8)けんがく (9)みみ (10)にほんじん[にっぽんじん] (11)み

❷ (1)五人 (2)男女 (3)人 (4)人 (5)女子 (6)目 (7)男 (8)女 (9)目

ポイント

❶ (3)(5)(7)は、「音」を違う読み方で読むことに注意させましょう。

❷ (2)「男女」は反対の意味の漢字を組み合わせた熟語です。

71 まとめの テスト 44 143ページ

❶ (1)名人・めいじん
本人・ほんにん
大人・おとな
(2)大男・おおおとこ
(順番はちがっていても◯)
男子・だんし
男女・だんじょ
(順番はちがっていても◯)

❷ (1)①もく ②め (2)①じんこう ②でぐち (3)①おん ②おと (4)①にん ②ひと

ポイント

❶ 漢字を当てはめて、熟語ができるものを選びます。
(1)言葉によって、「人」の読み方が変わることに注意させましょう。
(2)言葉によって、「男」の読み方が変わることに注意させましょう。

❷ 同じ漢字の違う読み方に注意させましょう。それぞれ①は音読み、②は訓読みで読みます。

72 まとめの テスト 45 145ページ

❶ 男女、花見、早口、大空
(順番はちがっていても◯)

❷ ①学校 ②音 ③男子 ④女子 ⑤見 ⑥口

ポイント

❶ 「男」と組み合わせられるのは「女」、「見」と組み合わせられるのは「花」、というふうに、組み合わせて言葉ができる漢字を探していきましょう。

❷ ③「男子」、④「女子」は、反対の意味の言葉です。

73 人の からだや うごき 147ページ

❶ (1)手 (2)足 (3)立 (4)一足 (5)立 (6)手足 (7)立 (8)手

(1)月 (2)日

間違えたら、見直しましょう。 ≫117ページ

ポイント

❶ (1)「手」の音読みは「シュ」、訓読みは「て」です。「シュ」と読む言葉には「せん手(選手)」「手わ(手話)」などがあります。
(2)「足」の音読みは「ソク」、訓読みは「あし」「た(りる)」などです。「ソク」と読む言葉には「えん足(遠足)」などがあります。
(3)「立」の音読みは「リツ」、訓読みは「た(つ)」などです。「リツ」と読む言葉には「じ立(自立)」「き立(起立)」などがあります。

74 つりを しよう 149ページ

❶ (1)水 (2)糸 (3)貝 (4)水中 (5)貝 (6)水 (7)金糸 (8)水

(1)名 (2)正月

間違えたら、見直しましょう。 ≫119ページ

ポイント

❶ (1)「水」の音読みは「スイ」、訓読みは「みず」です。「スイ」と読む言葉には「水えい(水泳)」などがあります。「水」の一画目の縦ぼうは、はねます。
(2)「糸」の音読みは「シ」、訓読みは「いと」です。「シ」と読む言葉には「金糸」などがあります。
(3)「貝」の訓読みは「かい」です。

75 王さまの くらし 151ページ

❶ (1)王 (2)玉 (3)王子 (4)玉 (5)女王 (6)水玉 (7)王女 (8)一円玉

(1)名人 (2)男

間違えたら、見直しましょう。 131ページ

ポイント

❶ (1)「王」の音読みは「オウ」です。「オウ」と読む言葉には「王子」「こく王（国王）」などがあります。

(2)「玉」の音読みは「ギョク」、訓読みは「たま」です。

76 まとめの テスト㊻ 153ページ

❶ (1)すい (2)しゅ (3)りつ (4)にそく (5)てあし (6)た (7)みず (8)そく (9)りつ (10)しゅ (11)た

❷ (1)足 (2)糸 (3)貝 (4)王 (5)玉 (6)貝 (7)糸車 (8)目玉 (9)玉

ポイント

❶ (1)(7)は「水」の違う読み方に注意させましょう。

(2)(10)と(5)は「手」の違う読み方に注意させましょう。

(11)「足」には「た（す）」などの訓読みがあります。

❷ (2)「糸」は、字の形と画数にも注意させましょう。

(4)「王」と(5)「玉」は、形が似ているので注意させましょう。

77 まとめの テスト㊼ 155ページ

❶ (1)玉 (2)目

❷ (1)四 (2)六

❸ (1)手 ①てあし ②みぎて (2)水 ①すいしゃ ②みずたま (3)王 ①おうじ ②じょおう (4)見 ①けんがく ②みほん

ポイント

❶ (1)点を加えて「玉」とします。

(2)横ぼうを加えて「目」とします。

❸ □に漢字を当てはめて、熟語ができるものを選びます。

(2)①②で「水」の読み方が変わります。

(4)①②で「見」の読み方が変わります。

78 まとめの テスト㊽ 157ページ

❶ (1)みず (2)いと (3)じょおう (4)ひゃくえんだま (5)いと (6)すいちゅう (7)がい (8)きんし (9)がい (10)みずたま (11)りつ

❷ (1)立 (2)右手 (3)足 (4)手 (5)足音 (6)手 (7)土足 (8)手 (9)足

ポイント

❶ (1)(10)と(6)は「水」の違う読み方に注意させましょう。

❷ (6)「かい手（歌手）」「せん手（選手）」など、人という意味を意識させるとよいでしょう。

(9)「まん足（満足）」は、満ち足りるという意味です。

79 まとめの テスト㊾ 159ページ

❶ (1)男 (2)音 (3)森

❷ (1)足 (2)空

❸ ①水 ②糸 ③立 ④足 ⑤貝

ポイント

❷ □に漢字を当てはめて、四つとも言葉ができるものを選びます。

(1)「左足」「足音」「右足」「足首」という言葉ができます。

(2)「大空」「空耳」「青空」「空気」という言葉ができます。「空」の読み方が「そら」「くう」と変わるので、注意させましょう。

80 まとめの テスト㊿ 161ページ

❶ 王子、水車、手足、森林（順番はちがっていても○）

❷ (1)①すい ②みず (2)①きんし ②いと (3)①しゅ ②みぎて (4)①いっそく ②あし

ポイント

❶ 「王」と組み合わせられるのは「子」、「手」と組み合わせられるのは「足」、というふうに、組み合わせて言葉ができる漢字を探していきましょう。

❷ 同じ漢字の違う読み方に注意させましょう。それぞれ①は音読み、②は訓読みで読みます。

81 そうふくしゅう＋先どり① 163ページ

❶ (1)右 (2)下 (3)女

❷ (1)①日 ②火 (2)①正 ②生

❸ (1)赤 (2)青 (3)白 (4)金

❹ (1)い (2)さい (3)おも (4)こころ (5)みせ

ポイント

❶ それぞれ(1)左右、(2)上下、(3)男女という熟語ができることも確認させましょう。

❷ 同じ読みの漢字を使い分ける問題です。
(1)①は訓読み、②は音読みであることにも注意させましょう。
(2)①「正」は「正しい」という漢字の意味に注意させましょう。

❸ 色を表す漢字を覚えさせましょう。

❹ 二年生で学習する漢字です。

82 そうふくしゅう＋先どり② 165ページ

❶ (1)木 (2)日 (3)田

❷ (1)目 (2)口 (3)耳 (4)手足

❸ (1)九つ (2)休める

❹ (1)ちち (2)ひゃくてん (3)ふと (4)いま (5)つく

ポイント

❶ 共通する部分に注意させましょう。
(1)「校」「村」という漢字ができます。
(2)「早」「音」という漢字ができます。
(3)「町」「男」という漢字ができます。

❷ 体の部分を表す漢字を覚えさせましょう。

❸ (1)「九のつ」(2)「休る」などと書かないように注意させましょう。

❹ 二年生で学習する漢字です。

83 そうふくしゅう＋先どり③ 167ページ

❶ (1)先 (2)立 (3)大

❷ (1)人・入 (2)木・気

❸ (1)くさばな (2)ちくりん (3)こいぬ (4)すいでん

❹ (1)回 (2)友 (3)外 (4)兄 (5)言

ポイント

❷ (1)「入」と「人」は、形が似ているので注意させましょう。
(2)「木」も「気」も「き」と読みます。「木」を使う言葉には「うえ木(植木)」などがあります。

❹ 二年生で学習する漢字です。

漢字ギガドリル　小学1年

さくいん

一年生で習うすべての漢字を、音読みの五十音順に並べています。ただし、音読みを小学校で習わない漢字や、音読みしかない漢字は、訓読みで並べています。

小《しょう》学《がく》一《いち》年《ねん》生《せい》のかん字《じ》

80字

※「—」は音読みまたは訓読みの読みがないことを表します。

一	イチ イツ ひと ひとつ
右	ウ ユウ みぎ
雨	ウ あめ あま
円	エン まるい
王	オウ —
音	オン (イン) おと ね
下	カ・ゲ した・しも・(もと)・さげる・さがる・くだる・くだす・くださる・おろす・おりる
火	カ ひ (ほ)
花	カ はな
貝	— かい
学	ガク まなぶ
川	(セン) かわ
気	キ ケ —
九	キュウ ク ここ ここのつ
休	キュウ やすむ やすまる やすめる
玉	ギョク たま
金	キン コン かね かな
空	クウ そら あく あける から
月	ゲツ ガツ つき
犬	ケン いぬ
見	ケン みる みえる みせる
五	ゴ いつ いつつ
口	コウ ク くち
校	コウ —
左	サ ひだり
三	サン み みつ みっつ
山	サン やま
子	シ ス こ
四	シ よ よつ よっつ よん
糸	シ いと
字	ジ (あざ)
耳	(ジ) みみ
七	シチ なな ななつ なの
車	シャ くるま
手	シュ て (た)
十	ジュウ ジッ とお と
出	シュツ (スイ) でる だす
女	ジョ (ニョ)(ニョウ) おんな (め)
小	ショウ ちいさい こ お
上	ジョウ (ショウ) うえ・うわ・かみ・あげる・あがる・のぼる(のぼせる)(のぼす)
森	シン もり
人	ジン ニン ひと
水	スイ みず
正	セイ ショウ ただしい ただす まさ
生	セイ・ショウ いきる・いかす・いける・うまれる・うむ・(おう)・はえる・はやす・(き)・なま
青	セイ (ショウ) あお あおい
夕	(セキ) ゆう
石	セキ シャク (コク) いし
赤	セキ (シャク) あか あかい あからむ あからめる
千	セン ち
先	セン さき
早	ソウ (サッ) はやい はやまる はやめる
草	ソウ くさ
足	ソク あし たりる たる たす
村	ソン むら
大	ダイ タイ おお おおきい おおいに
男	ダン ナン おとこ
竹	チク たけ
中	チュウ ジュウ なか
虫	チュウ むし
町	チョウ まち
天	テン (あめ) あま
田	デン た
土	ド ト つち
二	ニ ふた ふたつ
日	ニチ ジツ ひ か
入	ニュウ いる いれる はいる
年	ネン とし
白	ハク (ビャク) しろ しら しろい
八	ハチ や やつ やっつ よう
百	ヒャク —
文	ブン モン (ふみ)
木	ボク モク き こ
本	ホン もと
名	メイ ミョウ な
目	モク (ボク) め (ま)
立	リツ (リュウ) たつ たてる
力	リョク リキ ちから
林	リン はやし
六	ロク む むつ むっつ むい